民國歷史與文化研究

初 編

第 26 冊

抵制日貨運動的歷史困境
（1908 ～ 1945）（下）

周 石 峰 著

花木蘭文化出版社

國家圖書館出版品預行編目資料

抵制日貨運動的歷史困境（1908～1945）（下）／周石峰 著──
初版 ── 新北市：花木蘭文化出版社，2015〔民 104〕
目 4+178 面：19×26 公分
（民國歷史與文化研究　初編：第 26 冊）
ISBN 978-986-404-162-6（精裝）
1. 中日關係 2. 民國史
628.08　　　　　　　　　　　　　　　　　103027673

ISBN-978-986-404-162-6

9 789864 041626

民國歷史與文化研究
初　編　第二六冊　　　　ISBN：978-986-404-162-6

抵制日貨運動的歷史困境（1908～1945）（下）

作　　者　周石峰
總 編 輯　杜潔祥
副總編輯　楊嘉樂
編　　輯　許郁翎
出　　版　花木蘭文化出版社
社　　長　高小娟
聯絡地址　235 新北市中和區中安街七二號十三樓
　　　　　電話：02-2923-1455／傳真：02-2923-1452
網　　址　http://www.huamulan.tw 信箱 hml810518@gmail.com
印　　刷　普羅文化出版廣告事業
初　　版　2015 年 3 月
定　　價　初編 32 冊（精裝）台幣 56,000 元

抵制日貨運動的歷史困境

（1908～1945）（下）

周石峰　著

目

次

第四章 國分南北：抵貨運動的地域差異

　　抗戰之前的歷次抵制日貨運動，一部分是局部性的民眾自發行動，一部分是全國規模的抵貨運動，但即便是後者，亦難以形成全國範圍整齊劃一的集體行動，最為常見的現象恰恰是各地抵制行動起訖時間不一，抵制力度大小不等。抗戰時期的經濟絕交運動，雖然成為中國朝野上下的共識，但因為國土不斷淪陷，又有國統區和敵佔區的不同。國統區可以嚴厲實行經濟絕交運動，但敵佔區則難以進行。此種地域上的不均衡性，大大弱化了抵貨運動這一經濟武器的政治效力。本章首先考察歷次全國性抵貨運動的地域差異性，進而分析地域差異對抵貨運動經濟效力的深刻制約。

第一節　抵貨運動的地域差異

一、1915 年抵貨運動的地域差異

　　1915 年 1 月，剛由東京回任的日本公使日置益會見袁世凱，提出臭名昭著的「二十一條」要求。國人「憤於日人之蠻橫無理與政府之儒弱無能」，在 2、3 月間紛紛發起抵制日貨運動〔註1〕。2 月下旬，旅居舊金山的僑商致電廣東，主張抵制日貨，但未獲粵人同意，理由是擔心抵貨之舉「必陷政府於困境，或且為日人提出更進要求供給口實」〔註2〕。此後，海外華埠、廣

〔註1〕　問漁：《二十五年間歷次抵制日貨運動紀略》，《人文月刊》，1932 年第 8 期，第 4 頁。
〔註2〕　狄平：《中國抵貨運動之史的研究》，《三民主義月刊》，1934 第 3 卷第 4 期，第 55 頁。

州和東南沿海部分地方暗中進行抵貨。2、3月之交，舊金山和廣州等地成立「非買同盟」而拒購日貨。3月18日，上海諸團體召開國民大會，抵貨運動在南方各地以及北方部分城市展開〔註3〕。到3月底，除天津外，所有口岸與日本的貿易不是完全停頓，就是大幅度削減。日本5月7日提出最後通牒之後，抵貨運動趨向高潮，7月則開始逐步低落。日人勿堂行之曾經指出，此次「抵制之風潮最劇烈者爲漢口及揚子江沿岸」〔註4〕，這一觀察大致屬實。

從日本對華輸出貨值的月別變動趨勢觀察，華南方面，1914年8月歐戰伊始，日貨輸華驟然降低，但迅即恢復如初，故而是年年底及次年年初數月基本上處於正常貿易狀態。1915年3月，廣東「對日之仇視，已具體化爲某種程度之抵制」〔註5〕，故3、4兩月日貨輸入明顯低落，其後兩月有所恢復，8月降至全年最低點。華中方面，年初兩個月即已不如上年，3月爲每年日貨輸入旺季，但仍然繼續下滑，僅爲上年同月的一半左右。7月，華中一帶抵貨運動基本消停，而日貨輸入亦明顯回升。華北方面，5、6兩月明顯低落。東三省地區低落時間晚於華南和華中，而是自4月開始，4至7月有明顯降低，8月開始回升。抵貨比較激烈的3至7月與上年同期相較，日貨輸華的減幅以華中地區爲最大，高達41.32%，華南和東北次之，分別爲29.88%、26.57%，華北居於末位，爲16.22%。顯然，四大區域的抵貨運動並不完全同步〔註6〕。

〔註3〕 羅志田：《亂世潛流：民族主義與民國政治》，上海古籍出版社，2001年版，第65～67頁。

〔註4〕 〔日〕勿堂行之：《日人評論中國抵制外貨事》，許家慶譯，《東方雜誌》，1915年第12卷第9號，第22頁。

〔註5〕 狄平：《中國抵貨運動之史的研究》，《三民主義月刊》，1934年第3卷第4期，第57頁。

〔註6〕 本章的區域劃分，係依日本國際貿易月報用法，華北包括河北、山東、山西、陝西和甘肅等省；華中包括江蘇、浙江、安徽、河南、湖南、湖北、江西和四川等省；華南包括福建、廣東、廣西、貴州和雲南等省，有時亦包括香港。東北（所謂滿洲）首指東三省，九一八以後則包括熱河，即包括滿洲僞國全境。近代中國統計學落後，海關數據至少到1931年底才有月度統計。近人研究中日貿易問題，亦多仰仗日本大藏省公佈的有關數據。本研究亦有此弊。或許，這也是抵制日「貨」的困境之一。

圖表 29：1914～1915 年日本對華輸出月別比較表　　（單位：千日元）

	1915				1914			
	華南	華中	華北	東三省	華南	華中	華北	東三省
1 月	2964	5785	2706	2385	3445	9615	2479	3011
2 月	2827	5971	2885	3190	3043	9213	5791	2947
3 月	2255	5665	4329	3713	3020	10141	5611	4095
4 月	1960	4735	4266	3359	2753	8169	5277	4100
5 月	2699	3825	3737	2884	3866	7135	5226	4547
6 月	2829	3786	3757	1765	3052	6776	4029	2961
7 月	1871	5626	4000	1813	3841	7382	3834	2728
8 月	1792	7467	3980	2376	1561	5929	2369	2409
9 月	2128	6695	4551	3709	2628	6456	3197	3519
10 月	2803	7189	4309	4450	3510	6108	2901	2840
11 月	2534	7400	4597	4110	2806	5836	3881	2759
12 月	2467	6267	5058	3974	2678	7218	3724	2560
合計	29138	70411	48175	37728	36203	89978	48319	38476
	80.49%	78.25%	99.70%	98.06%	100%	100%	100%	100%

　　根據〔美〕C.F.Remer: A Study of Chinese Boycotts-With Special Reference to their Economic Effectiveness, Ch'eng-wen Publishing Company, Taipei, Taiwan, 1966, p.257～258 數據計算而得，月別數據亦參見狄平：《中國抵貨運動之史的研究》，《三民主義月刊》，1934 年第 3 卷第 4 期，第 58 頁。

二、1921 至 1923 年抵貨運動的地域差異

　　近人狄平對 1919 至 1921 年各地抵貨運動的差異進行了簡單勾勒。1919年，除牛莊一埠外，東三省其餘地方抵貨不力。華北地區，夏季抵貨較爲激烈，平津兩市在學生聯合會的推動下，「抵貨之熱烈自無待論」，山東龍口的抵制運動於 6 月後日益徹底，日貨進口幾乎全部停頓。雖然 3 名領袖爲反動軍閥槍決，但濟南抵貨運動並未稍衰。華中地區 5、6 兩月抵貨最烈。5 月下旬，日輪在長江上游各埠已無法雇用中國工人卸貨，漢口商人宣佈自 5 月 27日自起停購日貨並拒用日輪和日紗，蘇州甚至拒絕日人電廠供電。華南抵貨運動猛於華北和華中，並且範圍更廣、時間更長。福州抵貨運動全盛於春末

夏初，秋季因日商擊斃中國警察以及射傷學生和市民，抵貨運動再起高潮。汕頭於 5 月即開始抵貨。廣州自 5 月至歲末均爲抵貨空氣所籠罩。1920 年，東三省仍少抵貨跡象，而天津抵貨運動年初極爲活躍，龍口、煙臺、濟南則全年均有抵貨跡象，「忽斷忽續不絕如縷」，但總體而言，該年華北抵貨運動弱於上年。華中抵貨最爲激烈，上半年最盛，「各埠皆然」，下半年長沙、杭州、寧波和上海等埠雖仍如舊，但其他各地自 8 月 4 日安福系下臺後漸緩。華南抵貨運動亦較消沉，福州和汕頭抵貨「全年如一」，而廈門則日趨鬆懈，廣州上半年「抵貨之聲不絕入耳，然亦不甚強烈」。1921 年爲此次抵貨運動逐漸結束之年。華北除龍口、天津、北京於年末略有活動之外，「餘均絕鮮抵貨證據」。前兩年抵貨最盛的長江各埠亦漸見消沉，僅重慶等地繼續進行抵貨。廣州自上年夏末即已「不復見於抵貨地名表」，三水、梧州等四埠年初雖有短期抵貨之舉，但旋即消沉，華南僅有海南某埠抵貨甚烈。〔註 7〕1920 至 1921 年，抵貨運動較爲分散，地域差異更加明顯。

　　1919 年日貨輸華值的月別變動情況顯示，5 月，華北日貨輸華數值由上月的 14825 降至 13478 千日元，而華南和華中地區則均有增加。6 至 9 月，華南、華中和華北三大地域都明顯低落，但在冬季 3 個月中，華中和華北地區較 10 月均呈逐步遞增，而華南則在歲末兩月較 10 月有所低落。東北地區則 5、8、9 月較上月有所低落。再就月別增加幅度而言，若以抵貨最激烈的 6～9 月均數爲基數，與同年 1～4 月的均數相比，華南、華北、華中三大區域分別降低 3.12％、20.75％、12.80％，而東北則上漲 4.42％。

圖表 30：1918～1919 年日本輸華貨值月別比較表　　　（單位：千日元）

	1919 年				1918 年			
	華南	華中	華北	東三省	華南	華中	華北	東三省
1 月	4089	16367	7976	15754	3819	11292	4146	6814
2 月	4963	16975	10620	17073	5941	11477	8244	7611
3 月	4775	16104	13562	19213	6045	19957	9466	11510

〔註 7〕 狄平：《中國抵貨運動之史的研究》（一續），《三民主義月刊》，1934 年第 3 卷第 6 期，第 101～103 頁。但據廈門海關 1919 年 6 月 16 日報告，此處「反對日本人的運動並未達到十分嚴重的程度，商業經營同往常一樣。」戴一峰：《廈門海關歷史檔案選編（1911～1949）》（1），廈門大學出版社，1997 年版，第 76 頁。

4 月	5515	20963	14825	14894	3393	18110	8833	10927
5 月	6271	23219	13478	12675	8880	16446	9236	11235
6 月	5121	13544	11026	15107	5769	12629	6564	8520
7 月	3997	15730	11686	22513	4609	12242	4942	10448
8 月	4001	13215	9791	16822	5614	12181	5193	14365
9 月	3878	13310	8468	15454	4597	15741	7867	15797
10 月	6686	18721	11819	19773	5837	19743	12307	24737
11 月	5048	21350	13744	20139	5221	18386	14252	20304
12 月	5907	22292	14699	23391	5834	21899	11805	15584
合計	60251	211790	141694	212808	65559	190103	102855	157852

〔美〕C.F.Remer: A Study of Chinese Boycotts-With Special Reference to their Economic Effectiveness, Ch'eng-wen Publishing Company, Taipei, Taiwan, 1966, p.259～261.

就 1923 抵貨運動而言，北京各界專注於驅黎事件和曹錕賄選等內政問題，抵制運動起於 3 月末，終於 5 月上旬末。上海的抵制運動起於 3 月末，至 8 月末也趨於鬆懈。9 月中旬，隨著主要領導機構「團體會」形同瓦解，天津抵貨運動則基本停頓。武漢抵制運動的興起晚於京、津、滬三地，但直到 12 月才逐步終止。此次抵貨運動為時甚短，並非緣於國內政治力量的壓制或禁止，而是日本關東大地震發生後，國人自動由經濟絕交轉向賑濟日災〔註8〕，抵貨運動不了了之，「彙集我國各埠海關當局之報告而加以分析，可知是年長江一帶為抵貨運動中心，華南次之，東三省則無抵貨蹤跡。」〔註9〕

三、1925 年抵貨運動的地域差異

1925 年 6、7 兩月，長江各埠「民情之激越，對於日方者殊不亞於對英」，成都民眾抵制英、日、法三國貨物，重慶民眾則除美貨之外，所有洋貨均在抵制之列，漢口的抵制運動雖然主要針對英貨，但是日貨「亦感威脅」。在長沙，「六一慘案」二週年紀念遊行之際，恰恰是上海五卅慘案發生的消息傳播到長沙之時，由此而引發的抵貨運動，自然包含日貨在內。在南京，英日兩

〔註 8〕 參閱彭男生：《民族主義與人道主義的交織——1923 年上海民間團體的抵制日貨與賑濟日災》，《學術月刊》，2008 年第 6 期。
〔註 9〕 狄平：《中國抵貨運動之史的研究》（一續），《三民主義月刊》，1934 年第 3卷第 6 期，第 114 頁。

國同受抵制。但是，以上各埠仲夏以後「無復有對日抵制之蹤跡矣」。自上海而南，日貨大受抵制者有寧波、廈門等地，汕頭則 9 月以前，日貨與英貨同為抵制目標，「後此則英貨如舊，而日貨則否，廣州亦同」。狄平援引煙臺海關報告的說法，認為華北地區的日英兩國貨物同受抵制，雖然提及「英國貿易頗受影響」，但日本貿易如何則未提及。另外，北平於 6 月份發生聲援五卅慘案的遊行示威，各商店亦曾接到同時抵制英日兩國貨物的勸告，但在本月中旬，抵制活動則已完全集中於英貨。故可認定華北並非一「嚴重的、有組織的對日抵制之中心」。狄平對五卅抵貨的結論性看法是：此次抵制日貨運動為期甚短，幾全為對英之抵制所掩蔽。影響則限於華中與華南，而日人貿易上之損失，只能歸因於上海、廣東、香港之一般的騷動情形，並非有特殊之對日惡感為之背景。〔註10〕從當年日貨輸華值看，6、7 兩月，華南和華中大幅減少，而華北和東北則反而急劇增加。

圖表 31：1925 年日貨輸華月別比較表　　　　　　（單位：千日元）

1925 年	華南	華中	華北	東北
1	6623	12446	5511	10850
2	6657	15784	8028	12513
3	6623	17569	9462	12274
4	9892	16919	7863	12864
5	8088	15774	7578	14174
6	6758	7656	10833	17188
7	444	10556	12065	16900
8	4188	17789	9341	19105
9	6395	26392	10661	17167
10	7193	31854	10394	16386
11	8601	24418	5297	13246
12	7676	21596	3860	8599
合計	79138	218753	100893	171266

狄平：《中國抵貨運動之史的研究》（二續），《三民主義月刊》，1934 年第 4 卷第 1 期，第 78 頁。亦見〔美〕C.F.Remer: A Study of Chinese Boycotts-With Special Reference to their Economic Effectiveness, Ch'eng-wen Publishing Company, Taipei, Taiwan, 1966, p.262.

〔註10〕狄平：《中國抵貨運動之史的研究》（二續），《三民主義月刊》，1934 年第 4 卷第 1 期，第 70～71 頁。

四、1927 至 1929 年抵貨運動的地域差異

　　1927 年初，因漢口的英國水手與中國反英民眾團體發生武裝衝突，以及收回漢口英租界問題，廣州等部分地區發生抵制英貨運動。4 月，由於漢口的日本海軍登陸，欲圖武力保護其租界，隨後又宣佈派兵入魯「護僑」，從而導致中國民眾由反英轉向反日〔註11〕。6 月 1 日，日本出兵山東，6 日，上海各團體成立「反日出兵來華運動委員會」。11 日，該委員會召開第一次會議，通過了有關抵制日貨問題的 12 條決議。26 日，「反日出兵來華運動委員會」更名為「上海民眾對日經濟絕交大同盟委員會」。受社會各界反日運動的影響，上海經濟界中很多行業也紛紛採取抵制日貨的措施。紗布交易所按照理事會的決議，布告從 6 月 23 日開始終止日本紡織品的交易。糖業公會宣佈從 6 月 21 日開始終止日本產品的交易。紡紗業公會、製麵業公會、洋布公會、煙草酒類聯合會、南北市通關業公所、鐵路運輸業公所以及中國輪船業也分別在 6 月 27 日宣佈停止日本產品的交易和運輸。6 月 9 日，廣東成立反日出兵華北委員會，決定對日實施經濟絕交，18 日舉行示威大會，並決定與上海採取一致行動。21 日，反日出兵委員會改為「對日經濟絕交委員會」，通過「禁止日貨買賣條例」〔註12〕。25 日，廣州 17 個公共團體聯名參加抵貨運動，碼頭工人承諾不為日輪卸貨。對日抵制之威力至 7 月而「登峰造極」，5 日，有報告稱廣州、梧州一帶日貨轉運已經絕跡，香港亦有抵制活動。日本增兵膠濟鐵路沿線之後，上海及華南沿海各埠抵制空氣愈益濃厚。8 月，上述各埠的抵貨運動均見懈怠。28 日，東京方面宣佈將於 9 月初撤回入魯軍隊，華中華南反日運動「驟見衰歇也」。〔註13〕

　　下表月度數值顯示，華中地區 4、5 兩月下降，當與漢口事件有關。6 月恢復，7 月又再次下跌，從 11147 降至 9237 千日元，這與上海抵貨運動進入高潮密切相關。東北商人拒付新徵收的附加稅，年初 2 月日貨輸華數值較低，但 3 月即開始上升，然後在夏多兩季又有季節性微降。中國本土的抵制日貨運動，似乎對東三省併未發生影響。〔註14〕

〔註11〕當時，國人普遍認為，「英國人畢竟不如日本人可惡。」參見 China Weekly Review，1927 年 4 月 23 日，第 119 頁。

〔註12〕樂炳南：《日本出兵山東與中國排日運動（1927～1929 年）》，臺北國史館，1988 年版，第 276～281、281～282 頁。

〔註13〕狄平：《中國抵貨運動之史的研究》（二續），《三民主義月刊》，1934 年第 4 卷第 1 期，第 84～85 頁。

〔註14〕樂炳南：《日本出兵山東與中國排日運動（1927～1929 年）》，臺北國史館，1988 年版，第 295 頁。

圖表 32：1926～1927 年日貨輸華月別比較表　　　（單位：日千元）

	1927 年				1926 年			
	華南	華中	華北	東三省	華南	華中	華北	東三省
1 月	5832	10494	5217	8137	6532	17255	4778	12834
2 月	5793	10500	6178	7793	6336	19690	5631	15186
3 月	5276	9305	6363	10489	6293	21208	7396	18554
4 月	5587	7418	6733	11286	6240	15545	7427	16020
5 月	6285	7859	8083	11801	5728	16537	8425	13927
6 月	6798	11147	5411	11746	5275	16849	6161	9231
7 月	6949	9237	5155	10962	4767	18303	6321	11530
8 月	5953	15628	6138	12608	4824	18776	4932	12016
9 月	5719	12000	7862	13071	4905	15951	7120	14137
10 月	5382	16473	6648	13485	5942	17024	6101	13322
11 月	7122	12834	5549	11987	8606	15501	6170	10216
12 月	4764	13477	5180	11866	7850	11432	4552	8654
合計	71460	136372	74517	135231	73298	204071	75014	155627

〔美〕C.F.Remer: A Study of Chinese Boycotts-With Special Reference to their Economic Effectiveness, Ch'eng-wen Publishing Company, Taipei,, Taiwan, 1966, p262～263

　　此次抵貨運動的中心地帶在華南與華中，華北則因處於軍閥統治之下而基本沒有實施對日抵制，〔註 15〕因此，華北與東北兩地貿易數值的降低，不應視爲抵貨的經濟效力。〔註 16〕而在中部和南部，則以上海和廣州兩市抵制最烈。前者在月度數值上得到反映，而後者則否。華南地區 5 至 7 月的日貨輸入數值不降反升，8 月才有所下降。實際上，華南地區的數值包括香港在內，

〔註15〕一之：《抵制日貨史的考察與中國產業化問題》，《平等雜誌》，1931 年第 7 期，第 6～7 頁。

〔註16〕樂炳南則認爲，日貨輸往華北地區的月度數值證明該地區的抵貨運動發生了明顯效果。樂炳南：《日本出兵山東與中國排日運動（1927～1929 年）》，臺北國史館，1988 年版，第 295 頁。亦有學者認爲，在日本第一次出兵山東之後，民眾反日運動的主要方式是抵制日貨，這一運動主要在上海、南京等地展開。參見邵建國：《北伐戰爭時期的中日關係研究》，新華出版社，2006 年版，第 214 頁。

故是年夏季日本該地區的輸出數值並未顯示出抵貨運動的影響。如果將日本對香港的輸出從中剔出而進行觀察，華南地區抵貨效果即可顯現。〔註17〕

1928 年，各地反日運動雖然基本上由國民黨各地方黨部所主導，但當時中國經濟發展極不均衡，國民黨的影響力在各地亦有強有弱。因此，全國各地反日運動所展開的形式和特點各有不同。國民黨上海特別市黨務指導委員會於 5 月 5 日召開緊急會議，決議立即斷絕與日本的經濟往來，召開反日市民大會等等。7 日，上海各界代表按照國民黨上海市黨部的指示，在上海總商會召開會議，並通過「立即實施經濟絕交」、「懲治奸商」、「通告全國一致與日本斷絕經濟往來」以及成立「反抗日軍暴行委員會」四項決議。隨後，反日會相繼制定並公佈「對日經濟絕交大綱」及「施行細則」、「救國基金簡則」、「懲戒奸商辦法」和「日貨封存條例」等一系列抵貨規則，學生和工人也大力參與，登記和檢查日貨陸續實施，抵制日貨運動日趨激烈。10 月中旬以後，上海反日運動的重心逐漸轉向聲援政府對日外交、向民眾進行反日宣傳等方面。在武漢，成立於當年 4 月 25 日的「武漢民眾外交後援會」也積極展開反日運動。5 月 9 日，外交後援會內部新設「對日經濟絕交後援會」和「日貨調查委員會」，決定發動武漢商人抵制日貨。在「外交後援會」的推動下，武昌和漢口總商會成立「商會對日經濟絕交委員會」，由總商會成員及部分商人擔任委員，開始了抵制日貨運動。「對日經濟絕交委員會」於 5 月 20 日召開會議，確定了各委員的職責以及抵制日貨的實施方法。但其實施方法同上海相比，則顯得相當敷衍，因而武漢抵貨運動至 8 月中旬亦幾無進展。9 月下旬，國民黨漢口特別市黨務指導委員會解散外交後援會，同時成立自己主導的全國反日會漢口分會，抵貨運動由此得以逐步實質性的展開。12 月，武漢又發生中國人力車夫水杏林被日本海軍陸戰隊汽車輾死的事件，漢口反日運動一舉高漲，並得到全國各地的大規模聲援。〔註18〕

反日運動「初未如人所料，在華北有迅速之發展」，到年底，抵貨運動方才伸張於前此無聲無臭之華北各埠」。〔註19〕天津的抵貨運動不僅晚於上海等

〔註17〕樂炳南：《日本出兵山東與中國排日運動（1927～1929 年）》，臺北國史館，1988年版，第 295～296 頁。

〔註18〕邵建國：《北伐戰爭時期的中日關係研究》，新華出版社，2006 年版，第 202～206 頁。

〔註19〕狄平：《中國抵貨運動之史的研究》（三續），《三民主義月刊》，1934 年第 4卷第 3 期，第 68 頁。

地，且頗多波折。「濟南事件」發生之際，天津仍在張作霖控制之下，很難爆發有組織的反日活動。隨著北伐軍進入天津和國民黨黨務指導委員會的成立，天津抵貨運動也開始提上議程。8月5日，天津發生日本憲兵殺害中國郵差的慘案，河北省黨務指導委員會和天津市黨務指導委員會乘機展開反日宣傳，並籌組天津反日會。9月12日，天津反日會執行委員會召開會議，決定從10月1日起開始實行對日經濟絕交。但是，天津抵制日貨運動遭到商人的強烈抵制，甚至以罷市手段與反日會相抗衡。幾經周折，日貨登記於11月下旬至12月正式進行。10月27日，北京組織成立北京特別市反日會，反日運動日趨高漲。〔註20〕由此，北京反日運動匯入以全國反日總會爲中心的龐大組織系統中。但比較而言，北京的反日組織成立最晚，抵制活動亦不太活躍，直至年終才決議自次年1月1日以後，停止一切日貨交易〔註21〕，而圍繞日貨檢查和封存以及徵收救國基金等問題，商人與反日會之間的衝突緊張卻更爲明顯。

　　廣東是華南抵貨運動的中心。5月中旬，廣東民情激越，但其地方當局擔心共產黨乘機暴動，因此不但不敢組織抵貨運動，反而禁止有組織的檢查日貨行動。汕頭的抵制運動則由該埠總商會率先發動。6月25日，廈門海關聲稱「抵制日本的行動，如果有的活，也是不明顯的。日本輪船來來往往，幾乎沒帶什麼貨物。不管什麼工作，都是由管理日本貨船的臺灣人做的。」〔註22〕7月21至27日，上海舉行全國反日討論會，上海的抵制運動再入佳境，而廣東也因當局「禁令稍馳而復見蓬勃」，當地國民黨抵貨委員會對一切舊存日貨徵收30%的罰款，並規定華商如有新購日貨則全部沒收。抵制委員會的檢查日貨舉動，「警察亦不過問」。8月初，汕頭對日經濟絕交委員會通告登記一切日貨，華南抵貨「復見踴躍」，並一直延續到是年歲末。1929年年初數月間的抵貨運動，儘管猛烈一如上年歲末，但活動地點則更集中於長江流域與華北，華南反而日見消沉。除漢口碾斃苦力事件的刺激而繼續抵貨之外，4月間的抵貨運動全國均已趨於和緩。5月31日，中國政府於宣佈解散所有抵貨

〔註20〕 參見周斌：《20世紀20年代民間外交觀念及其實踐活動》，中國社會科學院研究生院中國近現代史專業博士論文，2003年。

〔註21〕 狄平：《中國抵貨運動之史的研究》（三續），《三民主義月刊》，1934年第4卷第3期，第69頁。

〔註22〕 戴一峰：《廈門海關歷史檔案選編（1911～1949）》（1），廈門大學出版社，1997年版，第273～274頁。

團體，除漢口在 6 月間尚有暗中抵制外，此次抵貨至此蓋已告一段落。7 月，中東鐵路事起，國人注意集中於蘇俄，反日殘跡最終消失〔註23〕。

日貨輸華的數值變動態勢與上述抵貨運動的大致進程頗為一致。華中 5 月的日貨數值由上月的 20018 降至 18704 千元，6 月大幅跌落至 9169 千元，隨後數月有所回升，但至年底兩月又大幅減少。華北的日貨進口數值在 5、6 兩月因北方戰事而有較大幅度低落，7 至 10 月又大幅回升並維持在 8000 千元以上。歲末及次年年初的 4 個月又有低落，則顯然與天津的日貨登記行動密切相關。華南地區 5 月的輸華日貨較上月反而增加，6 月較 5 月減少將近 2000 千元，整個下半年未見任何起色，一直低於 4000 千元。1929 年，日貨輸華數值在華南有所回升，華中則 2、3 兩月顯著銳減，而華北則在年初兩月有明顯低落。

圖表 33：1928～1929 年日貨輸華月別比較表 （單位：千日元）

	1928 年				1929 年			
	華南	華中	華北	東三省	華南	華中	華北	東三省
1 月	5990	13442	5618	8731	4609	16630	4822	19441
2 月	6506	18440	8856	9027	4627	5979	3199	15080
3 月	6441	21151	9980	12126	4425	9580	5367	17062
4 月	5647	20018	7988	12999	4709	15313	7332	18341
5 月	6455	18704	4923	15950	5792	15124	6436	18383
6 月	4490	9169	4386	13906	5205	10224	5592	13174
7 月	3736	11535	8102	13983	5730	16389	5528	14457
8 月	3732	12011	8278	18636	5536	21547	6406	15155
9 月	3619	13144	8385	17615	5810	23540	7902	13054
10 月	3546	18135	8179	17135	5792	18407	6747	14104
11 月	3735	12318	4983	13913	6338	11579	6579	11657
12 月	3677	10573	5381	13335	5196	11381	4993	9137
合計	57574	178650	85059	167356	63769	175693	70903	179045

〔註23〕狄平：《中國抵貨運動之史的研究》（三續），《三民主義月刊》，1934 年第 4 卷第 3 期，第 69～70 頁。

〔美〕C.F.Remer: A Study of Chinese Boycotts-With Special Reference to their Economic Effectiveness, Ch'eng-wen Publishing Company, Taipei, Taiwan, 1966, p.263～264.

五、1931 至 1932 年抵貨運動的地域差異

近人鄭友揆根據日本關冊數據，認爲 1931 年華北的日貨進口值比上年減少 33.33％，華中減少 37.21％，華南減少 35.48％，1932 年華北下跌幅度尙不到 3％，華中則減少 72.87％，華南亦減少 70.97％。1933 年華北減少將近 25％，華中減少 65.12％，華南也則僅減少 6.90％〔註24〕。近人陳正謨正確指出了鄭友揆計算方式的缺陷，即：年度數值變化並不能準確判定不同地域抵貨運動之緩急，因爲抵貨運動並未持續一整年之久，而往往激蕩數月則止。他強調，考察九一八事變後的抵制日貨情形，若以 1930 年第 4 季度的日貨進口指數爲基準，必定更爲妥當。據陳正謨計算，1931 年第 4 季度日貨輸華貨值與 1930 年同期相比，華北、華中和華南地區的跌幅分別爲 66.67％、86.11％和 82.35％。1932 年第 1 季度，華北的日貨進口反而比先年第 4 季度上昇近 9 個百分點，第 4 季度恢復到 1930 年同期進口水平，第 2、3 季度則又分別超過 1930 年同期 13、20 個百分點。華中地區，1932 年第 1 季度日貨進口比 1931 年第 4 季度下降 8％，降至前後 5 年當中的最低點，第 2、3 季度大幅上昇，第 4 季度又有所下降，但不僅比 1930 年同期水平低了許多，甚至未有回覆到 1931 年同期進口指數。華南地區，1932 年第 1 季度的進口價值與先年第 4 季度持平，此後雖有所回升，但漲幅甚小。自 1932 年第 2 季度開始直至 1934 年第 2 季度的整整兩年之中，華北地區日貨進口指數再未有跌落至九一八事變後與淞滬抗戰時期的水平，但自 1933 年開始的一年半中，日貨進口指數明顯低於 1932 年。而 1933 年華中地區的日貨進口指數雖然比華北地區低，但卻高於 1932 年的水平。華南地區的變動情形與華中地區極爲相似。〔註25〕

〔註24〕鄭友揆：《九一八後二年我國進口日貨的分析》，《社會科學雜誌》，1933 年第 5 卷第 1 期。

〔註25〕陳正謨：《九一八後中國排斥日貨之檢討》，《經濟學季刊》，1935 年第 6 卷第 1 期，中國經濟學社出版社，第 83 頁。

圖表 34：1930～1934 年中國日貨進口之趨勢　　　　（單位：百萬日元）

華				北				區	
年份	第一季度		第二季度		第三季度		第四季度		合　計	
	價值	指數	價值	指數	價值	指數	價值	指數	價值	指數
1930	19	100.00	15	100.00	15	100.00	18	100.00	69	100.00
1931	11	57.89	13	86.67	15	100.00	6	33.33	46	66.67
1932	8	42.11	17	113.33	18	120.00	18	100.00	67	97.10
1933	15	78.95	12	80.00	11	73.33	12	66.67	52	75.36
1934	9	47.37	12	80.00						

華				中				區	
年份	第一季度		第二季度		第三季度		第四季度		合　計	
	價值	指數	價值	指數	價值	指數	價值	指數	價值	指數
1930	36	100.00	25	100.00	30	100.00	36	100.00	129	100.00
1931	26	72.22	23	92.00	25	83.33	5	13.89	81	62.79
1932	2	5.56	5	20.00	15	50.00	12	33.33	35	27.13
1933	10	27.78	10	40.00	9	30.00	14	38.89	45	34.88
1934	11	30.56	11	44.00						

華				南				區	
年份	第一季度		第二季度		第三季度		第四季度		合計	
	價值	指數	價值	指數	價值	指數	價值	指數	價值	指數
1930	15	100.00	13	100.00	15	100.00	17	100.00	62	100.00
1931	11	73.33	11	84.62	14	93.33	3	17.65	40	64.52
1932	3	20.00	3	23.08	4	26.67	6	35.29	18	29.03
1933	5	3333	6	46.15	5	33.33	7	41.18	23	37.10
1934	6	40.00	7	53.85						

陳正謨：《九一八後中國排斥日貨之檢討》，《經濟學季刊》，1935 年第 6 卷第 1 期，中國經濟學社出版社，第 84～85 頁第 11 表。

　　陳正謨的統計，雖然足以表明九一八事變以降抵貨運動的地域差異，但仍有不足，一是未有東北情況的考察，而是 1931 年 9 月，抵貨運動即已啓動，

須將 9 月份納入抵貨時期進行考察〔註26〕，而且，1932 年 5 月 5 日《淞滬停戰協定》簽訂之後，此次抵貨運動則大致告終，其後因華北危局而引發的斷斷續續的抵貨運動，儘管地域差異性亦很明顯，但規模均不大，影響亦甚微。因此，將 1931 年 9 月至翌年 4 月的日貨輸華值與 1930 年同期進行逐月對比，不失為彰顯地域差異的一種方式，詳見下表。

圖表 35：1931 年 9 月至 1932 年 4 月日貨輸華值增減率

（以 1930 年同月爲基準）

年月	華南	華中	華北	東北
1931 年 9 月	－16.25	－48.87	－29.55	－41.12
1931 年 10 月	－80.72	－81.46	－52.35	－43.10
1931 年 11 月	－85.18	－83.72	－79.07	－34.46
1931 年 12 月	－78.18	－86.88	－69.75	－5.21
1932 年 1 月	－81.49	－90.90	－60.24	－34.79
1932 年 2 月	－79.66	－91.76	－47.01	－35.55
1932 年 3 月	－81.44	－92.15	＋4.80	－29.23
1932 年 4 月	－73.03	－83.06	＋11.42	－33.03
平均比率	－71.99	－82.35	－40.22	－32.06

根據〔美〕C.F.Remer: A Study of Chinese Boycotts-With Special Reference to their Economic Effectiveness, Ch'eng-wen Publishing Company, Taipei, Taiwan, 1966, p.264～265 的月別數據表計算，再平均爲 56.66。

考慮到 1931 年上半年日貨輸華值比 1930 年同期大幅下跌這一事實〔註27〕，再將 1931 年 9 月至 1932 年 4 月的數值與 1931 年前 8 個月進行對比。抵貨時期 8 個月與非抵貨時期 8 個月相比，華南、華中和、北分別減少 61.15%、78.20%、14.67%，而東北則反而增長 10.46%。平均下跌 35.83%。

〔註26〕1931 年萬朝慘案之後的抵貨運動，影響甚低，但地域差異亦有所表現，即當年 8 月華中地區日貨輸華有所減少，而其餘地區則爲上升，此處不擬細察。

〔註27〕日本商務官曾於 1931 年底聲稱，當年上半年「日華間之友誼關係，雖尚未破裂，惟兩國間之貿易額，較上年同時期內，已見減少矣。計出口額減少 6700 萬日元，或 32%，進口額減少 4700 萬日元，或爲 25%。」，參見《經濟抵貨與中日貿易》，《錢業月報》，1931 年第 11 卷第 12 期。

　　若以日貨進口數值表示各地抵制日貨之烈度和強度，則九一八事變以後，抵制日貨最為激烈的地區，顯然首推華中，次為華南，再次為華北和東北。除 1909 年因安奉鐵路事件所激起之抵貨外，東北在歷次運動中均非主動或領導地位，內地抵貨對東北民眾固不無影響，然而反應則較微弱，九一八事變後，東北處於日本鐵蹄之下，則又令當別論〔註 28〕。華北抵貨不力，則飽受詬病。近人邵德厚認為，以地域而論，「華南成績最好」，「華北成績最壞」，1932 年上半年華北日貨輸入不降而增，實乃華北人民之「奇恥大辱」，華北抵貨成績差強人意，「完全可以證明華北人民之道德人格」，呼籲「今後國人抵貨應堅持到底，華北人民，尤應與此爭生存爭人格。」〔註 29〕陳正謨則指出，上海戰事甚烈之時，各地日貨進口減少均為數甚大，「表現出日本炮火正向中國進攻時，各省還有些同仇敵愾的樣子，等到上海戰事停止了，華北進口的日貨就大量增加……足以證明各省排斥日貨是沒有組織的運動。」〔註 30〕

　　甚至有人譏諷道：

　　　　中國南部屬熱帶，中部屬溫帶，北部屬寒帶，不料中國人抵制日貨的熱度，亦與這些地帶有關係。……就地點論，則華南減少最甚，其次則為中國中部，華北方面，所減較微，這樣看來，中國人民抵制日貨的熱度，隨著地帶的溫度而遞減了。〔註 31〕

六、抗戰時期經濟絕交運動的地域差異

　　考察抗戰之前抵貨運動的地域差異，可以將全國劃分為東北、華北、華中和華南四大部分進行比較，但是此種思路，對於分析抗戰時期時期經濟絕交運動的地域差異性，則未必完全適用，主要是各個地域的淪落日手有時間上的先後之別。因此，根據可以得到的統計資料，嘗試將東北與關內、國統區與淪陷區進行比較。

〔註 28〕吳希庸：《歷次抵制日貨的經濟效力》（續），《外交月報》，1934 年第 5 卷第 6 期。

〔註 29〕邵德厚：《抵制日貨之考察》，南京中正書局，1933 年版，第 21 頁。

〔註 30〕陳正謨：《九一八後中國排斥日貨之檢討》，《經濟學季刊》，1935 年第 6 卷第 1 期，中國經濟學社出版社，第 83 頁。

〔註 31〕眞：《抵制日貨與地帶關係》，《民眾三日刊》，1932 年第 1 卷第 53 期，第 2 頁。

　　下表表明，東北自僞滿建立之後，已經難以進行經濟抵制。從 1937 至 1939 年日貨對東北的輸出情況來看，不僅均爲遞增態勢，而且在其輸出總量佔有很大比重。而關內的情況則稍有不同，儘管輸出總量呈逐年遞增態勢，但 1937 年所佔比重則較 1936 年有所下降。同期日本的華貨進口變動趨勢也呈現出相同的變動軌跡。

圖表 36：日本對華輸出入趨勢表　　　　　　　　　　　（百萬日元）

	年度	東北	關內	總計	他國	輸出總計	百分比			
							東北	關內	總計	他國
對華輸出	1936	497	218	715	1911	2626	18.9	8.3	27.2	72.6
	1937	612	228	840	2335	3175	19.3	7.2	26.5	73.5
	1938	853	330	1183	1507	2690	31.7	12.3	44.0	56.0
	1939	1286	484	1770	1806	3576	36.0	13.9	49.5	50.5
	1940	940	522	1462	258	1720	54.6	30.4	85.0	15.0
	年度	東北	關內	總計	他國	輸入總計	百分比			
							東北	關內	總計	他國
自華輸入	1936	239	158	397	2366	2764	8.6	5.8	14.4	85.6
	1937	294	149	443	3340	3783	7.8	3.9	11.7	88.3
	1938	399	166	565	2098	2663	15.0	6.2	21.2	78.8
	1939	467	217	684	2234	2918	16.0	7.4	23.4	76.6
	1940	328	243	571	264	835	39.3	29.1	68.4	31.6

　　楊子斌：《中日貿易之檢討及我國應有之方案》，《經濟建設季刊》，1943 年第 1 期，第 277～278 頁。

　　鄭友揆的統計則表明了 1937 至 1941 年國統區和淪陷區與日本貿易的變動差異。國統區與日本的貿易，在整個對外貿易中所佔比重甚低，多在 0.2％ 左右，甚至可以忽略不計，說明國統區的經濟絕交運動基本達到了預期目標。但就淪陷區而言，不僅日貨進出口所佔比重較大，而且不同地域的波動明顯與該地是否淪陷密切相關。

圖表 37：淪陷區與國統區日貨進口在進口總量中所佔比重（單位：千美元）

地　區		總　值				
		1937	1938	1939	1940	1941
淪陷區	華北	——	94088	173410	246442	257882
	華中	——	80756	179171	189732	196771
	華南	——	2706	15326	8162	14882
	合計	——	177550	367907	444336	469535
國統區		——	86388	39077	67133	135952
全國總計		279935	263938	406984	511469	605487
地　區		日本及其屬地%				
		1937	1938	1939	1940	1941
淪陷區	華北	——	64.5	61.7	50.9	45.4
	華中	——	17.2	17.9	10.8	10.6
	華南	——	2.9	4.8	11.7	20.2
	合計	——	42.0	38.0	33.1	30.0
國統區		——	0.2	0.2	小於 0.05	小於 0.05
全國總計		17.3	28.3	34.4	28.7	23.3

1、包括前日本帝國佔領的土地，如朝鮮、臺灣和東三省的關東租借地。

2、國統區對蘇出口大部分取道香港；它從香港進口的商品大部來自日本控制下的地區。

圖表 38：淪陷區與國統區國貨輸日在出口總量中所佔比重（單位：千美元）

地　區		總　值				
		1937	1938	1939	1940	1941
淪陷區	華北	——	53479	22650	19790	20565
	華中	——	46863	67066	82959	108250
	華南	——	672	5195	1718	5529
	合計	——	101014	94911	104467	134344
國統區		——	59454	21283	14947	19973
全國總計		245802	160468	116194	119414	154317

地　　區		日本及其屬地%				
		1937	1938	1939	1940	1941
淪陷區	華北	——	54.8	41.5	43.5	59.4
	華中	——	8.8	7.3	10.1	17.1
	華南	——	0.8	1.2	9.2	13.2
	合計	——	33.1	15.2	16.4	23.4
地　　區		日本及其屬地%				
		1937	1938	1939	1940	1941
國統區		——	2.1	——	小於 0.05	0.8
全國總計		13.1	21.6	12.4	14.4	20.5

鄭友揆、程麟蓀：《中國的對外貿易和工業發展（1840～1948 年）》，上海社會科學院出版社，1984 年版，第 171、174 頁。

第二節　地域差異爲日貨轉銷提供契機

各地抵貨運動起訖時間不一、緩急程度有別，爲日貨轉移銷售渠道提供了可乘之機。1925 年的「海關貿易報告」曾經指出「凡不能經由上海或廣州進出口者，則多改由各該鄰口，或其他沿海大口，如天津者爲之。」〔註 32〕日貨由嚴厲激進轉向較爲鬆懈和緩之區域，實際上成爲歷次抵貨運動期間的普遍現象。

1919 年，山東民眾抵貨較爲激烈，青島日本企業所產紗、布、火柴多轉銷抵貨不甚激烈的大連等地〔註 33〕。膠海關稅務司立花政樹在「1919 年貿易論略」中指出，當年由山東鐵道運入的日貨均被抵制，「在本口存積之貨皆別尋出路，轉運抵制風潮較爲平靜之口岸」，轉運數值高達關平銀 160 萬兩，其中價值 100 萬兩的貨物運往大連，其餘則分別運往上海、天津、煙臺、龍口、漢口等處銷售。青島日廠所產棉紗及火柴「因受抵制聲中一種新現象之連累，悉改運各口，棉紗往大連、天津，火柴往大連」。〔註 34〕據近人狄平

〔註 32〕盧子岑：《歷次抵制日貨的成績》，《南大經濟》，1933 年第 1 期，第 18～19 頁。

〔註 33〕胡汶本：《五四運動在山東資料選輯》，山東人民出版社，1980 年版，第 240 頁。

〔註 34〕《一九一九年貿易論略》，青島市檔案館：《帝國主義與膠海關》，檔案出版社，1986 年版，第 294 頁。

觀察，1925 年夏季，上海抵貨極其激烈，日貨則多直接運往天津、南京各埠而不經過上海，尤其是上海、廣州、香港各地於 6 月初對英日兩國貨物進行「總抵制」的時期，〔註35〕這一說法與前述「海關貿易報告」的總結可以相互驗證。1928 年抵貨期間，《銀行周報》載文指出，「各地反日運動雖烈，而尚未能完全一致。況東北一隅，貿易至今尚為日本所操縱，大連日貨之進出，所佔數額甚巨。故其全數統計，或不免受其影響。然而我國今日之對日經濟絕交，為民眾自動之舉，東三省縱未懸青白之旗，而其人民之同仇敵愾，絕不亞於國民政府統治範圍內之各省。」作者詳細指出日貨轉運銷售的具體路線，即日貨更換商標，冒充國貨運至青島，再易船至他地兜售，如在黃河沿岸或附近沿河各鄉村兜售，「人民利其廉價，故銷路大暢」。因此，作者提醒國人：「反日之舉，不宜專注於東南，而東北一帶，尤有努力宣傳之必要也。」〔註36〕甚至在抵貨比較激烈的華南地區，亦出現類似現象。拱北關稅務司貝德樂在 1928 年的的「華洋貿易統計報告書」中指出，因為江門設有反日會，「商人深感不便」，「各種棉毛疋頭，從前由外洋進口，取道江門轉入臺山、陽江各縣，今悉取道馬溜洲」。〔註37〕

　　一二八事變之後，日貨在中國南部銷路受阻，遂改變方針，轉而在華北一帶極力推銷。作為華北重要通商口岸的天津、青島兩處，遂成日貨輸入之總樞紐和轉口港。據 1932 年 3 月 16 日的《申報》報導，「神戶商工會議所提倡滿蒙交歡團」曾經攜帶大量商品，在華北和東北各地極力接洽，擬與瀋陽、四平街、鄭家屯、通遼、洮南、長春、吉林、敦化、哈爾濱、以及青島、天津等處地方官憲與當地巨商疏通，「確保直接賣買之機能」〔註38〕。在朱斯煌看來，東北三省淪落敵手，日貨暢銷並不奇怪，但天津、青島亦成為日貨輸入之樞紐，「日貨充斥市面，滿貯棧房，即白糖一項，連日入口者，不下數百萬包，其他貨物可想而知。而一般無恥奸商，為虎作倀，加蓋國貨字樣，蒙蔽人民，由郵局分銷於山西、陝西各省，其心更不可勝

〔註35〕狄平：《中國抵貨運動之史的研究》（二續），《三民主義月刊》，1934 年第 4 卷第 1 期，第 70 頁。
〔註36〕仲廉：《本年上期中日貿易之激增》，《銀行周報》，1928 年第 12 卷第 33 期，第 72 頁。
〔註37〕《拱北民國 17 年華洋貿易統計報告書》，莫世祥編譯：《近代拱北海關報告彙編（1887～1946）》，澳門基金會，1998 年版，第 369 頁。
〔註38〕《日報記日本商業悲觀》，《申報》，1932 年 3 月 16 日。

誅。」〔註39〕《日本帝國主義與中國》一書特別強調指出抵貨期間青島轉運日貨的嚴重程度：「日本以我國抵貨，因此改變方針，從前經由天津、漢口、上海等處，銷售於河南、山西、江蘇、河北、甘肅等省的日貨，現在都在青島接洽。目下配置船舶，非常旺盛，其中棉織品，適值春季需要時，已有預約到八九月之貨，三月以後，竟達 15000 箱，精糖 15 萬斤，爲歷年來未有的現象。」〔註40〕這一看法與膠海關的有關報告基本吻合。1931 該海關報告稱，「連年以來，每值政局變動，膠州必被捲入漩渦，本年獨能七彎不驚，洵屬創見。且膠濟鐵路，客貨運輸終歲毫無間斷，雖萬寶山案發生以後，上海首倡抵制日貨，迄至東北事變並未稍殺，然青島方面不過稍受波及，影響於商業者並不甚重。即當多季抵貨風潮最烈之際，津滬日貨交易幾已完全停止，而青島與日本商務之關係幾如平日，且以該時銀價匯兌行情恢復，曾有大批貨物成交。」次年的「膠海關報告」甚至認爲，「瀋陽事變與淞滬戰爭，影響於本埠者，尤爲微末。當地抵貨聲浪雖時有所聞，然未能切實進行，重以日金價格逐步跌落。進口日貨反爲奮興，對於貿易不無小補。」〔註41〕

　　1922 至 1931 年的「膠海關十年報告」簡單勾勒出青島抵貨運動的興衰起伏：

　　　　本期之中，國內各處抵制外貨運動，數見不鮮，本埠商業，雖受影響，然較他埠，尚遜一籌……茲將抵貨情形及其影響，概括言之，民八以至十一年間，魯案久懸不決，民氣積不能平，遂有抵制日貨之舉。本埠貿易，稍受挫折。迨十六年，長江一帶抵制日貨情形劇烈，本埠獨得幸免。翌年五月，濟南慘案發生，人民義憤填膺，乃抵日貨，以示抗拒。本埠日輪，遂因絕跡，出口貨物，或多滯停內地，或經津浦轉滬出口，至進口洋貨，亦率由鐵路運輸。蓋其時膠濟鐵路操諸日軍之手，故得往來無阻也。迨十八年五月，慘案結束，日軍撤退，抵貨風潮始見懈弛，本埠貿易亦復原狀。詎意二十年秋，「瀋變」勃發，抵貨運動隨之又起矣。〔註42〕

〔註39〕 朱斯煌：《中日貿易之研究》，《經濟學季刊》，1932 年第 4 期，第 282～283 頁。

〔註40〕 吳兆名：《日本帝國主義與中國》，商務印書館，1934 年版，第 564 頁。

〔註41〕 青島市檔案館：《帝國主義與膠海關》，檔案出版社，1986 年版，第 383、386 頁。

〔註42〕 青島市檔案館：《帝國主義與膠海關》，檔案出版社，1986 年版，第 200 頁。

　　華中和華南抵貨激烈,而華北則日貨進口極為旺盛,當時媒體對此亦有大量報導。1932 年 2 月 19 日,天津《大公報》以「淞滬戰爭中,天津商界暢銷日貨」為標題,披露天津日貨商人大量進口日貨的現象。一記者親至近海倉庫及大阪碼頭調查,發現日本船隻北領丸等載入日貨竟達 2 萬餘件,涉及香蕉、白糖、麵粉等日用消費品,而其中價值最巨者為布匹。記者發現進口日貨多係華商託日商洋行代辦,甚至有改用日商牌號者。文章沉痛指出,「日寇炮擊淞滬,凡我國人,莫不髮指,誓與偕亡,乃全國視線,方全集中於滬濱,而天津商界乃在此時期,批訂大批日貨」,並將調查結果包括華商姓名、貨品名稱及貨價一一列表公佈,旨在使「魑魅魍魎,無所遁形」。〔註43〕3 月 6 日的《大公報》披露,自 2 月 11 至 19 日,天津有 8 艘日輪入港,轉載日貨共計 8 千餘件,值洋百萬餘元,「華北日貨之暢銷,可見一般矣」〔註44〕。4 月 6 日的《申報》強烈譴責青島抵貨不力:「青島奸商,心死已久,不知亡國之恨,乃訂購大批日貨,源源輸入,故日來市面日貨充斥,各大商號之棧房,均儲滿日貨,即白糖一項,連日入口者,已不下數百萬包,其他貨物,可想而知,據調查最近日貨之輸入,已超過九一八前之額數。最可恨者,奸商政合永、復興昌兩家,竟預購日商貨物後改裝為國貨運銷內地陝西和山西兩省,欺騙民眾。」〔註45〕

　　抗戰期間,物品奇缺,走私更加嚴重〔註46〕。湖南與湖北地理位置相鄰,因此深受其害。針對武漢的日貨走私,湖南省政府曾經訓令各縣縣長:「查近來常城日貨異常充斥,陳設觸目,考其來因,由武漢走私來常,若不從速設法制裁,將來一般奸商,爭相競買,危害伊於胡底,除竭誠開導商民外,應如何處理之,迄即示遵……常德即發現私貨,自應分途查緝,以防偷漏……岳陽常德兩縣縣政府稅務局,隨時查緝……合行令仰該縣長飭屬隨時認真查緝為要。」〔註47〕

　　抵貨運動期間,各地日貨進口數值升降的反向態勢,恰是日貨從抵貨懈怠之地湧入抵貨激烈地域的有利證據。從本章前引日貨輸華月度數值情況來

〔註43〕《淞滬戰爭中,天津商界暢銷日貨》,《大公報》,1932 年 2 月 19 日第 7 版。
〔註44〕《本市依然暢銷日貨》,《大公報》,1932 年 3 月 6 日第 7 版。
〔註45〕《青島日貨充斥》,《申報》,1932 年 4 月 6 日。
〔註46〕可以參閱齊春風:《中日經濟戰中的走私活動:1937～1945》,人民出版社,2002 年版。
〔註47〕《湖南省政府令》,《湖南省政府公報》,1937 年 7 月。

看，1915 年 2 月，華南抵貨運動已經暗中實行，其日貨進口數值由上月的 2964 降至 2827 千元，但華中、華北和東北則大幅上昇，分別由 5785、2706 和 2385 增加到 5971、2885 和 3190 千元。3 月，華中也開始進行抵制，因而兩地數值均有大幅降低，但華北則反而從 2885 增至 4329 千元，東北也由 3190 增加到 3713 千元。在 5、6 兩月的抵貨高潮期間，華中、華北和東北的數值雖然降低，而華南又從 4 月的 1960 逐步上昇到 2699 和 2829 千元。7 月的情況恰恰與 6 月恰恰完全相反，華南地區由 2829 下降到 1871 千元，而華中、華北和東北則分別從 3786、3757 和 1765 千元上昇至 5626、4000 和 1813 千元。1919 年 5 月，華北和東北的日貨進口值明顯下降，前者從 14825 降至 13478 千元，後者由 14894 降至 12675 千元，但華南和華中則分別由 5515 和 20963 千元升至 6271 和 23219 千元。整個下半年，華南、華中和華北的日貨進口數值僅有少數月份高於同年 4 月，但東北則均在 4 月份的數值之上，12 月甚至接近 4 月數值的 2 倍。1925 年抵制日貨的 6、7 兩月，華南和華中兩地日貨進口值大幅降低，前者從 5 月的 8088 逐月降至 6758 和 444 千元，後者則由 15774 逐月降至 7656 和 10556 千元。但與此同時，華北則從 7578 逐月升至 10833 和 12065 千元，東北也由 14174 逐月升至 17188 和 16900 千元，並且明顯超過抵貨之前幾個月的漲幅。

　　濟南慘案後的抵貨運動亦有類似現象。1928 年 5 月，華中地區日貨進口值由上月的 20018 降至 18704 千元，華北則因為軍事行動而銳減，但華南則由 5647 升到 6455 千元，東北更是由 12999 劇增至 15950 千元。從 6 月至年底，華南始終未能恢復到當年前幾個月的水平，華中雖有起伏，也僅有 1 個月份的數值超過當年前 4 個月，華北則僅年底 2 月因抵貨較烈有大幅下降，7 至 10 月的數值則與年初相當。東北情形與 1919 年一樣，整個抵貨期間的數值雖有波動，但均超過上半年前 4 個月。九一八事變後，除東北之外的抵貨運動步調比較一致，但次年則明顯出現地域分化，1932 年 1 至 3 月，華南日貨進口數值與上年年底變化不大，華中則延續了上年抵貨的激進色彩，甚至銳減至 255 千元，但華北則逐月上昇，依次從 2210、3726 升至 7620 千元，短期內即恢復並超過上年水平。

　　近人王振一曾將上述反常現象歸結為日本武力破壞和中國華北當局制止抵貨運動的產物，甚至認為「山東全省不見一張反日抵貨之標語傳單，也未見有一個抵貨團體之組織，更未見有一次抵貨的行動」，即使在九一八事變後

華北「受刺激最大」，而抵貨運動仍然不如長江流域激烈和有效〔註48〕。指責山東沒有一張反日抵貨標語，當然失之偏頗，但華北地區抵制日貨運動大多不如華南和華中地區激烈，則係顯見不爭的歷史事實。此種地域性差異，正如美國南加利福尼亞大學的希翰在 2010 年刊發的研究成果中指出的那樣，很難精確計算日貨進口因抵制運動的減少數值，原因之一在於抵貨運動導致走私增加，日貨進口從抵貨嚴厲的港口轉向比較鬆懈的港口〔註49〕，同時，這也在一定程度上削弱了抵貨運動的經濟效力，構成抵貨運動難以擺脫的困境之一。

第三節　地域差異削弱抵貨運動經濟效力

　　以 1915 年 2 月日貨輸華爲基數，四大地域各個月日貨輸華的增加額如下：

　　華南地區，除 6 月份略有增加之外，其餘 4 個月份分別減少了 572、867、128、956 千元，共計減少 2523 千元，再減去 6 月份增加的 2 千元，抵貨期間日貨輸華共減少 2521 千元。華中地區，3 至 7 月日貨輸華的減額依次爲 306、1236、2146、2185、345 千元，共計 20105 千元。華北地區，5 個月日貨輸華數均爲增加，分別爲 1444、1381、852、872 和 1115 千元，共計 5664 千元。東北地區，前兩個月日貨輸華反而增加，分別爲 523 和 169 千元，後三個月日貨輸華爲減少，分別爲 306、1425、1377 千元，兩相抵消，共計減少 2416 千元。華南、華中和東北三大區域日貨輸華的減額共計 25042 千元，但減去華北地區增加的 5664 千元，抵貨期間日貨輸華的減額爲 19378 千元。就全年而論，各大區域日貨輸華的減幅判然有別，華中與華南相差不大，均在 20% 左右，但華北僅僅降低 0.3%，降幅甚至還低於東北地區。時人甚至認爲，此種現象足以表明「抵貨在距袁氏較遠之處，確有顯著之功效。」〔註50〕因此，不同地域抵貨起訖不一，緩急有別，則明顯抵消了抵貨的經濟效果。

　　1919 年 1 至 4 月的非抵貨時期，華南、華中、華北和東北的日貨輸華月

〔註48〕王振一：《最近抵制日貨運動的效果及日方的對策》，《東方雜誌》，1932 年第 29 卷第 2 號，第 106 頁。

〔註49〕〔美〕Brett Sheehan：Boycotts and Bombs: The Failure of Economic Sanctions in the Sino-Japanese Conflict, Tianjin China, 1928～1932, MANAGEMENT & ORGANIZATIONAL HISTORY Vol 5（2），p.209.

〔註50〕狄平：《中國抵貨運動之史的研究》，《三民主義月刊》，1934 年第 3 卷第 4 期，第 59 頁。

均值分別爲 4836、17062、11746、16743 千元，5 至 12 月的抵貨時期，四大區域月均值分別爲 5114、17942、11838 和 18234 千元，換言之，抵貨時期華南和華中兩地共計減少 13896 千元，而華北和東北兩地則反而增加 19104 千元，兩相抵消，則顯示當年抵貨期間日貨輸華反而增加 5208 千元。因此，日人認爲抵貨運動不足爲慮：「日本內地觀察此次之排日運動，一似中國全國有蜂擁之勢，然最近旅行於中國，證以親目所睹，轉覺傳聞之失實。即有一二地方爲排日運動之中心點。今亦漸有衰息之傾向，卻如野火燎原，在下風者未嘗不繼續而起。然中心點漸以移動，轉瞬即滅，未足爲慮。」〔註 51〕

　　近人盧子岑曾經指出，五卅事件後日本巧妙地運用狸貓換太子的政策，僞裝親善，將責任推卸給英國，從而導致抵制日貨運動不徹底和不持久，並且，「更可憐的是抵制雖然經過很多次，而各地方的步武仍然不能一致，所以各地方給予日本的影響，極有輕重之別。」〔註 52〕下表顯示，6 至 7 月的日貨對華輸出在華中和華南兩地相繼驟降。以抵貨月份與非抵貨月份進行對比。華南、華中、華北和東北非抵貨時期的月均輸華值分別爲 7194、20054、7780 和 13718 千元，而抵貨時期的月均值分別爲 3601、9106、11449 和 17044 千元，也就是，抵貨 2 個月，華南和華中的日貨輸華值共減少 29082 千元，而華北和東北則增加 13990 千元，兩相抵消，共計減少 15092 千元。

　　將 1927 年與上年相比較，華中下跌 33.17，但華南與華北僅下降 2.50、0.67%，而東北則上漲 13.12%。再將 1927 年抵貨最爲激烈的 6～8 月與上年同期進行對比。1927 年 3 個月華南、華中、華北和東北四大地域的輸華總額分別爲 19700、36012、16704 和 35316 千日元，而上年同期分別爲 14866、53928、17414 和 32777 千日元，華南上漲 32.52%，東北也上漲 7.75%，而華中和華北則分別下跌 33.22 和 4.08%。再將抵貨與當年非抵貨月份進行比較。四大地域非抵貨時期的 9 個月日貨輸華數值分別爲 51760、100360、57813 和 99915 千日元，月均分別爲 5751、11151、6424 和 11102 千日元，而抵貨時期的月均數值分別爲 6567、12004、5568 和 11772 千日元，除華北略有降低之外，其餘三大區域均有增加。因此，此次抵貨運動效果不彰極爲明顯。

〔註 51〕　日本實業之日本社：《日本人之支那問題》，中華書局編輯所譯，中華書局 1919 年 7 月第 2 版，（甲）第 36 頁。
〔註 52〕　盧子岑：《歷次抵制日貨的成績》，《南大經濟》，1933 年第 1 期，第 18 頁。

1932 年	日金	美金	日金	美金	日金	美金	日金	美金
1 月	999	360	1124	405	2210	795	5519	1986
1932 年	日金	美金	日金	美金	日金	美金	日金	美金
2 月	1012	347	255	87	3726	1279	6851	2351
3 月	1007	324	980	315	7620	2451	10922	3513
4 月	1223	401	1384	454	6808	2234	8735	2866
5 月	1263	404	2054	657	6062	1938	8614	2754
6 月	1392	422	2298	696	4988	1511	9164	2776
7 月	1460	401	3474	954	4847	1331	10261	27817
8 月	1359	333	8034	1968	6061	1484	11216	2747
9 月	1812	428	3502	828	7186	1698	13891	3282
10 月	1868	431	3568	823	6713	1548	13063	3012
11 月	2330	480	4182	862	5735	1183	15994	3298
12 月	2559	530	4639	960	5815	1204	19045	3942
合計	18284	4861	35494	9009	67771	18656	133275	35344

〔美〕C.F.Remer: A Study of Chinese Boycotts-With Special Reference to their Economic Effectiveness, Ch'eng-wen Publishing Company, Taipei, Taiwan, 1966, p.264～265.

　　近人唐慶增認爲,「過去抵貨之失敗泰半由於範圍太小之故」,原因之一在於「吾國教育不普及及民智閉塞」,即便是九一八事變以後,僅有都市居民對於國難情形稍知一二,內地交通不便之處,「不明眞相者,居其大多數」,「如此而欲求抵貨之奏效,寧非南轅北轍」。〔註56〕就近代中國而言,現代意義上的民族國家尚在建構之中,外敵入侵,雖給所有國民帶來了民族恥辱的價值問題和利益衝擊的現實問題,但對不同地域的國人而言,意義則不盡相同。「事件」中心地域的民眾生命財產均遭衝擊,但在武力下或許更難以反抗。如果當地地方政權默許甚至放縱民眾運動,則民眾很可能表現得相當激進。同時,倘若距離「事件」中心較遠,民眾因感受不到「事件」的氛圍和很難受到「事件」的直接刺激,也會變得相對冷漠。在一般民眾眼中,家園——鄉土——國家,無疑是一種正常的序列關係。

〔註56〕唐慶增:《唐慶增救國言論集》,上海社會科學書店,1933 年版,第 17 頁。

第五章　摩登與愛國：崇洋風尚與抵貨運動

　　所謂「崇洋」，主要是指消費活動中，消費主體以消費洋貨為美、為貴、為時髦的認識評價與價值判斷。以洋為尚，顯係近代中國消費的主旋律。此種社會觀念，不僅對居民的消費行為乃至社會經濟變遷均有較大影響，而且也是抵制日貨運動難以逾越的困境之一。

第一節　社會分層與崇洋風尚

　　隨著近代中國社會的轉型，傳統「四民」結構日趨消解，新的社會結構逐步形成。尤其是城市中，基於職業而形成的社會結構日益清晰，新式政治精英、經濟精英和知識精英構成城市社會的中上層〔註1〕。按照韋伯的看法，「任何等級的社會都是靠慣例即生活方式的規則維持其制度的，因此在經濟

〔註 1〕根據職業結構，清末民初的城市社會可以分為九個層級，分別是：1、外僑、清朝貴族、大官僚、大太監、大軍閥、豪紳富商；2、外國銀行、洋行的董事、高級職員和買辦；3、大型工廠、商店和銀行的投資者、經營者、社會名流：4、銀行、公司和大型工廠、商店的專業職員、高級雇員；5、中小工廠、商店投資者和經營者、出版商、主編、律師、醫生、教授、一般政府職員、公司職員；6、小企業主、店主、高級店員、中間商、包工頭、行幫頭、工頭、技術工人；7、手工業者、商販、店員、學徒；8、工廠、商店和手工作坊的半熟練工人和非熟練工人，礦山、運輸、建築、裝卸等行業的工人和季節工、臨時工、小攤販等；9、自謀生計者、苦力、娼妓、乞丐、難民等。參見李明偉：《清末民初中國城市社會階層研究》，社會科學文獻出版社，2005 年版，第 98～99 頁。

上製造著不合理的消費條件。」〔註2〕傳統社會政治分層的標準業已讓位於現代社會的經濟標準，即主要以消費方式作為標識甚至區隔社會階層的主要工具。洋貨往往質量上乘、價格昂貴和款式新潮，因而恰好迎合了中上層社會炫耀性消費的強烈需求，成為一種熊彼特所謂的「地位性商品」。

近代新興工商業者和知識分子作為中國現代性價值訴求的主要力量，既是社會中上層的重要構成，同時也是消費主義的示範和載體，「地位愈高，財產愈多，知識愈豐者」，消費能力愈強，對洋貨的「依賴習性亦愈甚」〔註3〕。積累了大量財富的商人「造洋房，坐汽車，娶漂亮的妻」，成為炫耀性消費的典型，這些「高等華人的妻女，衣食住行，不用說是洋化了。越是洋化，在目下，好像越是摩登！不信？試問近來宴席上有沒有魚翅？每一個高跟皮鞋的女人，知道這皮鞋是不是國貨？每一個坐在鋼絲椅汽車裏的臀部，算是奠基於祖國之魂上嗎？」〔註4〕

商界精英如是，知識精英亦如是。知識精英成為西風東漸的重要媒介和崇洋風尚的重要主體，尤其是留學生往往將國外摩登習氣帶回本國。時人對此多有譏諷：「一個剛從外國鍍金回來的洋博士，有筆挺的西裝，怪亮的皮鞋，到處走來是受人家的歡迎和欽羨。」〔註5〕王韜曾在日記中記載，他赴友人處做客時，其友「特出西洋名酒為餉」，而他本人也常以進口玻璃杯和肥皂贈送友朋〔註6〕。章太炎嗜吸香煙，自己吸國貨「金鼠牌」，但饗客則必用洋貨「大英牌」〔註7〕。甚至南洋兄弟煙草公司的經營者家人亦有與章氏如出一轍的行為習慣。簡照南曾致函其兄弟簡玉階，頗為無奈地說，「猶有奇者，花界中固少吸我煙，即強其購吸，亦以『三炮臺』罐盛之。外人無論矣，即大兄與秋湄請客亦如是。」〔註8〕早在 1888 年，《申報》即刊文指出，「同一煙葉也，蘭州各土之所產未嘗不可吸也，而以之敬客，以之自寧，必以呂宋煙；同一

〔註2〕 〔德〕馬克斯・韋伯：《經濟與社會》（上），商務印書館，1997 年版，第 339 頁。

〔註3〕 章淵若：《民族經濟的自救運動——在上海市國貨運動大會播音演講》，《交易所周刊》，1935 年 1 卷 6 期。

〔註4〕 火雪明：《從婦女國貨年說到學生國貨年》，《工商新聞》，1935 年 1 卷 32 期。

〔註5〕 應宿義：《學時髦》，《晨光周刊》，1935 年第 3 卷第 35 期。

〔註6〕 王韜：《王韜日記》，中華書局，1987 年版，第 157、94 頁。

〔註7〕 陳存仁：《銀元時代生活史》，上海人民出版社，2000 年版，第 61 頁。

〔註8〕 中國科學院上海經濟研究所：《南洋兄弟煙草公司史料》，上海人民出版社，1996 年版，第 63 頁。

酒也，紹興、汾州之所釀未嘗不可飲也，而以之合歡而設醮，以之爭奇而務奢，必出西國各酒……如絨布、羽呢、鐘錶、物玩、銅鐵煤斤、機器製作，無不取之於泰西，更有不憚其遠而往購者。」〔註9〕

社會中上層將洋貨消費視爲身份標記，而從社會性別角度看，在社會學家西美爾看來，女性往往比男性更趨於追求時尚，因爲力量強大的男性自信其獨一無二的價值不會被同化與淹沒，而歷史上女性大多處於社會弱勢地位，弱者往往從典型的生活樣態中尋求庇護，在跟隨潮流和追求一般化與平均化的同時，女性又強烈尋求一切相關的個性化與可能的非凡性。時尚恰恰爲她們最大限度地提供了這二者的兼顧，換言之，當女性表現自我和追求個性的滿足在別的領域無法實現時，「時尚好像是閥門，爲女性找到了實現這種滿足的出口。」〔註10〕在1934年有關「婦女的愛美是不是婦運前途的阻力」的討論中，有人認爲女性愛美並非其天性，而是「後天的感受性」，因爲從生物學、歷史和現狀去研究，便不難發現：女性愛美不過是裝飾自己，以吸引異性，從而達到「雙棲雙宿的滿足」，而男性「喜歡美女，厭棄陋婦，他們既掌握著生殺予奪的大權，女性爲適應環境，保持生命起見，自然不能不奉迎男性的心理，把自己裝扮得花容玉貌，以動他們的愛慕，供他們的玩弄」，此乃女性愛美的原因與目的〔註11〕。另外有人撰文指出，現代女性並未逃脫上述樊籬，「愛美觀念，仍和以前的女子一樣，一切美的風尚的轉變，全都是爲了迎合男子的心理，塗脂抹粉地爭妍，華裝麗服地競豔，完全是奢侈欲和虛榮心的作祟，絲毫沒有認清那美的本質。因此，不自覺地做了洋貨化妝品的推銷員，服裝設計家的傀儡，卻還在自鳴得意。」但是責任不在女性，「不是她們自身的過錯和自身的墮落」，因爲「這是一個以男子爲中心的世界，他們的生存，似乎是上帝特意造就了來滿足男子的欲求的，所以妖媚的美，嬌豔的美，竟是她們用以謀取生活資料的工具，甚至一紙文憑，也變了新嫁娘的妝奩品」，中國婦女解放運動不過是將部分女性「從『婢』的地位搬到了『妾』的地位」，由「奴隸」而轉變爲「玩物」。〔註12〕因此，在一個男性社會裏，

〔註9〕《論西貨近日消流甚廣》，《申報》，1888年1月1日。

〔註10〕〔德〕西美爾：《時尚的哲學》，費勇等譯，北京文化藝術出版社，2001年版，第81頁。

〔註11〕吳似男：《愛美是女性墮落之路》，《女子月刊》，1934年第2卷第10期。

〔註12〕上官石生：《女子愛美與婦運前途》，《女子月刊》，1934年第2卷第10期。

都市上層女性無疑是崇洋風尚的重要成員，「明星、名媛和從事婦女運動的領袖們不是服用華彩奪目的外國貨呢？」〔註13〕「權貴闊佬們的洋房、汽車、鈔票，就是一朵有色有香的鮮花，要使蜂蝶兒迷惑。權貴闊人們的太太、姨娘，就是一位天國裏的仙女，要使凡間的人醉慕。」〔註14〕甚至在1934年元旦舉行的婦女國貨年運動委員會交誼大會上，數位婦女領袖的皮領和高跟鞋亦為舶來品〔註15〕。

必須特別注意的是，「由於妓女的生活方式屬於要被消滅之列，她們反而常常成為新時尚的先驅。」〔註16〕《時事新報》報導說，平日摩登洋化的「校花」，一旦登臺演講「新生活運動」，即「慷慨地脫下漂亮的服飾，換上樸素的陰丹士林布衣」，但這只不過是「洋」「國」並用，而並非徹底地以「國」易「洋」，乃至於有人譏諷說，一般性的「婦女國貨年」根本無濟於事，唯有先來一個「舞女國貨年」和「妓女國貨年」，方為「正本清源」〔註17〕。據《國貨月報》記者的觀察，一般女性的消費狀況似乎絲毫未受經濟蕭條和社會凋敝的影響，反而「變本加厲，揮金如土」，原因在於：「自歐風東漸，方物雜陳，一般婦女，為虛榮所誘惑，而趨慕榮華之心理，與社會習尚相助長。近年農村破產，農村婦女，移向都市；都市亦百業凋敝，中產以下之家庭，均難以維持；而一般婦女，已習於奢靡，不能不另謀生財之道，遂不惜治容修豔，以引誘男性為騙取金錢之唯一手腕。試放眼一看上海之社會，工廠、商店，倒閉相繼；獨跳舞場生意蓬勃，大旅館生意興盛，以至明星滿天，野花遍地，此種反常之現象，無非在『女色』二字，為上海硬撐場面，豈眞市面繁榮乎？」〔註18〕上海進口口香糖大多消耗於「貴族化」家庭及妓院與電影院等遊戲場所〔註19〕，亦可證明上層及邊緣女性確係進口奢侈品的主要消費群體。

消費風尚與商業廣告相互建構，「廣告是社會想像力和願望的濃縮，是社會

〔註13〕 馬艾文：《婦女國貨年的回顧和學生國貨年的展望》，《國貨月刊》，1935年第11期。
〔註14〕 廖遜我：《國貨年的社會史觀》，《新大聲雜誌》，1935年第第7期。
〔註15〕 老君：《婦女國貨年印象記》，《十日談》，1934年第49期。
〔註16〕 〔德〕西美爾：《時尚的哲學》，費勇等譯，北京文化藝術出版社，2001年版，第83頁。
〔註17〕 航：《國貨年》，《讀書月刊》，1935年第6期。
〔註18〕 記者：《婦女國貨年感言》，《國貨月報》，1934年第1卷第9期。
〔註19〕 《婦女國貨年壁壘盡毀》，《國貨月刊》，1934年第6期。

目標的產物，而有效的廣告訴求正代表了該社會中所認可的生活體驗」〔註20〕，
商業廣告既迎合又建構社會生活樣態與價值觀念。因此，極力彰顯產品與外國
的關聯成爲近代中國廣告的核心訴求之一。大美煙公司所產「吉士」香煙廣告
宣稱：「吉士在美國膾炙人口，因其味美絕倫，吸者無不滿意。」〔註21〕大量廣
告則常以社會中上層爲訴求對象，「特請中華士紳前來惠顧」〔註22〕，或者直接
聘請知名人士作爲廣告代言人，藉以凸顯產品的品味與奢華，孫中山〔註23〕、
伍朝樞〔註24〕、馬占山〔註25〕等政治人物，均與商業廣告發生過直接關係。「名

〔註20〕 黃克武：《從〈申報〉醫藥廣告看民初上海的醫療文化與社會生活（1912～
　　　　1926）》，《臺灣中央研究院近代史研究所集刊》第 17 期下冊，1988 年，第 142
　　　　頁。
〔註21〕 《申報》1921 年 3 月 22 日。
〔註22〕 《申報》，1910 年 2 月 9 日。
〔註23〕 亨利眼鏡以孫中山題詞作爲品牌宣傳。
〔註24〕 1927 年 12 月 17 日，馬迪汽車公司的汽車用「外交家之交際車」的標題，爲
　　　　其克雷斯勒汽車做廣告。廣告首先對外交總長伍朝樞進行了吹捧式的介紹，
　　　　聲稱：外交總長伍朝樞先生，足跡遍及天下各國，見識之廣闊，辨析力之強，
　　　　爲中國第一流人物也。對伍朝樞先生對於汽車的要求之高作了說明：伍先生
　　　　身任外交總長，國際間之交際甚繁，遂有備車之需要。惟車需精緻質優美麗
　　　　大方乃不失外交界之資格，不辱中國之國禮。最後的結果當然是：故伍先生
　　　　思之再思之後，竟毅然決然向本公司購備克雷斯勒汽車二輛，以資公出之應
　　　　用，並極力介紹於國民政府。
〔註25〕 1931 年底，上海中國福昌煙公司在其總經理姚繼光等人的策劃下，推出了「馬
　　　　占山將軍香煙」。12 月 28 日的《申報》上刊有該公司的廣告，宣稱「國貨香
　　　　煙，今日發行：每箱提國幣 10 元慰勞馬占山將軍；得馬占山將軍允准發行；
　　　　抵抗一切舶來品；具備將軍之大無畏精神。」（《申報》，1931 年 12 月 28 日第
　　　　3 版。）1932 年元旦，《申報》頭版的大半個版面均爲福昌煙公司的廣告，宣
　　　　稱「廿一年來萬事更新，希望全國一致對外，人人都學馬占山將軍，請吸馬
　　　　占山將軍香煙」，（《申報》，1932 年 1 月 1 日第 7 版。）並且給出了「愛國民
　　　　眾已一致吸馬占山將軍香煙」的四大原因：「全國一致景仰馬占山將軍；每箱
　　　　有慰勞金國幣拾元；色香味悉能抵抗舶來品；破天荒精美花聽。」廣告上還
　　　　有海上聞人黃金榮的題字：「願人人都學馬將軍」。香煙聽筒上印有馬占山半
　　　　身像，旁有馬占山的題字：福昌煙公司。（《申報》，1932 年 1 月 1 日本埠增刊。）
　　　　該公司將馬占山的抗日行爲和全國民眾的抗日情緒與商業炒作巧妙結合起
　　　　來，一時獲得了極好的經濟效益。數日之內，「馬占山將軍」香煙由每元三聽
　　　　漲至每元二聽。福昌煙公司的廣告還不斷變化花樣。1932 年 1 月下旬的廣告
　　　　中有這樣令人熱血沸騰之句：「慨自逆寇凌邊，恣行吞略，我東北膏腴，遂於
　　　　不抵抗之下，竟付澌亡。獨馬占山將軍，以飢寒久疲之孤軍，當銳氣方張之
　　　　強敵，風雲變色，百折不撓，武穆而下千載一人。願同胞吸此至高無上之極
　　　　品馬占山香煙，聞風興起，共圖大是也。」（轉自王曉華：《馬占山與「馬占

媛名筆，相得益彰……一筆在握，尤覺風度嫣然」〔註 26〕，此種廣告在則旨在突出產品的時尚氣質。正是因爲產品時尚化的時代需要，諸多娛樂界人士才成爲廣告的寵兒。

總之，社會結構的近代轉型必然導致中國消費風尚的巨大變革，逐步產生炫耀性、品味性和時尚化的崇洋消費，「獨特的品味系列、消費偏好和生活方式實踐，與具體的職業和階層群體密切相關」，「品味具有分類作用，並把分類者也分了類」〔註 27〕。清末以降城市中上層社會的成員正是通過消費方式的變革來表徵並維繫自身的高貴身份，正如時人所批評的那樣，城市新貴「精神上無一事堪與歐美彷彿，惟用度之奢侈駸駸乎將凌歐而軼美。」〔註 28〕

第二節　崇洋風尚的傳播路徑

凡勃倫認爲，炫耀性消費是位居社會高位的「有閒階級」博取榮譽的一種手段，或者說以此作爲顯示其身份的標誌，而此種標誌又極其脆弱，故而總是常換常新，以此不斷保持那種使之居於社會上層的差距。同時，炫耀性消費又會通過商品廣告和人口流動的傳播而成爲社會底層傚仿的榜樣，即使因購買力不足而虛幻扭曲〔註 29〕。而在布爾迪厄看來，「地位性商品」的獲取與佔有本質上是一種階級關係，期間充滿斗爭，「經常性供應新的、時髦得令人垂涎的商品，或者下層群體僭用標誌上層社會的商品，便產生了一種『犬兔』越野追逐式的遊戲。爲了重新建立起原有的社會距離，較上層的特殊群體不得不投資於新的商品。」〔註 30〕

中下層社會不斷僭用中上層社會的地位性商品，因而藉由消費方式實現

山」香煙》，《民國春秋》，2000 年第 4 期。）其他如福新煙公司亦有利用馬占山的抗日行爲進行廣告宣傳之舉，如一則廣告讚譽馬占山爲當代英雄，「黑龍江將士的血是中華民族的血」，「鐵血衛國，男兒自強，精忠神勇，萬古流芳」，稱其生產的金字塔香煙爲「煙中鐵軍」。（《申報》，1931 年 12 月 1 日第 1 版。）

〔註 26〕 華孚金筆廣告，《申報》，1934 年 5 月 10 日。

〔註 27〕 〔英〕邁克·費瑟斯通：《消費文化與後現代主義》，劉精明譯，譯林出版社，2000 年版，第 26 頁。

〔註 28〕 徐珂：《清稗類鈔》（7），中華書局 1986 年版，第 3299 頁。

〔註 29〕 〔美〕凡勃倫：《有閒階級論》，蔡受百譯，商務印書館，2002 年版，第 58～64 頁。

〔註 30〕 〔英〕邁克·費瑟斯通：《消費文化與後現代主義》，劉精明譯，譯林出版社，2000 年版，第 26 頁。

的階層區隔極不穩定，從而引發消費風尚的急劇變遷，但在社會各階層「『犬兔』越野追逐式的遊戲中」，消費風尚亦得以縱深穿越至社會底層。近代中國青年學生浸淫於都市空間，並且不斷受到擁有「西潮」代理者身份的教師群體的現代性濡化，從而逐漸習得崇洋消費文化，日益成為崇洋消費樣態的主體之一和重要傳播介質。「提倡國貨這口號，越是喊得高唱入云者，越是愛用洋貨，甚至以身作則的教師們也是如此。」〔註 31〕由於這些「號稱知識階級的士大夫和留學生，有意無意地提倡。留學生在國外受了洋人的洗禮，及享慣了外國舒適的物質生活，回國後，不僅對本國的學術思想鄙而不談，而對於本國素樸的物質生活，也一概的賤視厭棄，他們因掛了博士碩士的頭銜，在社會上獲得較高的地位，於是，他們那種『非外國之語不言，非洋人之貨不用』的奴性，也為一般群眾，上行下效，不論好壞，而盲目地由羨慕而模仿了。」〔註 32〕「眼光淺薄的朋友便由欽羨而生嫉妒了，不願風頭被人家獨出，也得去沾一點份兒。於是也依樣畫葫蘆的學起來，果然也有洋博士的風度了，洋洋然大得其意……踏進洋大人別墅的會客室裏，美麗的地毯，活動的圈椅，光可鑒人的椅子，彈性十足的沙發，一件件都感到滿意，因滿意而生興味。感覺唯有這樣的生活才是前進的，時代的，便毫無疑義地去跟洋行夥計做交易，來一下照樣的布置。」〔註 33〕教師群體的時尚示範導致青年學生在追逐洋貨方面，「幾不下於摩登婦女」。在 1935 年的學生國貨年運動中，時論批評道：「社會奢侈之風，所以深入人心者，多係學生之傳授也」，因為「學校集於都市，都市得風氣之先，物質享受，無不應有盡有，逐漸接受，於是奢靡之風，由通都大邑，而漸入於農村；馴至一般學生生活所需，非洋貨不足以逐其欲，我國固有勤勞儉樸努力生產之風，日漸消失，結果稼穡之艱難不知，民生之疾苦不問，國家亦百廢而不舉。」〔註 34〕時人揶揄地指出學生由「土」變「洋」變化歷程：「一個內地的學生，初到都市裏來，總是穿著土布的大褂，自做的鞋子。幾個月以後，長大褂雖猶是長大褂，而原料卻不對了，不是嗶嘰，便是華達呢，而且腳上也登上了一雙皮鞋了。再幾個月以後，全身變化，中國裝變作西洋裝了。他們為的要時髦美觀，所以變了再

〔註 31〕英華：《由學生國貨年說到教師的責任》，《教育生活》，1935 年 2 卷 2 期。
〔註 32〕慧英：《學生國貨年學生們應有的認識》，《國貨半月刊》（廣州市國貨委員會），1936 年 2 卷 11～12 期。
〔註 33〕應宿義：《學時髦》，《晨光周刊》，1935 年 3 卷 35 期。
〔註 34〕袁愈明：《學生國貨年之學生》，《湖南省國貨陳列館月刊》，1935 年第 26 期。

變，誰知道這般一變，洋商笑眯眯國貨商大倒其黴。」有人甚至認為，使用洋貨之多寡居然與學歷之高低成正比，「用洋貨最少者是小學生，較多者是中學生，而最多者是大學生。……至於大學生，非西裝、革履、洋房、大菜……且洋化的淺深足以決定其風頭的大小，於是儘其力之所及，競用洋貨，相習成風。」尤為嚴重的是，大學生視使用洋貨「為當然之事，不以為怪」，原因不僅在於他們日常生活所接觸者多為洋貨，而且「為其師表者，多為洋翰林，生活習慣，洋氣十足」〔註35〕。

　　西美爾關於女性比男性更容易追逐時尚的看法對於女學生同樣適用。南京國民政府教育部 1933 年底對上海六所大學的視察報告指出，暨南、滬江、光華、大夏等大學的學生，「風尚多趨奢侈，女生更見浮華」〔註36〕，以至於時人感歎：「目下社會中繁華奢侈的，無過於學生，無過於大學生，更無過於大學中之女生」，她們「受教育程度越高，需用奢侈品越多，便是推銷洋貨愈力」，更不用說「燙頭髮，買外國衣料，買外國首飾，買外國化妝品，彷彿是她們的常課」。〔註37〕有人甚至將 1934 年婦女國貨年運動失敗的部分責任歸結為全國女學生的崇洋風尚，認為「有些女學生太不愛國了，她們頭燙的是洋髮，眼中看的是洋戲，身上穿的是洋料，腳上穿的是洋鞋，簡直是非洋勿食，非洋勿動，非洋勿用了。常此下去，非但不能成為賢妻良母，卻反成了洋妻洋母了。」〔註38〕面對女學生的崇洋消費，時人既痛心疾首又迷惑不解：「要都市中國女學生多買幾本參考書，真像要她們性命一般難過。不過她們做什麼時裝，買什麼化妝品，總揀價貴的外國貨買，真不知她們是具著何種心理？」〔註39〕桑巴特曾經在其《奢侈與資本主義》這一名著中描述過生活方式的傳播路徑：「風流社會」的生活方式決定了整個社會的生活方式，「一切與時尚、奢侈、乏力、揮霍相關的怪念頭首先都是由情婦們在實踐中嘗試，使其在某些方面變得平和之後，它們才最終為受尊敬的婦女接受。」〔註40〕即便在學生國貨年，時人亦不無諷刺地說，「從舞臺下來的舞女，由銀幕出來

〔註35〕健民：《對學生國貨年的希望》，《社會半月刊》，1935 年 1 卷 9～10 期合刊。
〔註36〕忻忻：《婦女國貨年》，《申報》，1934 年 1 月 10 日。
〔註37〕天然：《大學生與女大學生之服飾》，《申報》，1934 年 1 月 1 日。
〔註38〕俞友青：《學生國貨年之展望》，《晨光周刊》，1935 年 3 卷 41～43 期合刊。
〔註39〕茸餘：《學生的衣飾問題》，《申報》1935 年 5 月 16 日第 17 版。
〔註40〕〔德〕桑巴特：《奢侈與資本主義》，王燕平等譯，上海人民出版社，2000 年版，第 75 頁。

的明星，他們的服飾，正像意想中的天上廣寒宮的娘娘那麼飄飄然，誰不要令眼相待呢？引得一般小姐太太們酸性勃發，英雄氣概的不顧一切，去選購巴黎……，紐約……，等等一類的珍品」，「只要是時髦的，不上多少時候，便風行得非常成熟，這是所謂新時代的現象」〔註41〕。都市女生也並未逃脫社會時尚這一社會權力的宰制，「真正知道愛國的婦女，要在貧窮的田野間去找的！哪裏能向都市一般的女學生？應該知道，女學生在『愛國布』制服之內，就是件冷毛衫！腳上冷羊皮靴！」〔註42〕

　　崇洋風尚不僅在各階層之間滲透蔓延，並且也能隨著社會流動而實現空間上的流轉廣布。馮友蘭曾經指出，古代中國的鄉村乃是城市的殖民地，而自工業革命以後，則「西方成了城裏，東方成了鄉下」，在他看來，所謂洋貨本質上就是「城裏的貨」，「所謂中國人用西洋人的製成品者，實即是鄉下人進城裏辦貨而已。所謂中國人往西洋留學者，實際時鄉下人進城裏學乖而已。所謂中國人往西洋遊歷者，實際是鄉下人往城裏看熱鬧而已。」〔註43〕也就是說，中國與西方、中國沿海與內地、城市與鄉村，均已轉變成為傳統與現代或者中心與邊緣的關係。因此，隨著近代中國現代化的不斷推進，崇洋風尚不僅縱深穿透社會各大階層，也橫向散佈至城鄉各地。

　　上海既是抵貨運動的重要策源地，同時也是崇洋風尚的主要集散地。薩孟武曾經指出，「上海因為大部分是外國租界，洋人氣焰囂張，不但買辦，就是知識分子也有洋奴的氣質。隨著洋布打到土布的物質轉變，精神上也認為『洋』的東西都是好的。」〔註44〕馬相伯也說，「提到國貨，一般的人都缺乏一種信任，尤其像上海這種地方，一般的心理總把外國貨當作好的。」〔註45〕「惟洋是採」、「以洋為榮」是近代上海社會消費心態的基本特徵。《申報》曾經載文稱：「不知是哪一位會翻花樣的文人把英文『現代』一詞，譯其音為『摩登』，批發到中國各界的市場上，不料很快的聲影吥和，竟蔚成了『時代的狂飆』！於是我們都有了眼福，去領教：摩登大衣、摩登鞋襪、摩登木器、摩登商店、摩登按摩

〔註41〕應宿義：《學時髦》，《晨光周刊》，1935 年 3 卷 35 期。
〔註42〕英華：《由學生國貨年說到教師的責任》，《教育生活》，1935 年 2 卷 2 期。
〔註43〕馮友蘭：《辯城鄉》，《馮友蘭選集》，天津人民出版社，1994 年版，第 169～173 頁。
〔註44〕薩孟武：《中年時代》，廣西師範大學出版社，2005 年版，第 11～12 頁。
〔註45〕馬相伯：《國貨年獻詞（1933 年）》，朱維錚：《馬相伯文集》，復旦大學出版社，1996 年版，第 950 頁。

院、摩登建築、摩登男女……等。這普遍化的現象是不勝指屈的，一言以蔽之：
有物皆『摩』，無事不『登』！」〔註46〕時論甚至批評上海人：「中國之緞甚好，
但偏愛穿外國緞；中國戲甚好，但偏愛外國戲；中國菜甚好，但偏愛吃外國大
餐；中式學堂甚好，但偏愛進外國學堂；中國之女人甚好，但偏愛娶外國老婆。」
〔註47〕上海摩登不斷侵染中國其他城市的商業文化和市民生活。北京、杭州、
武漢、濟南等城市的娛樂設施、城市建築、報紙版式、商店招牌、廣告用語，
隨處可見效法上海的痕跡，「無往而不以上海爲準繩也。」有人對其在北京的所
見所聞歎氣不已，因爲原本勢利的黑暗的北平社會，又吸收了上海的浮糜習尙，
家家都是海派的陳設，人人都是海派的裝束。其實，在二三十年代的報刊上，「上
海化」一詞相當流行，如「北平社會的上海化」，「上海化的蘇州」。因此可以說，
「現在的中國正在普遍的上海化中，不但政治經濟、而且社會風俗，內地有哪
幾處沒有上海的氣味？」〔註48〕

　　崇洋風氣也隨著人口的流動而擴散。近人對此有一段絕佳的記載，「上海
人到內地，總喜歡誇言上海的洋房怎樣高，上海的馬路怎樣闊，上海的女人
怎樣時髦。內地人逛了一圈上海而回到故鄉，也往往喜歡眉飛色舞地介紹給
他的同鄉人聽，上海的洋房怎樣高，上海的馬路怎樣闊，上海的女人怎樣時
髦。沒有到過上海的人，而理想起上海的整個來，也總往往是上海的洋房不
知怎樣的高，上海的馬路不知怎樣的闊，上海的女人不知怎樣的時髦」〔註
49〕。尤爲重要的是，甚至青年學生也逐漸成爲消費風尙在城鄉之間傳播的重
要介質，「很多內地農村裏出來的青年，在都市學校裏混了數年，除了多得一
紙畢業證書而外，他能帶回家鄉的有什麼？他非但不能帶回去一肚子的學問
爲地方社會服務，而且他剛離鄉出來時的土布大衫、藍花包袱……都不見了，
他帶回去只是嗶嘰的洋裝、大英的革履；出門時書筐內裝著純羊毫的『滑脫
們』，德國的『口琴』、『照相機』……他非但看不起他的雙親，而且厭惡了他
的家庭。」〔註50〕都市女性逐漸接受歐風美雨的浸淫，「只知道怎樣的超過時

〔註46〕　《申報》，1933 年 2 月 5 日，增刊。

〔註47〕　《申報》，1912 年 3 月 11 日。

〔註48〕　曾覺之：《上海的將來》，新中華雜誌社：《上海的將來》，上海中華書局，1934
　　　　　年版，第 78 頁。

〔註49〕　徐國楨：《上海的研究》，世界書局，1929 年版，第 8 頁。

〔註50〕　李紹忠：《青年對「學生國貨年」應有的認識》，《晨光周刊》，1935 年第 4 卷
　　　　　第 9 期。

代侈華，怎樣博得人們美的贊許」，而將眼光聚焦於物質虛榮上，而「內地及勞動的婦女，爲都市婦女之馬首是瞻，競相模較」〔註51〕。

　　崇洋消費在社會階層之間、性別之間以及地域之間競相傳播蔓延，蔚成風尚，這既是中國現代化的強大驅動力量，但也成爲抵制外貨運動的內在約束力量。

第三節　崇洋風尚對抵貨運動的阻滯

　　近代以降的所謂洋貨，最初主要是中國人對歐美商品的泛稱。隨著工業化的不斷推進，日本商品逐步湧入中國市場，儘管在質量上次於歐美，但樣式則不亞於歐美，甚至某些商品還更加能夠適合中國民眾的審美趣味。因此，歐美商品和日本商品均被國人稱作洋貨，只不過前者被稱爲西洋貨，而後者則被稱爲東洋貨。因此，彌漫於中國社會各階層的崇洋風尚，也無疑包括國人對東洋貨的喜好甚至偏愛，而此種風氣對歷次抵貨運動的經濟效力甚至持久堅持，均構成不同程度的障礙。

一、東洋貨——洋氣時尚

　　20 世紀初期，日貨在中國市場迅速擴張，並較長時間位居中國進口商品首位：

> 凡水路可通之地，都有日本人的蹤跡，凡日本人所到的地方，而日貨則普及到內地，雖窮鄉僻壤，也受其經濟侵略，至於通商大埠，更不必說。……大自鋼鐵，小至火柴，微至縫衣針，無貨不備，無物不有。〔註52〕

　　相對於歐美產品而言，日貨質量較次，但價格較之低廉，而若與國貨比較，則往往質高價廉，正如近人吳兆名指出的那樣，「我國實業不發達，幼稚國產品供不應求，西洋貨價格高，中國人購買力薄弱，不得不買價廉的東洋貨，我國的國產品往往價格大於日本貨，如中國棉布瓷器等價格，都比日本貨高，甚至品質還不如日本貨，因此購買力薄弱的中國人，不得不捨國貨而用日貨。」〔註53〕

〔註51〕《婦女國貨年徵文摘錄》，《國貨月刊》，1934 年第 4 期。
〔註52〕吳兆名：《日本帝國主義與中國》，商務印書館，1934 年版，第 558 頁。
〔註53〕吳兆名：《日本帝國主義與中國》，商務印書館，1934 年版，第 563 頁。

　　但是，日貨之所以能夠競勝於中國市場，除了比國貨和歐美商品價格低廉之外，樣式遠比國貨新潮也是一個重要因素。日貨憑藉價格低廉和樣式新潮兩大優勢，在中國社會各個階層都有一定市場。譬如衣服，國人購用日貨甚多，上層社會的衣服面原料多爲西洋進口的絲綢和嗶嘰呢絨，而裏料則仍採日貨人造絲等。中下階級不能消費價格較昂的西洋貨，但由於國產布料不美觀，故而均用價廉物美的日貨沖嗶嘰〔註54〕。九一八事變之後的抵貨運動期間，時人明確指出國人購買日貨的兩大理由：「我們中國有米、面、粗布、綢緞、煤炭、水火，可以生活著努力救國，何必買日本貨呢？除非是貪便宜、好奢華，此外沒有必要的理由。」〔註55〕抵貨運動的鼓吹者也不得不承認，國人選購日貨是「好奢華」。抵貨輿論樂觀地認爲「抵制日貨一點也不難」，原因在於「不買日貨並不爲難消費者，不穿日本布，沒錢的人可以穿中國布，有錢而愛漂亮者可以穿英國布，沒有叫你少穿衣服，多花錢。衣服材料差一點不見得怎樣不自在，身上穿的仇人的布疋不見得怎樣體面。」〔註56〕此番言論也暗示，國人採用日布縫製衣服，目的也是爲了「體面」。

　　1925年有人撰文指出，「見其色則炫美精巧，叩其聲則清脆可耳，問其價則低賤無幾的日貨，暢銷於貪嗇性特別發達的我們中間，誰還敢說聲不好呢？點綴於輝煌的廳堂中，不是更覺耀煜炫眼嗎？贈之愛人，不是更加情重意深嗎？服之用之見友會客，不是更加足以炫富誇美嗎？……於是彼唱此和，你購我買，日貨的充斥，遂成了蒸蒸向上，可以燎原的氣焰。在通都大邑中，是不用說的了，即窮鄉僻壤裏，我們也能見在客人的身上，每間屋中，都有他們的黨羽，洋洋得意的占著地盤。」〔註57〕也就是說，日貨之所以暢銷於中國，形制外觀的炫美精巧顯然是其不可或缺的條件。1935年出版的《廣州年鑑》即將經營者獲利豐厚的原因歸諸日貨質地低劣而「外觀頗佳」〔註58〕。

　　近代美學家周玲蘇甚至認爲，國貨之所以不敵日貨，原因在於中國美育水平低下。在他看來，國貨與日貨兩相比較，以物質論，前者未必完全不如後者，但日貨輕便玲瓏，裝飾美麗，國貨則因粗劣笨拙和不重裝飾而不爲國

〔註54〕曾國藩：《抵制日貨與提倡國貨》，《申報》，1931年10月4日第19版。

〔註55〕《經濟救國》，經濟救國研究社特刊，1931年11月，出版地不詳，第1頁。

〔註56〕中暇：《抵制日貨一點也不難》，社會與教育社：《我們的敵人——日本》，新生命書局，1931年版，第147頁。

〔註57〕邵三超：《日貨與戀愛》，《愛國青年》，1925年第8期。

〔註58〕廣州年鑑編纂委員會：《廣州年鑑卷10：經濟》，1935年版，第117頁。

人所喜用，因此導致日貨充斥我國市面。我國實業不發達的緣由，除缺少資本、機器和人才之外，美育也是與發展實業息息相關的緊要條件。他指出，世界上實業發達的國家，無不注重美育。美育在兩大方面能夠促進實業的發展，一是實業經營者如果接受美育陶冶，則必定心志純潔，精神清快，對於工商業務自能奮發猛進和始終如一。反觀中國的實業經營者，大都見識淺陋，器量狹小，偶一得志即夜郎自大，不求進步，且奢侈淫逸，最終導致經營事業一敗塗地，緣由在於國人素無美育訓練，因此思想渾濁，意志簿弱，易為外物引誘。二是實業經營者如有美術思想，所產物品才能具有美術意味，因而受人歡迎，銷路廣大。因此，他另闢蹊徑，認為國人提倡國貨和振興實業，對實業界的美育訓練不可等閒視之〔註59〕。

茅盾1932年發表的短篇小說《林家鋪子》描述道，小商人林老闆女兒林小姐所在學校發生抵制日貨運動，她因穿著日本進口假毛葛和駝絨面料製成的「怪好看的」旗袍而受到同學和老師的指責，回到家裏打開皮箱，「花花綠綠的衣服和雜用品越看越可愛，但全是東洋貨，可是她捨不得」，「她那隻常為同學們豔羨的化妝皮夾以及自動鉛筆，也是東洋貨，而她卻又愛這些小玩意兒的」。「她愛這些東洋貨，又恨那些東洋人，好好兒地發兵打東三省幹麼呢？不然，穿了東洋貨有誰來笑罵。」〔註60〕由此可見，林小姐衣用雜物均為日貨，不僅她自己非常喜愛日貨的「好看」外觀，並由此也成為同學「豔羨」的對象。她憎恨日本對中國東北的侵略，因為由此而引發的抵貨運動，直接波及到她的日常生活。此一文學敘事既深刻揭示出抵制日貨運動中存在消費主義和民族主義之間的緊張關係〔註61〕，也反映了日貨在商人階層日常生活中的普遍性和重要性，同時，「怪好看」、「越看越可愛」以及「豔羨」等關鍵詞，清晰地表明日貨消費行為明確指向時尚新潮這一現代性。

二、追求時尚與購買日貨

日貨與「時尚／現代」觀念之間的強大關聯刺激國人對日貨的需求。因此弔詭的是，作為抵貨運動重要組織力量的知識分子也是日貨的重要消費群

〔註59〕轉見姚全興：《中國現代美育思想書評》，湖北教育出版社，1989年版，第129頁。

〔註60〕茅盾：《林家鋪子》，《申報月刊》，1932創刊號。

〔註61〕葛凱：《製造中國：消費文化與民族國家的創建》（黃振萍譯，北京大學出版社，2007年版）一書即以此作為引子。

體。近代著名的憲政學家章淵若曾經洞察知識分子的悖論性存在，即他們既是國貨運動鼓吹者，也是洋貨消費者。他說，「一般深負時譽，提倡國貨的人，實際其本身生活，卻與洋貨相依爲命，離卻洋貨不能獨立……用洋貨者，亡國害民者，並非無知無能的民眾，倒是這班自命不凡，志高氣昂的知識階級。」「開會演講，大言不慚；下了講臺，則變而爲洋貨最忠實地推銷者。」〔註62〕

不僅如此，甚至知識分子群體都被譏諷爲日貨「推銷員」：

> 最不可饒恕的是中國知識分子，什麼事情只拿出主張，而自己又不能實現自己的主張，老實説，日貨的輸入，大都是知識分子及其家庭有意無意負推銷義務的緣故，他或她們爲服用外國貨爲光榮的虛僞心理所驅使，所以國貨提倡不起來，所以在救國字樣還很濃厚的印在腦中時，尚可支持，時日一久，態度就變了。〔註63〕

臺灣學者李達嘉曾經追問：五四抵貨運動中的激進成員在運動熱潮消退之後，是否仍會拒絕一切日貨？〔註64〕的確難以找到與其中個別成員相關的歷史證據，但整體而論，時時處於民族主義運動中心，甚至抨擊「商人無祖國」的青年學生，卻一度被媒體譏諷爲「洋貨推銷員」。〔註65〕據近人鄭逸梅估計，當時上海約有半數人喜著西裝，因爲西裝「便捷而又經濟」，但西裝也是「現代性」的具體表徵，身著西裝，「走到街上，居然趾高氣昂，爲新時代的代表人物」。〔註66〕即使在學生國貨年，大學生仍然「西裝革履，出入舞場，開香檳，吃大菜，口嚼留蘭香，髮塗司丹康，無一不是十足道地的舶來品」，而且大學生的消費風向又進一步成爲中學生消費選擇的示範，因爲「大學生的背道而馳，完全忘了學生國貨年重大使命」，所以中學生也「起而效尤……

〔註62〕 章淵若：《民族經濟的自救運動——在上海市國貨運動大會播音演講》，《交易所周刊》，1935年第1卷第6期。

〔註63〕 金平歐：《對日決爭之認識與策動》，南京拔提書店，1933年版，第72頁。

〔註64〕 李達嘉：《罪與罰：五四抵制日貨運動中學生對商人的強制行爲》，臺北《新史學》，2003年第14卷第2期。

〔註65〕 「最近教育部曾派員視察上海六所大學之報告，中有各校學生服飾，大同比較樸素，其餘大多數習於奢侈繁華，衣履則竟尚新奇，……甚至出入娛樂場所，感受時下習氣極深，……至於女生服飾，猶多繁華新奇，……吾早說過，目下社會中最繁華奢侈的，無過於學生，無過於大學生，更無過於大學生中子女學生。所以有人說受教育程度愈高，需用奢侈品愈多，便是推銷洋貨愈力。」見天然：《大學生與女學生之服飾》，《申報》，1934年1月1日第7版，「國貨周刊」。

〔註66〕 鄭逸梅：《對於西裝的商榷》，《申報》，1935年5月4日第18版。

自己的書桌上，大部仍放著華脫門的墨水，胸前插著派克的自來水筆，把學生國貨年艱巨的責任，完全置在腦後！」〔註 67〕日本是中國製作西服面料的主要進口國，1919 年的「杭州口華洋貿易情形論略」明確記載：「華人以為西式衣服之材料，多係來自日本。」〔註68〕1922 至 1931 年的「甌海關十年報告」則聲稱：「本色洋布，期初五載，進口踴躍。15 年後，急劇萎縮，幾為國產所驅逐，乃者滬埠出品，獨霸本埠市場，至於國內布廠未能仿製之上等匹頭，不但仍自外洋輸入（英日貨最多），且有遞增之勢，是乃由於人民時尚西裝之所致也。」〔註69〕

中國海關關於日本文化用品的進口狀況，乃是反映教育界人士抵貨力度與效度的絕佳例證。本章附表「日貨文化品逐年進口表（1912～1931）」顯示，1915 年，書籍樂譜的進口價值僅略有減少，但科學儀器的跌幅則高達 36.48%。自 1919 年抵貨運動開始，國人逐步提出「相對抵制說」，對所謂的必需品停止抵制，因此，1923 年書籍樂譜的進口價值以及 1925 和 1928 兩年科學儀器的進口價值比上年有所減少，但整體態勢則顯然是逐年遞增，即使是抵貨最烈的 1931 年亦不例外。從遭到激烈抵制的鉛筆以及「玩具和遊戲品」這些文化用品的進口價值變動趨勢看，1927 年的鉛筆進口價值比上年增加 34.77%，1925 年的漲幅則高達 84.84%，甚至 1931 年也高達 11.45%。1928 年雖然比上年減少 10.39%，但與 1926 年相較，則仍然增加 20.77%。「玩具和遊戲品」的進口價值，除了 1923 和 1928 兩個抵貨年份增加之外，其餘年份均有不同程度的下跌，但是總起來看，此類文化用品的進口價值顯然是不斷增加的，從 1912 年的 8 萬餘海關兩增加到 1930 年的百餘萬海關兩。

「青年學生愛國，絕不會落在別人的後面，但學生自己身上還有大量舶來品，也是不能否認的事實」，時人指出，學生之所以喜歡洋貨，主要有三大原因：

> 第一，能夠在高中以上學校學習的青年，絕大部分是中等以上人家的子弟，這些家庭，一般是舶來品的主顧，其弟子當然也不以

〔註67〕 朱慰萱：《學生國貨年的過去與將來》，《申報》，1935 年 10 月 3 日第 15 版。
〔註68〕 《民國 8 年杭州口華洋貿易情形論略》，中華人民共和國杭州海關譯編：《近代浙江通商口岸經濟社會概況：浙海關、甌海關、杭州關貿易報告集成》，浙江人民出版社，2002 年版，第 794 頁。
〔註69〕 《甌海關十年報告（1922～1931）》，中華人民共和國杭州海關譯編：《近代浙江通商口岸經濟社會概況：浙海關、甌海關、杭州關貿易報告集成》，浙江人民出版社，2002 年版，第 451 頁。

服用舶來品為奇怪和可恥；第二：國貨粗製濫造，在青年不能完全瞭解服用國貨與國民經濟的關係以前，當然不能沒有幾分厭惡國貨的觀念；第三，高中以上教師，至少有三分之一以上曾經留學東西洋，留學生活沒有不服用舶來品，學生耳濡目染之下，……學校裏面到處都是舶來品，這是鐵的事實。小學文具，國貨占多數，但中學大學的文具，幾乎全是舶來品，越是號稱好學校，舶來品就越多。〔註70〕

抵制時期日貨被貶斥為「劣貨」，但非抵制時期日貨則通常被稱為「東洋貨」，日貨無疑具有表徵洋氣和時尚的符號意義。但是，「時尚是既定模式的模仿」，「較低的社會階層總是向著較高的社會階層看齊」〔註71〕，因此，如果說西洋貨的主要消費群體是社會中上層，那麼價格低廉的日貨對於購買力薄弱的中下層民眾則顯然具有更大的吸引力，而其新潮的樣式也迎合了中下層民眾的時尚需求以及與上層人士品味趨同的欲望想像。老舍的小說《老字號》對此現象進行了生動的刻畫：

> 過了節，檢查日貨壤壤動了。周掌櫃瘋了似的上東洋貨。檢查隊已經出動，周掌櫃把東洋貨全擺在大面上，而且下了命令：「進來買主，先拿日本布；別處不敢賣，咱們正好作一批生意。看見鄉下人，明說這是東洋布，他們認這個；對城裏的人，說德國貨。」

> 檢查隊到了。周掌櫃臉上要笑出幾個蝴蝶兒來，讓吸煙，讓喝茶。「三合祥，衝這三個字，不是賣東洋貨的地方，所以呀！諸位看吧！門口那些有德國布，也有土布；內櫃都是國貨綢緞，小號在南方有聯號，自辦自運。」

> 大家疑心那些花布。周掌櫃笑了：「張福來，把後邊剩下的那匹東洋布拿來。」

> 布拿來了。他扯住檢查隊的隊長：「先生，不屈心，只剩下這麼一匹東洋布，跟先生穿的這件大衫一樣的材料，所以呀！」他回過頭來，「福來，把這匹料子扔到街上去！」

> 隊長看著自己的大衫，頭也沒抬，便走出去了。

〔註70〕 悟：《學生國貨年的期待》，《國貨半月刊》，1935年第2期。

〔註71〕 〔德〕西美爾：《時尚的哲學》，費勇等譯，北京文化藝術出版社，2001年版，第72、74頁。

這批隨時可以變成德國貨、國貨、英國貨的日本布賺了一大筆
錢。有識貨的人，當著周掌櫃的面，把布扔在地上，周掌櫃會笑著
命令徒弟：「拿真正西洋貨去，難道就看不出先生是懂眼的人嗎？」
然後對買主：「什麼人要什麼貨，白給你這個，你也不要。」〔註72〕

　　商人針對鄉村民眾則宣稱所售商品是東洋貨，若顧客係城市人，則號稱
西洋貨，這不僅揭示出部分商人的奸詐多變，同時也說明消費能力較低的下
層民眾是日貨的重要主顧。但是，即使是日貨檢查隊隊長衣衫面料亦仍然來
自東洋。

三、崇洋風尚制約抵貨效力

　　波德里亞曾經宣稱，消費社會的本質在於「人們從來不消費物的本身（使
用價值）——人們總是把物（從廣義角度）用來當作能夠突出你的符號。」〔註
73〕儘管這一結論頗具爭議，但至少揭示出符號價值在消費偏好中佔有較大權
重。在1927年的抵貨運動中，有人提出：「對於日本出兵山東，必須抵禦之，
然而抵制之法，既憾於積弱，勢不能對待以武力，必仍效舉動之文明。先據
其經濟要衝，使商業莫由發展，市面無從振興，彼若以貨來，縱香豔撲我鼻，
鮮麗悅我目，柔韌足以使我被體而章身，五光十色，莫可名狀，而我或熟視
之若無視焉？」〔註74〕

　　因此，試圖改變民眾的消費偏好或者說崇洋風尚，成為抵貨運動宣傳工
作的重要策略。運動期間創作和流行的「抵制日貨」歌謠是極為有力的證據。
20世紀20年代流傳於上海崇明縣的「愛國歌」寫道：「東洋貨，東洋貨，樣
子好看不牢固。貪仔便宜買得來，用不多時就要破。聽我歌，勿糊塗，到底
要用本國貨。質地堅牢真實惠，挽回權利國可富。」〔註75〕該歌曲認為日貨
質地次於國貨，但樣式則憂於國貨。另一首「抵制日貨歌」則認為「東洋貨，
並不好，華人貪其價色巧。」〔註76〕

〔註72〕老舍：《老字號》，方未選編：《老舍小說集》，中國社會出版社，2004年版，
　　　　第242～243頁。
〔註73〕〔法〕波德里亞：《消費社會》，劉成富譯，南京大學出版社，2000年版，第
　　　　48頁。
〔註74〕實秋：《抵制日貨感言》》，《錢業月報》，1927年第7卷第6期。
〔註75〕此歌謠20世紀20年代流傳於崇明縣。《中國歌謠集成‧上海卷》編輯委員會
　　　　編：《中國歌謠集成：上海卷》，中國ISBN中心，2000年版，第206頁。
〔註76〕胡祖德：《上海灘與上海人：滬諺外編》，上海古籍出版社，1989年版，第47頁。

　　廣泛流傳於東北各大城市的一首「抵制日貨歌」寫道：

　　　　最可歎，見識輕，勸不醒的一般婦女們，貪小便宜失正經，講時
　　髦，學文明，東洋的衣飾穿滿身。再要勸，勸工人，快把製造多用心，
　　不要懶惰要勤謹，貨色好，花樣新，包管那銷路日日進。〔註77〕

　　該歌謠指明了女性熱衷穿戴東洋衣飾的緣由，無非是為了追求時尚，或曰「講時髦」，因此譴責此類婦女將時尚置於民族危機之上的同時，也規勸中國工人製造「貨色好，花樣新」的產品，唯有如此，才能徹底抵制日貨。趙樹理創作的「抵制日貨之歌」在強調日貨質量低劣的同時，也不得不承認國貨形式上的「粗糙」：「日本貨，日本貨，早上買來晚上破；中國貨，中國貨，皮貌雖然很粗糙，堅實耐用不易破。同胞們，莫躊躇，對日寇，仇山河，誰若買上日本貨，亡國不用動干戈。」〔註78〕

　　1938年8月28日，《寧波商報》刊文指出，根據入口貨物統計，購買敵貨的數量，婦女們「占的量最大，而且多屬於裝飾品之類，這是我們婦女界所不能抬頭而最慚愧的事。姊妹們，快醒醒吧！別再醉生夢死的沉醉，要曉得現在再也不是我們講裝飾的時候了，我們既是國家的一份子，當然要同男子一樣的負起救亡死命，舉起愛國旗子，再也不要自弱，大家應該脫下我們的長袍，洗去我們的脂粉，武裝起來，奮勇殺敵！」「我們女子所處環境，恐怕沒有像男子一樣簡單——大多數的女子被家庭所累，雖然我們不能直接去參加殺敵，但是我們有間接殺敵的辦法，那就是抵制敵貨。」〔註79〕1940年，時人在探討如何根絕敵貨時，依然秉持類似思路，強調日貨形式「好看」，但質量低劣，不能經久耐用，譬如產自日本西京的「清水燒」瓷器茶具，「是有名的，但經開水一泡，就炸裂了」，又如「朝日」牌、「五星」牌香煙，「不是味苦，就是辛辣，吸了會頭昏，久吸會成腦病」，日本布類「五花八門，光華燦爛，若是洗過一次，就算完了，白白費些縫工，……沒有一樣東西可以趕上我國。國貨雖然外面不十分好看，而價值廉，能耐久，這是她的特點。國人何苦要買敵貨！」因此呼籲國人：「無論敵人的貨物如何好看，我們寧願死，

〔註77〕　吉林市地方志編纂委員會編纂：《吉林市志：文物志》，吉林文史出版社，1994
　　　　年版，第490頁。
〔註78〕　董大中主編：《趙樹理全集》（4），北嶽文藝出版社，2000年版，第35頁。本
　　　　文所引歌謠創作時間當在1936年後半年。
〔註79〕　周瑛：《抵制日貨就是抗戰殺敵：給婦女界》，《寧波商報》，1938年8月28
　　　　日第2版。

不要買她一文，萬眾一心，去抵制她的經濟侵略。抵制經濟侵略的方法，就是要根絕敵貨了。」〔註80〕

　　從海關統計數據看，日貨進口雖然受到程度不等的衝擊，但國人的消費偏好則並未因此而得到根本扭轉。近人蔡正雅曾對 1912 至 1931 年海關進口日貨的數量和價值進行了分類統計。日貨家用商品的年度進口狀況，是分析崇洋觀念與抵貨運動之歷史關聯的極好材料。1912 至 1933 年期間，曾經發生 7 次全國性的較大規模抵制日貨運動，因此，此處將抵貨年份日貨進口數值與上年度進行對比考察，並對各類日貨進口數值的變動趨勢進行計量檢視。從傢具及其材料的進口價值看，3 個抵貨年份為減少，4 個年份為增加。1923、1925 和 1931 年的日貨進口價值分別比上年減少 10.68％、0.64％和 7.97％，而 1915 和 1919 兩年的進口價值分別增加 19.94％和 48.63％，1926 至 1928 年逐年遞增，1927 比上年增加 7.69％，1928 年比 1926 年增加 14.80％。從席的進口情況看，3 個抵貨年份的進口數量和價值比上年均有減少，1915 年的跌幅分別為 5.04％、13.83％，1925 年分別為 18.21％、16.90％，1931 年分別為 38.54％、12.94％。1928 年的進口價值下跌 2.14％％，但數量則增加 5.06％。另外 3 個抵貨年份的進口數量和價值比上年均有增加，1919 年分別增加 17.21％、23.00％，1927 年分別增加 2.33％、7.72％，1923 年進口價值僅上漲 5.50％，但數量則增加 46.95％。從紐扣的進口情況看，1931 年的進口數量比上年有所減少，但跌幅不過 3.24％，1925 年進口數量跌幅較大，為 13.22％，其餘 5 個抵貨年份均較上年增加，漲幅依次為 30.30％、18.52％、20.97％、30.35％和 22.83％。從進口價值看，則僅 1925 年比上年下跌 7.95％，其餘 6 個抵貨年份均有增加，漲幅依次為 3.89％、17.04％、23.90％、16.82％、8.22％和 22.32％。就鐘錶的進口情況而言，1931 和 1928 年的進口價值分別比上年下跌 28.19％和 0.35％，而 1925 和 1927 年則比上年分別增加 1.09％和 2.97％。1915 和 1923 兩個抵貨年份的進口數量和價值均有減少，數量上的跌幅分別為 7.60％和 9.21％，價值上的跌幅分別為 8.08％和 8.72％。1919 年的進口價值雖然下跌 3.23％，但數量上則反而增加 9.01％。

　　就女紅用品進口情況而言，1915 年下跌 4.04％，1919 年增加 3.25％，1923 年增加 64.18％，1925 年下降 40.30％，1927 年下降 4.86％，1928 年增加 31.42％，1931 年增加 21.62％。從 1915 年的 5 萬餘海關兩逐步增加到 1924 年的

〔註80〕李祖蔭：《根絕敵貨與法令》，《戰地》，1940 年第 4 期。

70 餘萬海關兩，此後雖有降低，但也始終維持在 40 至 60 餘萬海關兩之間。
鏡子的進口情況是，1915 年減少 16.11%，1919 年減少 10.95%，1923 年增加
22.76%，1925 年減少 18.10%，1927 年減少 5.10%，1928 年的進口價值比上
年僅增加 0.25%，但進口數量則增加 17.45%，1931 年的進口價值減少 3.70
%，但進口數量則反而增加 7.48%。從 1912 年的 16 萬餘海關兩增加到 1924
年的 80 餘萬海關兩，此後數量有所減少，但也始終保持在 60 餘萬海關兩以
上。手工器具的進口狀況是，1915 年增加 24.48%，1919 年減少 9.56%，1923
年增加 22.70%，1925 年減少 29.86%，1927 年增加 29.13%，1928 年比上年
僅增加 3.45%，但比 1926 年則增加 32.58%，1931 年減少 43.71%。1912 至
1916 年均在 10 萬海關兩以下，1917 年銳增，超過 20 萬海關兩，此後大多數
年份都在 20 至 40 萬海關兩之間，1930 年竟然超過 50 萬海關兩，即使是 1931
年也仍然在 30 萬海關兩以上。雨傘和太陽傘的狀況是，1915 年進口數量和價
值的跌幅分別為 11.99%和 10.12%，1919 年分別為 3.60%和 0.71%，1927 年
分別減少 39.27%和 39.13%，1931 年分別減少 52.15%和 38.11%。1923 年進
口數量減少 0.62%，但進口價值則反而增加 10.18%，1925 年分別增加 2.12
%和 0.77%，1928 年也分別增加 39.95%和 35.60%。1912 至 1928 年，進口
數量一般均為一、二百萬柄，1929 至 1931 年才銳減至數十萬柄，另外，僅 3
年的進口價值較低，其餘均在 50 萬海關兩以上，1924 至 1926 年的進口價值
則均愈百萬海關兩。

　　再分別考察衣著、帽子和梳妝用品的進口狀況。1923 和 1925 年衣著進口
價值比上年分別減少 23.69%和 16.15%，但 1915、1919 和 1927 年則分別增
加 4.47%、11.54%和 11.09%，而 1928 年竟然增加 171.27%，甚至 1931 年也
增加了 22.39%。同時，歷年進口價值雖有波動起伏，但均在百萬海關兩以上，
1929 年竟然高達 7 百餘萬海關兩。從 1924 至 1931 年帽子的進口價值看，1927
和 1931 兩年分別減少 21.03%和 23.14%，但 1925 和 1928 兩年則增加 12.56
%和 7.94%，同時，也有 4 年的進口價值超過百萬海關兩。1919、1925、1927
和 1931 年梳妝用品的價值分別減少 9.66%、2.17%、27.55%和 32.40%，但
1915、1923 和 1928 年則分別增加 2.59%、13.67%和 16.68%，並且最大值超
過 70 餘萬海關兩，最低也接近 30 餘萬海關兩。

　　在 1924 至 1931 年期間，1927 和 1928 兩年冷熱水壺進口價值的下跌幅度
分別為 2.28%、8.49%，1931 年則下降 40.82%，但是 1925 年則增加了 76.15

％。從其進口價值的波動趨勢看，最大值超過 70 餘萬海關兩，最低也在 30 餘萬海關兩以上。1915、1925、1927 和 1931 年燈具的進口價值減少 16.73％、17.60％、16.00％和 28.95％，而 1919、1923 和 1928 年則增加 8.27％、24.33％和 21.33％，且歷年進口價值也均在 20 至 40 餘萬海關兩之間。1915、1919 和 1923 年樂器進口價值分別下降 6.14％、1.14％和 29.17％，但 1925、1927、1928 和 1931 年則分別增加 111.56％、3.50％、17.21％和 3.08％，尤其值得注意的是，1912 至 1919 年的進口價值均為超過 10 萬海關兩，1920 年突破並連續 3 年維持在 10 餘萬海關兩，之後 2 年有所減少，但 1925 年則大幅增長，接近 20 萬海關兩，此後數年持續遞增，1931 年已經超過 80 餘萬海關兩。

圖表 40：1912～1931 年日貨家用品逐年進口表　　（價值單位：海關兩）

	女紅用品	鏡子		手工器具	傘（雨傘、太陽傘）		衣著等
	值	量（面）	值	值	量（柄）	值	值
1912	94289		165430	28519	1194603	553276	2268827
1913	85918		259195	34549	2045228	846293	2094305
1914	54313		225273	47859	2299358	938846	1851093
1915	52117		188986	59576	2023767	843827	1933869
1916	181357		264639	88063	2013602	841579	3152737
1917	289349		371610	204269	1963062	836063	3473992
1918	354706		345557	322598	2182108	921701	3839747
1919	366246		307726	291755	2103490	915141	4282766
1920	188354		245414	267385	1014814	517958	3516026
1921	290685		403645	257292	1005295	579000	3490427
1922	349693		527605	202557	1119282	619871	3802988
1923	574132		647711	248547	1112319	693272	2901929
1924	708301		837728	306628	1791679	1063671	1502815
1925	402987	4826634	686100	215061	1829723	1071858	1260167
1926	494326	5453796	773823	299208	1686952	1029043	1339308
1927	470281	4677404	734370	386363	1024490	626379	1487804
1928	618038	5493477	736208	399682	1433779	849373	4036019
1929	454851	6517424	737298	381191	770876	435406	7214788
1930	445915	4693168	648926	546192	427041	286468	4122818
1931	542334	5044301	624900	307457	204350	177288	5046066

圖表 41：1912～1931 年日貨家用品逐年進口表　　（價值單位：海關兩）

年　份	帽	梳妝用品	燈具	冷熱水壺	樂器
	值	值	值	值	值
1912		433428	358880		33386
1913		517196	437889		55938
1914		460490	342567		50378
1915		472397	285243		47285
1916		536239	367354		51223
1917		514711	429700		60399
1918		428517	375558		75191
1919		387141	406609		74333
1920		375797	315640		103688
1921		315587	391794		110685
1922		267939	283900		123260
1923		304574	352984		87308
1924	845478	431184	380820	299034	92069
1925	951659	421822	313800	526747	194780
1926	1475339	675428	352491	776419	272521
1927	1165050	489323	296086	758689	282070
1928	1257524	570931	359239	694294	330602
1929	1112208	535454	283262	555385	506820
1930	691744	704973	347586	643380	818898
1931	531705	476584	246974	380721	844123

圖表 42：1912～1931 年日貨家用品逐年進口表　　（價值單位：海關兩）

年　份	書籍樂譜	鉛筆	科學儀器	玩具和遊戲品
	值	值	值	值
1912	125122		135514	80468
1913	118132		174296	125569
1914	171971		236205	184107
1915	171450		150015	163758
1916	177852		168056	281910
1917	175226		181071	309981

年　份	書籍樂譜	鉛筆	科學儀器	玩具和遊戲品
	值	值	值	值
1918	162300		192600	347325
1919	204543		252356	270832
1920	222818		221019	242386
1921	272249		268628	350875
1922	277122		244450	474126
1923	258693		270910	514043
1924	254109	89656	364887	645930
1925	266360	165720	333675	508047
1926	331221	170537	477506	707617
1927	470731	229835	498004	587574
1928	652923	205952	445381	626418
1929	729336	217754	630385	729688
1930	867278	219665	725480	1072291
1931	1182725	244821	750955	849810

蔡正雅等編：《中日貿易統計》，中國經濟學社中日貿易研究所 1933 年版附表四。

　　日貨之所以能夠暢銷於中國，源自其擁有價格與符號之雙重優勢。因此，諸多有識之士都將抵貨運動未能禁絕日貨銷售的原因之一，歸諸國人愛國觀念缺乏而崇洋觀念盛行。馬寅初的抵制日貨思想儘管前後不一〔註81〕，但卻始終將國人因民族主義缺失而「習嗜洋貨」視爲制約抵貨運動的重要因素之一。

　　在《中國經濟上之根本問題》一文中，馬寅初指出：

> 國人習嗜洋貨，不喜用國貨。目下教育不普及，多數人不能明
> 曉國貨與國家富強之關係，所以提倡者雖大聲疾呼，而好用洋貨者，
> 仍充耳不聞，凡有提倡國貨之經驗者，類能言之。上海和興製鋼廠
> 所出建築用之鋼骨，不亞於洋貨，其所出之星牌硬鋼，用以爲傢具
> 刀口者，銷售於內地，但山西等省竟以外貨視之：蕪湖鄉間有小鐵
> 店，已用星牌硬鋼，亦視爲外國貨。足見華人之信用洋貨，已成習
> 慣，倘若告以星牌爲國貨，恐將反其態度而斥爲劣貨矣。〔註82〕

〔註81〕可參閱拙文：《馬寅初的抵制日貨思想》，《貴州財經學院學報》，2009 年第 3
　　　　期。
〔註82〕馬寅初：《中國經濟上之根本問題》，《東方雜誌》，1927 年第 4 號。

在《中國國貨事業發展之障礙及其救濟之方法》一文中，他認為，抵制仇貨時期部分奸商甚至將「仇貨裝成國貨模樣，在市場上出售」，而由於我國「生產落後，對於衣食住行之四項必需品，不甚完備」，「小康之家」乃不惜花費鉅資購買洋貨，「如所購者為有益之品，亦不能悉行抵制，但彼等對於可省之消耗品與奢侈品，亦向外人購用」。〔註83〕在《如何提倡中國工商業》一文中，他明確指出，「歷屆國恥，一般奸商，所以甘心認賊作父改易牌號者，因知國貨之不易銷售故也。而國貨不易銷售，則以國人摒棄國貨而不用，以為不用洋貨，不足以顯其生活之豪闊，居住也，衣食也，類多仰給於舶來品，外表雖美麗，而價值則昂貴，甚至一煙一酒，必以價值數倍於國貨之舶來貨充之。」〔註84〕

1932 年，穆藕初甚至將「矯正都市奢靡之風氣」視為應對中國經濟危機的重要舉措。他認為，中國社會近年來習日趨奢靡，俗日趨虛華。小康之家，即衣非洋貨不著，食非洋貨不甘，器用亦非洋貨不使……以服用國貨為恥，以奢靡為豪闊，而以儉樸為鄙陋。奢靡之風，以都市為中心，漸以及於內地。洋貨之推進，亦以都市為中心，漸以流入窮鄉僻壤。〔註85〕

而早在 1919 年，郭沫若則根據日貨進口數值而感慨萬分地說：「奢侈之品四之三，必需之品四之一。此四之三，由於國人之淫奢，本無供給之必要。即四之一，亦以國人之貪近便苟且為之，非與我國計民生有若何之關係。奈我國人淫奢苟且之病已深，故抵制復抵制，曾未能得有結果，長此年年歲歲，漏卮靡極，即使日人不包藏禍心，我國已自行破壞矣。」因此，他認為「以抵制日貨為抵制日人唯一無二之武器，且於無形中消滅國人奢侈苟且之習慣，實亦救國之要圖。」〔註86〕

唐慶增於 1933 年寫道：

　　國人對於國家觀念非常薄弱，若歐美各國及日本人民，無一不

〔註83〕 馬寅初：《中國國貨事業發展之障礙及其救濟之方法》，《市政月刊》，1929 年第 8 期；此處參見程德培等編：《良友隨筆（1926～1945）》，上海社會科學院出版社，2004 年版，第 305 頁。

〔註84〕 馬寅初：《如何提倡中國工商業》，《馬寅初全集》（2），浙江人民出版社，1999 年版，第 482 頁。

〔註85〕 穆藕初：《如何挽救中國經濟上之危機》，《申報》，1932 年 6 月 17 日第 3 版。此文收入《穆藕初文集》。

〔註86〕 該文原載《黑潮月刊》（1919 年第 1 卷第 2 期，署名夏社），後收入《郭沫若佚文集（1906～1949）》（王錦厚編，四川大學出版社，1988 年版。）

> 喜用國貨，國人則反是。崇拜洋貨之卑劣心理，根深蒂固，牢不可
> 破。縱有精良之國產，因欲自附時髦之列，不屑一顧。日常用品，
> 如嗶嘰、紗襪等，無一而非用日貨。用之既久，亦不自覺其可恥，
> 動之以愛國大義，彼反以爲多事，可謂無恥之尤。〔註87〕

前者將國人抵制期間購用日貨之舉視爲「淫奢苟且」，而後者則斥之爲「卑劣
無恥」。甚至有人將國民之「崇洋」根性視爲抵制日貨運動不能持久的根本原
因之一：「販賣者爲國貨銷路不如日本貨，商人重利，自賣日本貨，所以要抵
貨持久，事實上做不到，除非使中國實業發達，國產品足供本國應用，價格
低於日貨，品質勝於日貨，或至少品質價格與日本貨相等，然後國人才能永
遠不買日貨，大家都買國貨。但照現在我國情形，外受不平等條約的束縛，
內亂不已，百業凋零，國民經濟將破產，一時實業斷無發展的希望，國產品
既不能供給國人的需要，又價不廉物不美，怎能和日本貨在市場上競爭，這
是抵貨不能持久的根本原因。」〔註88〕

抗戰初期，國民政府對從淪陷區及海外輸出物品的限制極嚴，國民政府
的用意，在於撙節外匯，安定金融，物資戰氣氛尚不濃。日本方面則反其道
而行之，在 1940 年秋以前，爲促使大後方金融崩潰，將日貨及淪陷區貨物大
肆向後方走私傾銷。抗戰初期日本內運的私貨種類雖令人眼花繚亂，但各種
貨品的數量相差卻很懸殊。總體言之，貨物種類以奢侈性消費品爲主，民生
必需品較少，機器零件、膠輪車胎、電器材料、染料、汽油、五金等有益於
國計民生的物資的數量則微乎其微。1940 年 12 月，上海向大後方輸送的貨物
中，日用化妝品爲 109079 元，占輸送總金額的 1.43％〔註89〕。1941 年，晉冀
魯豫根據地試圖通過抵制仇貨的方式來粉碎敵人的傾銷政策，指出：在奢侈
品化妝品中，如香皂、香粉、胭脂、洋布、絲織品之類，婦女的消耗顯然占
很大數量〔註90〕。因此，正如千家駒所言：

> 在抗戰期間，我們對外貨的需求（特別是軍需原料、機器、藥
> 材等等）非常迫切，我們正應該大家過著極節約的生活，把每個錢

〔註87〕唐慶增：《唐慶增救國言論集》，上海社會科學書店，1933 年版，第 13～14
　　　　頁。
〔註88〕吳兆名：《日本帝國主義與中國》，商務印書館，1934 年版，第 563 頁。
〔註89〕上海市檔案館編：《日本帝國主義侵略上海罪行史料彙編》（下冊），上海人民
　　　　出版社，1997 年版，第 131～133 頁。
〔註90〕《不買仇貨》，《華北婦女》，1941 年創刊號。

都用在購買我國之必需品上，然而在事實上，在抗戰以後，市場上
仍然充斥著舶來的化裝品和奢侈品，這是多麼不合理的現象。〔註91〕

價格與質量是消費選擇的決定性因素，卻並非唯一因素，消費風尚、廣
告營銷等因素亦極為重要，尤其是像日用消費品這類「低介入」商品。重工
業在近代中國工業結構中所佔比重極低，最先發展起來的主要是輕工業。因
此，與洋貨爭奪市場的國貨也就主要是日用消費品。所以，社會心理，消費
風尚對民族產品市場的影響就極其巨大。抵貨運動試圖通過忽略價格和質量
這些通常的評價產品的優先標準，敦促國人將產品國籍作為市場選擇最重要
的決定因素，並試圖反覆質疑日貨消費者的愛國精神，以便瓦解舶來品所代
表的社會時尚與消費潮流。但在 20 世紀上半葉，中國許多城市的消費者已經
十分關注商品的風格。實際上，「從日本、英國、美國、法國和其他帝國主義
國家引入的外國流行時尚，給中國造成了很大影響。通商口岸的外國居民、
留學回國的中國學生、內陸地區的傳教士以及繁多的新的中外媒體使眾多中
國人有機會接觸、瞭解到許多在市場上可以對突出商品民族性構成挑戰的品
牌樣式。結果，無形之中，中國社會在一段時期內形成了在購物品味上『崇
洋媚外』的風尚，而這種風尚還常常壓倒『購買國貨』的風尚。於是，『巴黎』
或更一般意義上說『西方』與國產類似物品比較起來，常常具有無可比擬的
影響力。」〔註92〕與國貨相比較，日貨不僅在價格和質量方面具有一定優勢，
同時，舶來品和「時尚／現代」觀念之間所具有的強大關聯刺激了對日貨的
需求。因此，民族主義與消費主義的博弈交鋒，就成為抵貨運動的基本面相
之一。可以說，前者是抵貨運動賴以勃興的思想性資源，而後者則往往成為
抵制運動經濟效力充分彰顯的觀念性障礙。

〔註91〕 千家駒：《中國戰時經濟講座》，《中學生》，1939 年第 7 卷第 7 期。
〔註92〕 〔美〕葛凱：《製造中國：消費文化與民族國家的創建》，黃振萍譯，北京大
學出版社，2007 年版，第 16～17 頁。

第六章　強勢應對：日本朝野與中國抵貨運動

　　1925 年，馬寅初就國人抵制英、日貨問題而聲稱，「你抵制他們，他們也得抵制你，你所有的，固可一概拒絕；你所缺的，他們未見得肯供給你。」〔註1〕中國抵制日貨，希冀動搖日本侵略者的經濟根基，而日本也必定進行「反抵制」。儘管馬寅初擔憂的「反抵制」現象甚少出現，但日本朝野上下一致，採用外交、軍事、經濟等諸種手段以資應對，努力消弭中國抵貨運動。在中日國力對比懸殊的博弈交鋒中，日方的強勢應對成為中國抵貨運動無法跨越的歷史障礙。

第一節　日本政府的應對方式

　　雖然中國政府宣稱抵制日貨是民眾自發行為，政府既未組織，亦無權干預民眾的消費選擇，但日本政府仍以中國違背通商條約或以其僑民人身和財產受到威脅為由，提出外交抗議或展開交涉，且常輔以武力，強勢要求中國官方取締和鎮壓抵貨運動。同時，日本政府不僅對遭受抵貨運動打擊的日本工商兩界予以經濟援助，且支持日商對華進行商品傾銷。

一、外交抗議

　　1908 年廣東首倡抵制日貨，「旋即蔓延及於上海」。3 月 20 日，旅滬粵人意欲響應抵制之舉，擬於翌日在「各報紙上公告從事」。日本駐滬總領事將此

〔註 1〕馬寅初：《籌款方法與抵制英日貨》，《馬寅初演講集》（3），北京晨報社，1926 年版，第 96 頁。

事電告駐華大使，日使當日即致函中國外務部，要求中方禁止上海抵貨運動：
「本總領事除向道臺警告並請彈壓外，仍請貴大臣轉致外務部火速電飭各該
處地方官一律彈禁，並捕拿首犯懲辦，以警將來爲盼。」〔註2〕22 日，日使又
要求清廷禁止粵人抵制日貨。26 日，日使向外部宣稱：「粵商聚眾集議抵制，
勢甚洶湧，倘日後日人或有損失，應由中政府擔其責任。」〔註3〕4 月初，廣
東抵貨風潮延及廣西各地，日使林權助 2 日致函外務部，要求電令廣西巡撫
禁止抵貨：「頃接駐粵領事官來電稱，適聞梧州及南寧地方亦有抵制日貨之
舉，此係自治會先派人至各該地方勸誘之故。若置之不問，難保不生意外之
事。即希轉致外務部，速電致廣西巡撫嚴爲彈壓，並禁止集會演說，以免啓
端。」〔註4〕4 月下旬，林權助再次致函外務部，聲稱「近接廣州領事來電，
兩粵人民仍有抵制日貨舉動」，要求外務部「再電咨粵督嚴禁，以維邦交。」
〔註5〕5 月 8 日，日本代理公使阿部守太郎致函外務部，「再請取締排貨」：「廣
東一帶運動排斥日貨之舉，今尚未已，該省官憲毫無盡力鎮壓之狀，此帝國
政府所最爲遺憾者也。據可靠之報告，此番舉動係廣東自治會員陳惠甫、羅
少昂、李戒欺等主謀，而署水師提督李及洋務局會辦溫道臺，亦有暗中煽動
與香港等處互通氣脈之說。然張總督雖奉貴國政府之嚴飭，只於表面施姑息
之手段，毫不講求鎮壓有傚之策，帝國政府對之實深遺憾。至李提督、溫道
臺等隱相獎勵之說，帝國政府深望清國政府之留意，務宜慎重考量，以顧全
邦交。又有一說，此番舉動之主謀，係康有爲一派人物，若徐勤江、孔殷等，
皆屬康黨，現在廣東竭力煽動。其目的所在，欲乘廣東人誤解辰丸事件非常
憤激之際，煽動人心，以扶植自身之勢力云云。要之，貴國地方官憲不惟不
遵貴國之嚴飭，卻有暗中幫助之勢，而貴國政府亦復袖手旁觀，不謀適當之
措置，帝國政府實所不解。本使承本國政府之訓令，就前開之事實，請貴國

〔註2〕 王芸生：《六十年來中國與日本》（5），生活・讀書・新知三聯書店，2005 年
版，第 159～160 頁。
〔註3〕 《申報》，1908 年 3 月 26 日第 3 版。
〔註4〕 「北京日使林權助照會外部，略謂廣東商民欲抵制日貨，若果實行，所有一
切結果當惟中政府是問，外部答覆云已飭粵督保持治安並解散抵制日貨之開
會，並派華兵保護日領事署，所有運動抵制各人亦已諭戒，勿得妄動，免傷
兩國感情，間外部又有公文日交粵督，大致謂抵制之舉亦屬無效，深望地方
人民勿再主張此議。」《日人對於粵人之恫嚇》，《申報》1908 年 4 月 3 日第 5
版。
〔註5〕 《日使又請嚴禁抵制日貨》，《申報》，1908 年 4 月 23 日第 6 版。

政府之注意，務請迅施確實有傚之手段，以全兩國之鄰交，不勝盼望之至。」
〔註6〕

　　1919 年，時有日本領事向中國交涉員抗議中國民眾扣留日僑或日企貨物，或以某些貨物所有權有爭議的事件要求中方賠償並取締抵貨運動。蘇州學生聯合會查獲東和成私運日貨，決議焚毀，事爲日本領事得知，致函蘇州交涉公署，稱貨爲日本三菱公司所有，請妥爲保護，中方也應允。而貨物終被焚毀，日方要求「將加害人從嚴懲辦，以後妥速取締」，並要求如數賠償貨價損失。1919年7月，日本代理蘇州領事照會蘇常道道尹，抵制日貨如蔓延，「不獨直接間接與日人之商務妨阻，且延及生命財產之安全亦有危害，益恐惹起不良之交涉，阻害日中人民之親善」，要求道尹「對於所轄管內迅籌便宜辦法，務使抵制日貨歸於絕跡；排斥日人之舉妥爲防範，以期不良交涉之事件免再發生」。而蘇常道以「抵制外貨最爲無意識之舉動，自應查照政府公報第一一二九號內載四年六月二十九日總統申令」，令吳縣縣署「妥爲遵辦，以重國交而維商業」。吳縣知事隨即布告奉令取締排斥日貨。〔註7〕宿遷發生焚毀日貨火柴後，南京日本領事向地方官交涉，宿遷知事向參與各學校罰款，並派兵保護運輸和出售日本火柴。〔註8〕蕪湖抵制日貨風潮中，有日本僑民被攻擊，日本領事清野乘兵艦到蕪湖，向安徽交涉員王守善聲言「自行保護」，王「屢與婉商」，日使才「漸就和平」。

　　1923 年5月9日，日本代使吉田向中國外交部提出照會，指責中國抵制日貨顯係「於妨害條約所保障通商航海自由之不法行爲，日來各地頻發有不知所止之勢，中國官憲竟不知有何對付之策，實有遺憾」，聲稱各地日領將隨時就抵貨運動之取締和損害賠償問題與中國地方官員進行交涉，並「請中央政府電傷各該地方官速將上項不法行爲嚴加取締，再有犯者予以重罪」。12日，吉田又照會我國外交部，強調經濟絕交之舉乃是「兩國間已啓戰釁之極端行爲，非對於有親交之國家所宜出」，指責中國學生「暴行日甚」、抵貨團

〔註6〕　「日使林權助對於抵制日貨一事，屢向外部詰責，前日又知照外部，略謂廣東水師提督：李準關於排斥日貨之事暗中煽動，居間謀利，情跡顯然，請責其不應如此云云，是眞鑿空之談也。」《日使請責李準》，《申報》，1908 年5月 12 日第5版。
〔註7〕　中共江蘇省委黨史工作委員會：《五四運動在江蘇》，江蘇古籍出版社，1992年版，第 266 頁。
〔註8〕　《時報》，1919 年 12 月5日。

體「敢行迫害」，原因在於地方官廳「取締不周」。6 月 21 日，日本使館就鄭州抵貨運動問題照會中國政府，認為此舉「實屬妨害中日國交，違背通商條約，而貴國地方官憲並無若何取締，如持旁觀之態度，誠為遺憾，若如是放任，則形勢難免不更惡化，即難免不發生事端」，「希即嚴重電令各該地方官廳，務為徹底的取締。」29 日，日本使館就萬縣抵貨問題照會我外交部，7月 2 日，就萬縣和廣東排日問題提出照會。20 日，日使芳澤面交照會，指責湖北地方當局對抵貨運動雖然實行取締，但並不用武力，「地方官廳取締態度緩慢，無若何積極的措施，故漢口之排日，實際上並不見有何等取締之效果，雖地方官廳聲稱取締，亦毫無緩和之傾向。」8 月 8 日，日使聲稱「漢口地方取締排日較前雖稍微注意，解散排日團體尚未同意。排日形勢因中國官廳極力取締，漸已緩和」。日方頻繁書面照會中國政府，無端指責我國抵貨運動，強硬要求中央政府和地方官員切實取締抵貨行為。不僅如此，日方使館人員還頻繁晤訪我國外交人員，以此施加外交壓力。5 月 17 日，代使吉田和西田參贊會晤我外交部長，西田聲稱，「排日風潮已日趨激烈，若不從速設法制止，恐將激出意外變故，屆時日商無法，只好採取自衛手段，實於兩國國交大有不利，殊非日本所願，尚望貴政府訓令各地方官加意禁止。」6 月 5 日，吉田在晤訪我外交部長時聲稱，「據各處報告排日風潮，近來愈演愈烈，應請轉飭地方官加意取締」，「若不速謀取締，恐將釀成重大事端。」7 月 21 日，芳澤公使會晤我外交部長時表示，中方對日貨運動之取締，「多不實力奉行，故排日運動愈演愈烈」，要求「將外交後援會等不當之團體，加以解散，嚴加鎮壓，使之即時完全消滅。」〔註9〕此後，芳澤於 8 月 17 日、9 月 28 日和 11 月 20日又 3 次會晤我國外交部長，就湖北尤其是漢口抵貨風潮進行「質問」〔註10〕。

　　1927 年抵貨運動，華中和華南比較激進。日本駐滬和駐粵領事亦不斷抗議，要求中國政府切實取締抵貨運動。6 月 21 日，代理總領事清水鑒於上海抵貨運動日趨激進，即向當地外交機關提出嚴重抗議，並訪問署理東路總指揮部長張貞番，要求進行切實取締。〔註11〕7 月 8 日，廣東抵制日貨積極進行，

〔註 9〕 李毓澍、林明德：《中日關係史料——排日問題（1919～1926）》，中央研究院近代史研究所 1993 年版，第 7、325、322、349、354～355、358～359、368～369、363～365 頁。

〔註10〕 李毓澍、林明德：《中日關係史料——排日問題（1919～1926）》，中央研究院近代史研究所 1993 年版，第 373～375、381、385 頁。

〔註11〕 季嘯風、沈有益：《中華民國史料外編——前日本末次研究所情報資料》（中文部分，第 24 冊），廣西師範大學出版社，1997 年版，第 62 頁。

糾察隊在商店、船隻檢查甚為活躍，日領事亦向外交當局抗議。濟案交涉期間，日方亦不斷抗日我國抵貨運動。1928 年 7 月 10 日，上海日總領事因當地民眾反日團體定有懲儆奸商辦法，遂向交涉署要求禁止。翌日，清水要求交涉署解散反日會。12 月 23 日，天津日領因反日會動員商民抵制日貨，日租界陷於封鎖狀態，遂向交涉署抗議，聲稱「中日未經絕交前不應有此舉動，並詢交涉署對此究持何種態度。」1929 年 4 月 3 日，上海日總領事重光葵認為濟案業已解決，遂派員向交涉署要求取締反日運動，以及發還被扣日貨。

　　1931 年 10 月 5 日，日本政府決定就中國中南部之抗日救國運動向國民政府提出「重大警告」，並訓令駐華公使重光葵照辦〔註12〕。重光葵在其所謂的「警告」中聲稱，「日本政府歷來努力於增進中日親善，然中國方面動輒出以排日運動，在各地公然施排日運動教育於兒童。對於抗日會、反日會及其他職業的排日團體，予以默認。對於違法私刑行為亦不加制止。最近對日本敵視之報復的排日計劃，更見擴大。中國中部及南部突發的排日暴動，布滿不穩定空氣，而貴國政府竟袖手旁觀，發生最不幸的結果亦未可知。」〔註13〕9 日，重光將日本政府對國民政府提出的取締排日運動之抗議書送交中央政府，聲稱：

　　　　1、此次滿洲事變，乃中國多年之排日思想變成對日本軍隊之挑撥態度，日本軍之取自衛的措置……。中國政府對於此事態當然應負責任。帝國政府從來關於中國各地之有組織的排日運動，曾屢次要求中國政府取締，同時並顧念兩國之親交，持隱忍自制以期事態之改善。然現在該項運動已益為激甚，上海及其他各地之反日會，禁止日本商品之買賣及運輸，並且又將既存之契約破棄，禁止與日本人作各種之交易及雇傭關係等事，即所謂對日經濟絕交也。為此以檢查、扣留、脅迫等種種之手段，以期其實行；如有不應者，

〔註12〕王芸生：《六十年來中國與日本》(8)，生活・讀書・新知三聯書店 2005 年版，第 133、163、177、187、253 頁。

〔註13〕《日政府抗議反日運動，向國府提出警告》，《申報》，1931 年 10 月 6 日第 3 版。(陳覺對此評論說：華人排日乃係日人侵略之所造成。日人以武力壓迫華人，則華人只有採取排貨運動以抵抗。故排日行動，實係華人自衛之策，日本如不壓迫華人，自無排日運動。至日人謂中國向兒童施以排日教育，關於此事，外人決無干涉一國教育之權。且日本向兒童施以侵略中國教科書，日本應作何答？反向我提出警告，可謂無理取鬧。參見：陳覺：《「九・一八」後國難痛史》（下），遼寧教育出版社，1991 年版，第 1085 頁。)

即予以最嚴重之制裁，甚至於有處予槍殺之決議。又對於日人所有之貨物，亦有出於扣留之舉；對於日人之生命財產之暴行、迫害到處發生，因此僑居中國各地之日僑，遂至於不得已而撤退全部或一部。

2、中國之排日運動，顧中國特有之政治組織，乃在於與政府難以分別職能之黨部之直接間接的指導之下，以作遂行國策之手段，決不能視為與依據無統制之個人之自由意見同樣。此種行動，不僅背馳中日間現存條約之規定及精神，且違反正義友好之觀念，此無異於不依武力之敵對的行為。因此中國政府若不速行取有效的控制手段，相信其責任極為重大，尤其以私的團體對個人課以刑罰之事，不能不謂為否認本國之國家的權力也。

3、前在聯盟理事會，中國代表與帝國代表，對於防止事態擴大，曾予以保障，乃現在排日團體於中國各地，對於帝國臣民之通商自由，及生命財產固加以威脅；中央政府對此又無表示控制之誠意，故至少於事實上，若無取有做之取締手段，實乃違反該項之保障，而不能不認為將事態擴大。

4、是以帝國政府再對前記排日團體之行動，喚起中國政府深甚之注意；同時並聲明，中國政府對於取締排日貨運動，及日人之生命財產利益，若無盡完全保護之義務，則基此之一切責任，應由中國政府擔負。〔註14〕

各地日領亦就當地抵貨問題進行抗議。1931 年 10 月 13 日，駐汕日艦派員偕同日領赴市府請求保護日僑，要求市府命令商店「以後須賣貨與該艦」以及工人照舊為日輪卸貨，「否則取斷然處置」。自東北事變以後，僑汕日人屢屢挑釁，而日領則屢向市府提出無理抗議，「對於我國民眾愛國運動及張貼標語，亦思遏抑」。〔註15〕1932 年 1 月 12 日，天津日租界領事後藤桑島拜謁河北省主席王樹常，認為抵貨運動「有礙日商營業」，「請為制止」。而駐津日本總領事桑島主計，就當地抵制日貨運動一再向市當局交涉要求取締，3 月

〔註14〕陳覺：《「九・一八」後國難痛史》（下），遼寧教育出版社，1991 年版，第 1085～1086 頁。

〔註15〕陳覺：《「九・一八」後國難痛史》（上），遼寧教育出版社，1991 年版，第 341～342 頁。

10 日，又為跪哭團勸導商店不賣日貨一事提出嚴重警告，「請速解散」。其所提照會則聲稱：「本市商會（似為商民救國會），對於各日貨行商，發送警告文，同時並在新聞紙上發表，查市商會為半公的機關，而且害合法正當的日貨貿易，與對我方取敵對行為無異，並與王主席及貴市長（周龍光），關於排日運動取締由三聲明者相反，更因商會此種行為，貴我之間若發生不幸事態時，其責任當然應歸貴方，貴市長有維持治安之責，請即時取消此種排日警告文，同時徹底制止一般的排日運動。」8 月 14 日，日租界中原公司發生炸彈事件，而駐津代理領事後藤根據日憲兵隊及日警署之「無根據」報告，於翌日向我市政府提出抗議，聲稱此案繫上海抵貨團體「北來活動所為，與地方治安大有妨礙，應請嚴緝究辦，免致誤會」，同時還向省府抗議，「請取締抵貨運動，禁止反日行為」。〔註 16〕

二、武力威脅

面對抵貨運動的勃興，日本政府不僅通過外交途徑不斷進行抗議，而且屢屢調集兵力進行威脅，企圖迫使中國停止抵貨運動。

1908 年抵貨期間，日本即已運用武力威脅的手段。4 月 24 日《申報》報導，「日艦將至中國示威」〔註 17〕，30 日報導，日本艦隊抵廈，「其用意頗為叵測」，雖然海關聲稱日艦隊係回歸日本本土，而「中國官場皆信其廣州遊弋也」。〔註 18〕

1915 年，日人竟然公開鼓吹以所謂的「外殼療法」對中國抵貨運動進行武力「懲戒」：

> 對於中國當局，仍需警覺……若彼有一毫無禮不法之舉動，則當嚴斥苛責……如是而仍然不悟，則當加以武力。揚子江一帶，如湘鄂等省，其人民有古代楚人剽悍輕浮之遺風，加之久不受外人……尤輕視日本人之實力，對外之驕漫心甚強，時或加以懲戒，亦為應有之舉。……吾人非謂當以己之威力恫嚇他人，壓倒他人，惟欲割斷中國人冥頑不靈之癥疸，不得不用最苦痛最果斷之外殼療法耳。

〔註 16〕 天津地方志編修委員會辦公室、天津圖書館編：《〈益世報〉天津資料點校彙編》（2），天津社會科學院出版社，1999 年版，第 106、107、109 頁。
〔註 17〕 《日艦將至中國示威》，《申報》，1908 年 4 月 24 日第 5 版。
〔註 18〕 《日本艦隊抵廈》，《申報》，1908 年 4 月 30 日第 6 版。

若但言中日親善，東洋平和，反足增長中國人無忌憚之根性，與保
護癰疽之深毒，僅延目前暫時之苦痛無異。〔註19〕

此後，武力威脅成爲日方逼迫中國停止抵貨運動的慣用手段。由於五四
運動，尤其是作爲其主要運動形式的抵制日貨運動的沉重打擊，日本「慌恐
不安，氣急敗壞」，於是策劃了福州事件。福州事件發生之後，日本領事立刻
要求其政府派遣軍艦。〔註20〕1923 年 5 月，日本軍艦伏見艦停泊宜昌，其水
兵曾因處理中國抵制日貨問題，登岸與宜昌百姓發生衝突，所幸未釀成嚴重
事端。〔註21〕六一慘案也是抵貨運動中日本武力威脅手段的典型。6 月 1 日，
長沙市民與日輪乘客發生衝突，日輪競招日艦水兵登陸，槍殺市民 3 人，傷
數十人。當日有日輪武陵丸入口，坐客恐遭非笑，延不登岸，觀者頗眾。日
水手竟上岸驅逐；隨有金陵丸入口，有一華人自船上岸，被學生蓋以「亡國
奴」戳記。日本停泊長沙之伏見艦水兵，突上岸開槍射擊，當場擊斃王煥廷、
黃漢卿二人，傷者數十人，是爲「六一慘案」。〔註22〕次日，長沙又到日軍艦
兩艘，11 日，日本又派檻、檜、柳、樅四驅逐艦來華示威，由上海向長江進
發。〔註23〕

九一八事變後，日軍又在我國南部沿海口岸及長江一帶派遣軍艦，運載
陸戰隊，到處示威挑釁〔註24〕，以期擴大事態。早在 10 月 5 日，針對中國中
南部之抗日救國運動，日本政府訓令公使重光葵向中國提出「重大警告」，並
派遣軍艦 4 艘赴滬示威。31 日，白川義則大將向關東軍司令官傳達陸軍大臣、
總參謀長及教育總監三長官會議的結果，宣稱：必須「根絕」中國本土之「排

〔註19〕〔日〕勿堂行之：《日人評論中國抵制外貨事》（續），《東方雜誌》，1915 年第
　　　　12 卷第 10 號。
〔註20〕〔日〕味岡徹：《五四運動中的民眾鬥爭》，國際歷史學會議日本國內委員會
　　　　編：《戰後日本的中國現代史研究綜述》附錄一，官長爲等譯，延邊大學出版
　　　　社，1988 年版，第 108 頁。
〔註21〕李毓澍、林明德：《中日關係史料——排日問題（1919～1926）》，中央研究院
　　　　近代史研究所 1993 年版，第 343 頁。
〔註22〕晚近，臺灣學者根據中日文獻，對長沙六一慘案的歷史經過進行了細緻的重
　　　　構。參見應俊豪：《抵制日輪與中日衝突——長沙慘案及其善後交涉（1923～
　　　　1926）》，《臺灣東吳歷史學報》，2008 年第 19 期。
〔註23〕王芸生：《六十年來中國與日本》（5），生活·讀書·新知三聯書店，2005 年
　　　　版，第 67～68 頁。
〔註24〕姜念東：《歷史教訓——「九·一八」紀實》，吉林人民出版社，1991 年版，
　　　　第 209 頁。

日和抵制日貨行爲」，「如有不當和不法行爲，雖使用武力亦在所不辭，不得已時，使僑民集中於漢口、上海、青島、廈門與廣州；如有必要，當於青島、上海駐紮陸軍。」〔註25〕1932 年 1 月初，日本陸軍省向關東軍參謀板垣面示其有關陸軍、海軍和外務三省之有關規定：「對中國本部，期望其排除門戶閉鎖以及國內外差別待遇之法規與制度，特別是將排日、抵制日貨之禍根一掃而光」。爲貫徹上述根本方針，還訂定處理綱要 12 條，其第 9 條規定：「與中國本部政權直接交涉該有關問題時，盡可能採取拖延方策。如若該政權在最近之將來提議直接交涉時，則以要求大正四年條約，其他一切條約、協約與協定等之再確認，以及排日、抵制日貨滅絕之具體實現，以對抗之」，第 10 條聲稱：「關於中國本部門戶閉鎖與國內外人差別待遇的法規以及制度之廢除，特別是關於排日抵制日貨之根本滅絕，在適當時間應更提出嚴重之要求。如不實行，則採取必要而有傚之措置」〔註26〕。

爲了貫徹武力威嚇中國抵貨運動的方針，秦皇島、青島、煙臺、海州、上海、漢口、廈門、福州、汕頭等地，日艦紛紛駛入，一二八滬案發生後，長江流域日艦充斥。〔註27〕10 月 6 日，載有 400 名陸戰隊隊員的 4 艘日艦到達上海，此外，其海軍當局又派遣巡洋艦 2 艘、驅逐艦 10 餘艘，以及裝載陸戰隊之特務艦向上海出動。至此，日本在華海軍艦艇計有長江之第一遣外艦隊艦 22 艘，華北之第二遣外艦隊艦 5 艘，華南之第三遣外艦隊艦 6 艘。〔註28〕《世界日報》曾以「日不撤兵反抗議排日，大批軍艦開上海威脅」爲題予以揭露。〔註29〕11 日，日艦天龍號由上海直抵南京江岸停泊示威。〔註30〕9 月 19 日，日艦 1 艘到達秦皇島，陸戰隊登陸。10 月 10 日，日艦 5 艘停泊秦皇島，水兵三四百人登陸遊行。12 月 13 日，日驅逐艦 5 艘開抵秦皇島，22

〔註25〕王芸生：《六十年來中國與日本》（8），生活・讀書・新知三聯書店，2005 年版，第 269～270 頁。

〔註26〕章伯鋒等主編：《抗日戰爭第 1 卷：七七之前》，四川大學出版社，1997 年版，第 275～277 頁。

〔註27〕陳覺：《「九・一八」後國難痛史》（上），遼寧教育出版社，1991 年版，第 332 頁。

〔註28〕王芸生：《六十年來中國與日本》（5），生活・讀書・新知三聯書店，2005 年版，第 254 頁。

〔註29〕季嘯風、沈有益：《中華民國史料外編——前日本末次研究所情報資料》（中文部分，第 50 冊），廣西師範大學出版社，1997 年版，第 146～147 頁。

〔註30〕王芸生：《六十年來中國與日本》（5），生活・讀書・新知三聯書店，2005 年版，第 257 頁。

日又到兵艦 2 艘。1932 年 5 月 8 日，8 艘驅逐艦到達此地。9 月 22 日，日政府派遣巡洋艦 1 艘到青島，載陸戰隊 260 名。10 月 12 日，日本旗艦 1 艘和驅逐艦 3 艘到青島。16 日，日本各艦官兵陸續登岸，600 餘人分批在市內遊行。同日，驅逐艦 4 艘抵青，午後有徒手官兵 280 餘名登岸，分駐日商店及正金銀行等處，翌日回船。1932 年 3 月 19 日，日大小軍艦 19 艘全部停泊後海，原在青軍艦 2 艘仍停泊前海未動。〔註31〕9 月 19 日，日驅逐艦各 1 艘由大連分別抵達煙臺和龍口，1932 年 1 月 28 日，日 2 軍艦抵達煙臺。〔註32〕截至 1931 年 11 月 2 日，在華日警備艦艇業已多達 30 艘，日方武力威嚇之意暴露無遺。

三、經濟手段

早在 1915 年抵貨運動期間，日人勿堂行之提出，日本當局「欲爲消滅自造之罪孽計，不可不出最大之力以救濟」在華日商。他說，在抵制風潮最爲劇烈的長江流域，「日商之須待救濟者，不下二萬餘人，每人得二三百金之輔助，即足支一時之危急。政府而誠有此心，則金融機關與措辦方法，如左右逢源，綽綽有餘，斷無爲難之勢。在中國各地之日本領事，真自覺其領事之責任，又有實行之能力則當此之時，何仍袖手旁觀，而不一圖救濟之法乎？」〔註33〕此後歷次抵貨運動，日本政府基本上對遭受抵貨運動打擊的工商兩業全力進行救濟。

1919 年五四抵貨運動初起，日本政府採取「對於現時風潮，要求支那當局予以取締固爲必要之臨機措施，同時須竭力避免爲此壓迫支那官民激起反感，冷靜觀察事態」的方針，而當時在華日商也遵從其政府的這一方針，在 5 月時決定「以堅定之信念，停止數月貿易，不爲悲觀，隱忍以待時機。」隨著抵貨運動的不斷激化，各地貿易不振給日商造成的困境也逐漸加深，因此，日本官方逼迫對在華日人予以經濟援助。在天津，由船津總領事倡議，7 月 22 日成立「天津日本商務維持會」，決定向比較窮困的日本商人放貸生活費。

〔註31〕陳覺：《「九·一八」後國難痛史》（上），遼寧教育出版社，1991 年版，第 332 ～334 頁。

〔註32〕陳覺：《「九·一八」後國難痛史》（上），遼寧教育出版社，1991 年版，第 334 頁。

〔註33〕〔日〕勿堂行之：《日人評論中國抵制外貨事》，《東方雜誌》，1915 年第 12 卷第 9 號。

船津同時電請內田外相，要求政府借貸一批生活費用。日本政府遂於 8 月決定在橫濱正金銀行天津分號出借有關資金。上海也有約 120 戶生活困難的日商接受了僑民團的救濟〔註34〕。

　　九一八事變之後，日本政府曾經公開聲明，對「在華邦人輸出業者」予以經濟援助，主要舉措是提供金融支持，曾經規定：「期票到期不能交割貨物者，可以現貨擔保，由正金銀行融通資金；票據掉期之際常有提高利率之習慣，此次因抵貨而致之金銀比價之變動，務必以同樣利率掉期；正金銀行如缺乏資金時，由日本銀行融通應援資金；對上海中小工業由大藏省預金部以低利資金假手於興業銀行轉委上海日本的銀行；（因興業上海沒有分行）以貸於日本中小工業者。大藏省預金部已決定以 2 千萬元貸於興業銀行，以 3 百萬元貸於興東拓會社，以 5 百萬元貸於拓殖銀行；對各地貧苦日僑由日本領事發給旅費資送回國」〔註35〕。1932 年 7 月，日本政府應日清社長米里紋吉請求，撥出鉅款 120 萬元日金，為復興日清揚子江航業之用〔註36〕。11 月，日本政府為了支持華日商之復興，又撥款 5 百萬日金以供資貸，其中上海分配最多達 350 萬〔註37〕。此種「復興資金」儘管數額不小，但「工商業者數量龐大，感到有些杯水車薪。不過，即使這樣，對於深陷苦境的日商來說仍是雪裏送炭，部分雜工業經營者開始獲得救濟。」1934 年，抵貨運動有所緩和，加上業者的自身努力和復興資金的幫助，上海日廠開始走出困境，從上海工業同志會 29 家工廠的開工率來看，染織、針織、製材、肥皂業完全復工，製冰飲料業達 8 成，印刷業達 6 成，紡織用品、玻璃各廠也達 5 成〔註38〕。此外如長江日本商輪，一二八事變後即全面停開，日清公司停業達半年之久，損失嚴重。日本政府的大力扶植，取到了一定的效果，停戰協定簽字以後，日貨輸華再度上漲，特別是上海等地區，日貨重新佔據了重要地位，「自九一八後，本市有抗日救國會組織，厲行抵貨運動，日貨進口遂大受打擊，自第 1

〔註34〕〔日〕味岡徹：《五四運動中的民眾鬥爭》，國際歷史學會議日本國內委員會編：《戰後日本的中國現代史研究綜述》附錄一，官長為等譯，延邊大學出版社，1988 年版，第 105～106 頁。

〔註35〕王振一：《最近抵制日貨運動的效果及日方的對策》，《東方雜誌》，1932 第 2 號，第 107 頁。

〔註36〕《日政府撥鉅款復興長江日輪》，《申報》，1932 年 7 月 29 日。

〔註37〕《日政府援助在華日僑》，《申報》，1932 年 11 月 22 日。

〔註38〕許金生：《近代上海日資工業史（1884～1937）》，學林出版社，2009 年版，第 34～39 頁。

位退至第 3 位，英貨進佔第 1 位，停戰協定簽字後日貨進口激增，又恢復爲第 1 位」〔註39〕。

其次是傾銷政策。1932 年 11 月 29 日，《庸報》報導說，日政府派滬商務官橫竹等與日商集資百萬，在滬設一「日貨銷售大本營之百貨商店，廉價出售」〔註40〕。日煤是傾銷政策的典型。國民政府財政部 1932 年的「進口日煤及撫順煤之產銷實際情況報告」指出，「去年 9 月以來，東省及關內銷路因時局關係均大受打擊，目下雖尚無確數可稽，其待沽數量至少在 2 百萬噸左右，殆可斷言。最近撫順煤運銷日本，又遭該國煤商反對，銷日數量，本年僅限 165 萬噸，其在日本市場，既不能發展，轉而竭力推銷於華南、華北，自意中事。最近撫順煤在滬市價較前數月每噸均跌去規元 1 兩左右。就滬埠而論，自停戰協定成立後，經理日煤及撫順煤之日商，即竭力設法推廣銷路，予承銷者以定貨、不付款結帳、不限期之種種便利，故承銷日煤，不但不須墊款，且可無本經營，販銷華煤，則仍須先付定洋或做押匯承銷條件，既判若霄壤，銷售數目自大相懸殊，況日煤市價，又較國煤爲廉。據澗查滬埠七月中末兩旬，日煤（包括撫順煤）到有 7 萬餘噸，已脫售者達 4 萬餘噸，未到之定貨尚有 10 餘萬噸。」國煤救濟委員會於同年 8 月 25 日聲稱，「日煤價低之原因，自經抵制仇貨後，上海及長江一帶日煤裝往，幾有絕跡之勢，因之日本各礦區產煤均無相當去處，存煤雍積，雖九洲礦業聯合會迭次開會集議減少產額，仍有貨滿之患，故日本產銷兩方不得不以最賤之價，向各方接洽，以求出路。」此種應對抵貨運動的傾銷政策，顯然受到日本政府的支持，國煤救濟委員會指出，日本「鑒於抵貨之烈，不惜一再貶價誘脅兜售，……凡在若松出口運來上海及廣東一帶者，其售價概較運往彼國各處之煤，每噸減價日金一元五十錢，運費由該政府補助，轉輸各口，又有武裝輪艦爲之庇護。」〔註41〕

對此，時人憂心忡忡：

> 我國生產事業，不論資資本、組織、管理、技術、推銷、製造和
> 售價各方面，皆不如日商產業，故出產貨物不但價格昂貴，而且品質

〔註39〕《日貨進口激增已恢復進口第一位》，《申報》，1932 年 7 月 20 日。
〔註40〕季嘯風、沈有益：《中華民國史料外編——前日本末次研究所情報資料》（中文部分，第 50 冊），廣西師範大學出版社，1997 年版，第 387 頁。
〔註41〕中國第二歷史檔案館：《中華民國史檔案資料彙編第五輯第一編：財政經濟6》，江蘇古籍出版社，1994 年版，第 474、485、497 頁。

粗劣，是在平時已不足與日商爭衡，若遇日貨傾銷，適足以促生產事業之崩潰，因日本產業資金充足，管理優良，技術精密，原料豐富，故其產品就品質言較我國精緻，就價格言，較我國爲低廉，復用傾銷方法以求脫銷，無怪日貨輸華，益見活動，暫時雖有犧牲，將來期得厚利，我國產業，本極幼稚，加以政府不與資助，若勉強削價與日商爭衡，結果無異自速滅亡，如坐視市場被佔據不思設法，則與日貨競爭，將來亦不堪設想，眞所謂進退維谷難乎爲情矣。〔註42〕

再次是開拓新市場。1927 年，輸往印度的日貨占日本總出口的 8.4%，1932 年，比例增加到 13.7%。在英國的支持下，1932 年 4 月，印度宣佈廢除印日貿易協定，並將於 1933 年 4 月運用反傾銷法對日貨進口進一步提高關稅。該貿易協定的廢除，是印度對日貨在本國市場日益擴大的反擊高潮，因爲日本出口商一直試圖通過侵略性的銷售政策和大幅度降低價格手段，彌補因中國抵貨造成的損失。〔註43〕《眞理報》記者曾經指出，九一八事變之後，日本火柴在香港、檳榔嶼、菲律賓、南海諸島等地華人占多數的所有地方，其銷售量都大幅度下降，日本火柴工業即將所產火柴大量投入「自己的市場」，輸入臺灣的日本火柴增加了 9 倍，輸入朝鮮的火柴增加了 2 倍，並且「到處降價，以展開瘋狂的競爭」。〔註44〕

第二節　日本民衆的因應之道

國人進行抵貨運動，本意在於通過經濟上打擊日本，從而迫使日本政府放棄侵華政策，因此，日本民衆首當其衝遭受損失。在華日人與日本國內民衆對抵貨運動的因應之道大同小異，但日僑尚須直接面對中國民衆的愛國行動，故而將兩者分開討論。

〔註42〕 邵德厚：《抵制日貨之考察》，南京中正書局，1933 年版，第 24 頁。

〔註43〕 John E.Orchard, Economic Consequences of Japan's Asiatic Policy, Foreign Affairs, Vol.12, No.1, 1933, p.77.

〔註44〕 《中國抵制日貨運動及其結果（1932 年 2 月 12 日）》，嚴邦唏譯，馬寶華校，安徽大學蘇聯問題研究所等編譯：《蘇聯〈眞理報〉有關中國革命的文獻資料選編第 2 輯（1927～1937）》，四川省社會科學院出版社，1986 年版，第 395 頁。

一、日僑之應對方式

1、經濟手段

在華日人受到抵貨運動的直接影響，或者工廠停閉、或者商貿受阻，或者生活不便，不一而足。因此，在華日人必須首先解決抵貨運動給其造成的經濟困境。1908 年，檀香山日人因華商抵制日貨，亦「籌定抵制之策，該處日民多爲著名漁商，擬不將各魚售與中國巨商，以示抵制。」〔註45〕1923 年 6 月 25 日召開的日華實業協會首次對華問題會議，其對策即包括日本「斷乎實行經濟絕交，以期根本解決排日問題」。〔註46〕1928 年抵制日貨運動時有人指出，「我們對日經濟絕交可以實行，日本對華經濟絕交亦可以嘗試」，並且認爲如果日本採取此種方式進行抵制，中國必定大受影響。〔註 47〕日方以經濟絕交方式進行反擊的言論或行動也偶而出現，不過此舉並不普遍，而更加傾向於使用低價傾銷、改易商標和呼籲日本當局予以救濟等方式度過危機，甚至採用關閉工廠作爲要挾。

跌價傾銷。抵貨運動導致日貨滯銷，日本洋行及在華日廠往往採用跌價方法進行傾銷，貨物價格一般大大低於國貨，從而引誘華商私下違規批購。1932 年 8 月 17 日，日在滬商業復興委員會認爲「支那商人素抱厚利主義……我輩商人，應亟謀一切實之方法補救之，且更不應怕犧牲血本，而任使貨物堆積」，因此決定：「一、增高傭金。實足使支那跑街忠於應盡之職務，而能設法以推銷其所負責傾銷之貨物，故目下應即決定增高其傭金至 4 成，如此方足使華跑街不避艱難，不懼危險，而儘其能力，以推銷貨物矣；二、減低成本。支那商人，頗多貪圖厚利，今我如能盡量減低各貨成本，與其交易，則彼輩心樂而就之，即使血魂鋤奸團等活動，亦決不致動搖其與我交易基礎；三、負責送達。宜設置一送達部，負責把貨物送至支那商人之收費部。」〔註48〕以日煤爲例。日本「鑒於抵貨之烈，不惜一再貶價誘脅兜售，近更巨量傾銷，蓄志侵略。凡在若松出口運來上海及廣東一帶者，其售價概較運往彼國各處之煤，每噸減價日金 1 元 50 錢，運費由該政府補助，轉輸各口，又有武

〔註45〕 《申報》，1908 年 8 月 8 日第 4 版。
〔註46〕 《東報載日華協會之議決案》，《益世報》，1923 年 7 月 3 日。
〔註47〕 藍士琳：《對日經濟絕交以後》，革命軍官團政治訓練部革命軍人日刊社：《革命軍人日刊存稿》，軍官團政治訓練部革命軍人日刊出版社，1928 年版，110 頁。
〔註48〕 《申報》，1932 年 8 月 18 日。

裝輪艦爲之庇護，其批售發貨又復不收價款，包辦保送，威脅利誘，無所不至。受其蠱惑者猶非少數。」〔註49〕

　　改易商標。近人唐慶增在梳理抵貨運動的障礙時指出，日方運用種種手段「以蒙蔽吾人」。他舉例說，日本在我國長江內地航業頗受抵貨運動打擊，停航者甚多，「乃租與英公司營業」。同時，日商將貨物「易以牌號，冒充他國貨物，行銷各地」，他提醒國人「不可墮其奸計」。「諸如此類，防不勝防，皆爲抵制日貨之大障礙。」〔註50〕《日本帝國主義與中國》一書認爲，日本改易商標這一應對措施，成爲中國抵貨不能持久的原因之一。因爲我國抵貨，日本「竭力設法防止」，如塗改商標，在貨物上加上德國或荷蘭國之名，或競稱中華國貨冒牌出售，使購買者無法識別。或託外商代銷，外人將包裝改動，加上外國名稱，冒充西洋貨出售，「往往華人以西洋貨之價買東洋貨，在日商既不損失，有了銷路，而洋商爲獲利，樂得爲之。」〔註51〕《申報》曾經報導，「日紗冒華商標，榮宗敬派人破獲」。〔註52〕方顯廷亦深刻洞悉日商紗廠冒貼華商紗廠棉紗商標，背後的意圖無非是爲減少抵貨運動的效力，在批評日人缺乏商業道德的同時，指出華商紗廠要與其競爭，卻因此而多了一層困難。〔註53〕

　　抗戰時期日貨內運受到國民政府種種限制，抗戰初期限制尤嚴。敵方爲使日貨物易銷，即塗抹原有商標，改用「英美製造」字樣，甚至爲了迎合我國後方民眾愛國心理，竟然直接採用「九一八」、「抗日」等作爲商標〔註54〕。爲了便於走私內運，改裝商標成爲內輸前的一道必要工序，日僞、奸商紛紛設廠改造。棉布冒充的最多，也最難辨認，方法是將白布染上顏色，或將有色匹頭剪去印有商標的一頭，然後重印商標。由豫運陝的布匹多在蚌埠、商丘兩地加以改冒，將原有牌號去掉，換以國貨牌號，最多時曾改換兩三次，故每匹布均不足標準的 30 碼或 40 碼〔註55〕。上海某些「國貨」商有的將日貨改裝，有的加

〔註49〕中國第二歷史檔案館：《中華民國史檔案資料彙編第五輯第一編：財政經濟（6）》，江蘇古籍出版社，1991 年版，第 491 頁。

〔註50〕唐慶增：《唐慶增救國言論集》，上海社會科學書店，1933 年版，第 16 頁。

〔註51〕吳兆名：《日本帝國主義與中國》，商務印書館，1934 年版，第 563～564 頁。

〔註52〕《申報》，1932 年 1 月 12 日第 15 版。

〔註53〕方顯廷：《中國棉紡織業之危機》，《紡織周刊》，1933 年第 3 卷第 20 期。

〔註54〕王沆：《走私問題檢討》，轉見齊春風：《中日經濟戰中的走私活動：1937～1945》，人民出版社，2002 年版，第 220 頁。

〔註55〕《敵僞經濟彙報》第 19 期，1941 年 2 月。

染，有的只換商標，有的連商標也懶得去換，只在上面加「真正國貨」四字，忙得不亦樂乎，個個市利八九十倍。年終分紅，一般加薪 70 個月，多的達到 90 多個月，凡月薪 20 元者，一次也可獲得 1600～2000 元〔註56〕。1941 年 12 月，經濟部稱發現冒充國貨的敵貨火柴，該火柴「盒面橫印香港，左印頂上火柴，又印請用國貨，上印香港牌之英文字，下印廠設香港九龍土瓜灣各字樣，將盒面紙揭開，發現其內另有利民廠製造字樣，及豎書東華兩大字於星花間之圖案畫」，「查該項以東華牌改裝香港牌之火柴，顯係以敵貨改裝冒充國貨」〔註57〕。次年，經濟部又發現，雀標、雙童、櫻桃、寶寶、汽車等 5 種商標火柴均係敵貨，來自日本本國及臺灣，其裝潢多假冒我國澳門昌明、東興、大光等火柴廠之出品商標，由產地廣州後再轉澳門分銷各地〔註58〕。

呼籲日本政府予以救濟。抵貨運動導致部分日本在華中小工廠面臨資金匱乏的致命危機。這些資本先天不足的中小工廠借貸無門，只能向日本當局申請救濟。1931 年 10 月 27 日，「上海工業同志會」通過上海總領事館向大藏、外務、商工等大臣提交「有關上海邦人工業救濟基金的請願書」，強調抵貨運動給生產、交易、資金帶來的深刻影響和特殊困境，請求日本政府對「在華中小工業家給予充分關懷」，希望「賜予以不動產、動產以及持有的商品作擔保的低息貸款，賜予跟貿易業者同樣的援助」。1932 年 1 月，「上海工業同志會」代表喜多村貫二又向日本政府遞交「上海邦人工業救濟請願書」，聲稱該會 54 家加盟工廠中已有 33 家停業，而且多因資金困難而陷入進退兩難的境地，「只要資金上允許，為了保護本廠的地盤，這些廠會繼續開工，但一旦資金枯竭無奈只能停業。」喜多強調，由於這些工廠根本不可能從正金、三井、三菱、住友、臺灣、朝鮮等上海各大日本銀行得到貸款，因此希望日本政府迅速採取恰當措施成立特種銀行進行融資。〔註59〕

以關閉工廠為要挾。以關閉工廠為要挾，強迫政府壓制抵制行動，逼迫工人脫離抵貨運動也是日方慣用的方式之一。濟案抵貨時，日本在華紗業協

〔註56〕 天行：《老調子還得重彈》，《全民抗戰》，1939 年第 84 期。

〔註57〕 《省政府代電電各專員縣長香港牌火柴內有東華字樣業係敵貨改裝電仰注意查緝由》，《浙江省政府公報》，1941 年第 3268 期。

〔註58〕 《準經濟部電以雀標等商標火柴均係敵貨請轉飭查緝等由電仰遵照》，《江西省政府公報》，1941 年第 1226 期。

〔註59〕 許金生：《近代上海日資工業史（1884～1937）》，學林出版社，2009 年版，第 35～36 頁。

會、礦業協會和航業協會等實業團體議決，部分工廠暫時停工，造成我國工人失業，以此作爲對付中國抵貨運動的方法。〔註60〕1931 年 10 月，上海日本紗廠銷路停滯，存量大增，因爲日廠華工多達 6 萬人，「間接資以爲生者」，則高達 18 萬人，因此日方認爲「閉長停工爲對抗抵貨之有效方法」，閉廠之說一度甚囂塵上。〔註61〕其中意圖，在華紡織同業會總務船津曾說，「由經濟的立場，並沒有今天明天關廠之必要，如國策上有必要，則今天明天可以立即關廠。」〔註62〕1932 年初，隨著上海局面不斷惡化，日本紗廠聯合會派人持函面謁上海市長吳鐵城，要求「即日切實取消反日團體，並制止抵貨運動」，否則上海全市日紗廠將於 2 月 1 日一律停廠〔註63〕。

2、尋釁滋事

國人屢以傳單動員民眾抵制日貨，而日人亦以傳單進行反擊。1915 年抵貨期間，上海虹口乍浦路某日人商店，因抵制日貨而暫停營業，曾於該店門首黏貼寫有六言字句的紙片，「聞者傷心，見者髮指」，「傲慢不遜」之態暴露無遺：

> 我們第一強國（日本）；
> 那怕冷血動物（烏龜）；
> 目下抵制日貨（小民）；
> 定是有頭無尾（不像）；
> 爾等如此暴動（抵制）；
> 我差總統壓力（官場）；
> 青島臺灣高麗（現在）；
> 豈非我來笑你（可憐）；
> 不久就要亡國（眼前）；
> 怕你不做奴隸（華人）。〔註64〕

〔註60〕　藍士琳：《對日經濟絕交以後》，革命軍官團政治訓練部革命軍人日刊社：《革命軍人日刊存稿》，軍官團政治訓練部革命軍人日刊出版社，1928 年版，第 110 頁。

〔註61〕　朱斯煌：《中日貿易之研究》，《經濟學季刊》，1932 年第 4 期。

〔註62〕　王振一：《最近抵制日貨運動的效果及日方的對策》，《東方雜誌》，1932 第 2 號。

〔註63〕　《申報》，1932 年 1 月 27 日。

〔註64〕　天津市檔案館：《北洋軍閥天津檔案史料選編》，天津古籍出版社，1990 年版，第 356 頁。

廣州報紙大聲疾呼抵制日貨，而日人鬼松田太郎亦以類似形式進行挑釁：

> 日言抵制，真無所謂！我國富強，名馳亞細，船堅炮利，雄踞稱帝，兵精糧足，誰能謗毀？若論工商，人才濟濟，全心一致，國於無危。支那雖大，散似沙泥！同室操戈，爭財奪幣。官圖中飽，公益罔爲。理財學乏，只諳賭規，鋪攤鋪票，作工民藝。全國教育，以賭爲題。如此資格，何能自衛！？杯萬程度，文以善計，毫無知識，豈易能爲？非常之士，可持到底。全國賭匪，必抵唔嚟。偶然興烈，狂如犬吠，虎頭蛇尾，口與心遠。究由學淺，忍力全虧！前車可鑒，……不出半年，聲音俱低！〔註65〕

1919 年 5 月 20 日，上海虹口日本僑民以傳單反擊抵貨運動：「吾日本一等強國，你們如冷血動物，只有五分鐘熱度，將來定做亡國奴。」〔註66〕

五四抵貨期間，日人挑釁層出不窮。1919 年 5 月 27 日晚，2 名日本學生在公園小便處相互出示手槍，公然聲稱「要打中國人」。時任北洋政府陸軍第 16 混成旅旅長的馮玉祥在其給國務院及參、陸兩部的密電中聲稱，湖南長德學生經過日商洋行時，「因受日商輕重譏嘲，學生怒忿口角，致將該行玻璃器俱打毀。同時新隆、宏裕兩行器具亦被牽連搗毀數件。」〔註67〕濟南日僑於 7 月 7 日舉行提燈遊行，「氣勢洶洶」，直接對抗中國民眾的反日運動，並向中國民眾投擲石頭，從而挑起暴力衝突。7 月 28 日，山東鐵路沿線以及青島日僑分別召開大會，做出「確保日本的山東權益」、「鎮壓排斥日貨運動」等決議〔註68〕。

九一八事變之後，在華日僑挑釁行爲更加頻繁。10 月 19 日，南京 3 名日僑腰佩手槍，在咖啡館任意譏罵中美人民，「顯係藉故挑釁，企圖擾亂首都治安」。〔註69〕11 月 3 日，北平各地日僑決定 5 日「實行挑釁擾亂」

〔註65〕《鬼松田太郎致粵省公會書》，《時事新報》，1915 年 3 月 29 日，轉見《抵制日貨小史料》，《人文月刊》，1934 年第 5 期。

〔註66〕上海社會科學院歷史研究所：《五四運動在上海史料選輯》，上海人民出版社，1980 年版，第 803～804 頁。

〔註67〕中國社會科學院近代史研究所等編：《五四愛國運動檔案資料》，中國社會科學出版社，1980 年版，第 299 頁。

〔註68〕〔日〕味岡徹：《五四運動中的民眾鬥爭》，國際歷史學會議日本國內委員會編：《戰後日本的中國現代史研究綜述》附錄一，官長爲等譯，延邊大學出版社，1988 年版，第 107 頁。

〔註69〕章伯鋒等主編：《抗日戰爭第 1 卷：七七之前》，四川大學出版社，1997 年版，第 348 頁。

〔註70〕。一二八淞滬抗戰期間，汕頭市民燃放爆竹祝捷，日籍臺灣銀行行員竟輕侮蔑笑，「致起鬥毆」，導致 3 名華人受傷，2 名日人微傷。1932 年 1 月，青島日僑居然搗毀《民國日報》與市黨部，而日僑竟然要求取締我國青島所有新聞機關，裁撤「妨害」日本漁業擴張的中方漁業公司以及交易所和國貨商場，解散抗日救國會。在日本炮艦威脅之下，青島市長答應就《民國日報》「記載失檢」一事向日本領事館書面道歉，並解散市黨部，《民國日本》亦因之停刊。〔註71〕上海日僑最為集中，挑釁行為也更多。1931 年 10 月 11 日，上海日人僑民大會散會之後，「結隊沿北四川路一帶，由北而南，中有少數日青年及酒醉者，行經白保羅路及蚓江路等處，撕毀兩旁店鋪玻璃窗上所貼之反日標語，引起華人紛集，尾隨喧嘲叫打，幾釀事端。」16 日，市長張群再電行政院稱，「前昨兩夜，日人又有沿北四川路南行撕毀商館所貼反日標語及毆擊華人情事，跡近挑釁。」19 日，張群致行政院呈文說，14 日，數十名日本浪人每人手執木棍 1 條，在北四川路兩旁撕扯標語，國人保持「鎮靜」，後來此等日人竟進各商店內撕扯標語，於是引起各商民憤恨，「乃群呼打東洋人，詎料日本之陸戰隊適於此時到來，該兵士等各出刺刀威嚇，而日本浪人亦於此時散去，各商民等亦皆緘然，幸未釀成大事。」〔註72〕21 日，上海日僑連日在公共租界工部局越界築路之北四川路一帶尋釁肇事，納稅華人會要求工部局制止，工部局當局表示不袒護。〔註73〕1932 年 1 月 20 日，上海日僑居留民大會結束之後，在閘北虹口路、北四川路一帶竟然凶毆行人，搗毀商店多家，其中北四川路一帶的日人還搗毀公共汽車 2 輛、商店 2 家，並毆傷捕房巡捕 1 名〔註74〕。

〔註70〕王芸生：《六十年來中國與日本》（8），生活・讀書・新知三聯書店，2005 年版，第 272 頁。
〔註71〕陳覺：《「九・一八」後國難痛史》（上），遼寧教育出版社，1991 年版，第 348、349～351 頁。
〔註72〕章伯鋒等主編：《抗日戰爭第 1 卷：七七之前》，四川大學出版社，1997 年版，291～292 頁。
〔註73〕王芸生：《六十年來中國與日本》（8），生活・讀書・新知三聯書店，2005 年版，第 263 頁。
〔註74〕章伯鋒等主編：《抗日戰爭第 1 卷：七七之前》，四川大學出版社，1997 年版，第 294 頁。

3、成立組織

部分旅華日人反對抵制日貨的活動往往是有組織進行的。據《英文滬報》報導，1919年5月13日，「日人在日本總會及領事館，均有特別會議，到者有十七團體之多。其在日本總會之會議，自二時延至九時之久，議決二案：（1）以僑滬日人聯合會名義電詢東京同胞之輿論，及對付之方法；僑滬者之如何進行，隨後再告；（2）組織一委員會進謁領事有吉明君，詢其對於此事之意見，然後鄭重與巡捕房交涉。聞今晨會議亦有數條付表決云。」在旅滬日僑17個團體聯合會致日本國內各報的電報中說：「吾等居留人民，今含熱淚，渴望本國政府之有懲手段，與我國國民之後援。希望貴社以堂堂之言論，喚起日本臣民之輿論。」〔註75〕據上海公共租界工部局警務處麥高雲6月16日給上海英總領事的一份報告中稱：「日本人街道聯合會的幹事會，每日於日本俱樂部內舉行會議，商議關於『抵制日貨』的情況。」〔註76〕五四抵貨期間，「天津自學生風潮起後，排日貨之聲，愈起愈高，而直接受害者，厥為日商」，故駐津日商西本茂吉等人倡議組織「商談會」，以「互相親睦增進利益為目的」。另外，駐津日本總領事於7月22日「在本會堂廳宴請日本官商。宴席之上，商議組織商務維持會，皆以現正中國抵制日貨之時，誠不可一日少緩，故當場議決，即日實行，並擬不日選舉實行委員會，以便進行。」〔註77〕顯然，旅華日僑正在組織起來以對抗中國民眾的抵貨運動。

1932年下半年，針對中國血魂鋤奸團等秘密組織的抵貨活動，在華日人亦以武力相抗。永昌煤號爆炸案發生之後，日商棉紗業公會和各路商聯會兩團體於7月30日推派代表面見村井領事，要求向市政府提出嚴重交涉，切實禁止血魂鋤奸團的行動。日時局會為此召開緊急會議，決定除催促村井領事從速交涉之外，並組織「便衣偵察隊」以秘密偵察血魂鋤奸團行蹤〔註78〕。8月7日，日紗廠聯合會、各路商聯會、居留民團、商業同志會等10餘團體召開緊急會議，決定組織「密探隊」嚴密偵查鐵血鋤奸團的行蹤，並於此日開

〔註75〕 上海社會科學院歷史研究所：《五四運動在上海史料選輯》，上海人民出版社，1980年版，第806、807頁。

〔註76〕 中國社會科學院近代史研究所近代史資料編輯組：《五四愛國運動》（下），中國社會科學出版社，1979年版，第339頁。

〔註77〕 天津歷史博物館等：《五四運動在天津歷史資料選輯》，天津人民出版社，1979年版，第265頁。

〔註78〕 《日商重視血魂鋤奸團》，《申報》，1932年7月31日。

始行動〔註 79〕。上海日本浪人組織的「同志會」、「明治會」、「神武會」等團體，本係一二八事變期間之肇事團夥，鑒於鋤奸團活動頻繁，決定組織「日警團」，直接以武力對付各種抵貨團體，恐嚇上海市商會和鋤奸團組織。8 月 22 日，亞洲圖書館發生炸彈事件，「日警團」當晚召開緊急會議，一致主張全體團員分成「巡查」、「偵察」和「保護」3 組，每組 20 人，即日起在虹口及北四川路一帶分頭活動〔註 80〕。上海還出現與血魂鋤奸團針鋒相對的所謂紅衣保障團，「鋤奸團係制裁奸商，該團則專對付鋤奸團」，紅衣保障團繫日人「收買愚氓，充其走狗，藉圖恐嚇，阻礙鋤奸團進行」〔註 81〕。

4、呼籲日本政府強硬對付

1923 年 6 月 26 日，漢口日僑選派代表歸國，督促政府處置中國排貨風潮。7 月 3 日，上海日僑亦召集漢口等埠日僑商討「抵制排貨風潮」。天津抵貨運動在「團體會」的統一領導下，制定措施得當且執行較爲嚴厲，駐津日人採取種種方式進行破壞。7 月 3 日，部分日僑舉行「居留民大會」，決定對抵貨運動採取「緊要的自衛的直接行動」〔註 82〕，由日本退伍軍人在津分會組織義勇隊，餉項由民團供給，呼籲日本政府在中國北方新增軍隊，以及向其政府申請對付中國抵貨運動的經費等。同時，要求中國政府解散排日團體和嚴重處罰抵貨運動領導者和參與者、取締包括報章雜誌、傳單和其他抵貨動員手段，要求中國政府宣佈總商會和抵貨團體頒發之放行單「即時一律無效」，禁止總商會和同業公會進行抵貨宣傳，賠償日商因抵貨運動而造成的直接或間接之損失。〔註 83〕在天津日僑倡議下，駐華日本商業會議所於 7 月

〔註79〕所謂密探隊，係由在滬商業及有關團體各推派 5 名代表聯合組成，10 人爲 1 小隊，共組成 10 小隊，每小隊設隊長 1 人，負責每日偵查事宜，並設總隊長 1 人管理全部事務，各小隊隊長須將每日隊員偵查情況書面報告總隊長，如臨時遇到嚴重事態發生而不及書面報告，則可直接以電話向總隊長報告，再由總隊長相機核辦，密探隊員出發偵查時，發給一符號或證據，歸隊後交還。《日人注意鋤奸團》，《申報》，1932 年 8 月 9 日。

〔註80〕《日浪人所組日警團昨已開始活動對付各項鋤奸團》，《申報》，1932 年 8 月 25 日。

〔註81〕季嘯風、沈有益：《中華民國史料外編——前日本末次研究所情報資料》（中文部分，第 54 冊），廣西師範大學出版社，1997 年版，第 490 頁。

〔註82〕王芸生：《六十年來中國與日本》（8），生活・讀書・新知三聯書店 2005 年版，第 68 頁。

〔註83〕《津日僑大會宣言》，《民國日報》，1923 年 7 月 9 日。亦可參見李永玲：《1923 年抵制日貨運動考察》，天津師範大學碩士學位論文，2007 年。

12 日至 16 日在上海召開聯合會議，與會 40 餘名代表，或來自上海、天津、漢口、青島、大連、濟南等地日本商會，或來自日本東京、大阪、神戶、京都、名古屋、廣島、長崎、福井等處，大會議決：要求中國政府取締排日行動、嚴懲取締排日遲緩的官吏和日租界排日舉動、賠償日人所受損失、禁止銷售排日新聞和編演排日戲劇、要求日本政府增派軍艦來華和派遣代表赴華緩和排日空氣、督促政府「於必要時取最後手段，藉由將旅順大連永遠割歸日本」。〔註 84〕

　　1928 年 6 月 29 日，天津日僑致電日本政府，請求濟案解決之前緩撤在華日軍，並呼籲增加在華駐軍和軍艦。〔註 85〕天津日本人商業會議所 12 月 14 日召開的職員會議決，要求政府「對於違反國際間的法規慣例並世界公道的狂妄不能漠視之；對於在經濟上殘忍破壞自然組織和統制的暴行，在當地生存上也不能旁觀，因此此時應促請中國官憲深刻反省。」〔註 86〕11 月 4 日，山東全省日本僑民在濟南召開大會，決定濟案未解決之前，「日政府若果撤兵，僑民將先退出」。〔註 87〕翌年 1 月，山東日軍或撤或減之說盛行，此間日僑頓覺恐慌，於 18 日向第 3 師團司令部陳情，反對撤兵。19 日，日僑召開大會，「多反對減兵或撤兵之決議」，聲稱「現狀不容減撤兵，若實行之，是陷僑民於死地。」〔註 88〕旅滬日僑工商會議所等各團體接到漢口、九江各處電訊之後「頗為焦急」，開會議決：「定期召集中國全國日僑商會，舉行聯席會議，討論辦法，預備向政府作大規模請願，希望早日提出嚴重抗議，並推其會長於本月 18 日乘船歸國，向外務省面遞請願書。」〔註 89〕

　　1931 年 10 月，上海日本商工會議所呼籲日本外交部及「重要對華經濟侵略機關」對付中國抵貨運動，上海日文報紙《日日新聞》以「排日運動簡直無異於戰爭行為」為標題刊載該決議：「中國排日運動最近越發險惡，禁止買

〔註 84〕《日商會臨時會議之議決案》，《申報》，1923 年 7 月 4 日。

〔註 85〕王芸生：《六十年來中國與日本》（8），生活・讀書・新知三聯書店，2005 年版，第 163 頁。

〔註 86〕轉見萬魯建：《試論濟南慘案與天津的抵制日貨運動》，《社科縱橫》，2010 年第 7 期。

〔註 87〕王芸生：《六十年來中國與日本》（8），生活・讀書・新知三聯書店 2005 年版，第 173 頁。

〔註 88〕季嘯風、沈有益：《中華民國史料外編——前日本末次研究所情報資料》（中文部分，第 29 冊），廣西師範大學出版社，1997 年版，第 562 頁。

〔註 89〕《日僑會議抵貨政策》，《申報》，1929 年 4 月 17 日第 14 版。

賣日本貨不必說，而且妨礙跟日本人的一切交易。破棄已訂一切契約，掠奪日本人所有貨物，不把原料及一切物品供給日本人。進一步，以放火虐殺脅迫日本商店銀行的買辦辭職，妨害到郵政電信電話等通信，以期急速徹底的經濟絕交，決不能與所謂不合作同等看待。雖說不用炮火，其動機與手段不可不說簡直是戰爭行為。中國政府於這類敵對行為，不但未嘗怎樣取締，並且縱之煽動不已……日本對於南京政府應當要求實時禁止對日經濟絕交運動，萬一不是這麼辦，不外立刻毅然問罪於南京政府了。」〔註90〕1931 年 10 月 28 日，山東日僑在青島舉行居留民大會，議決：「一、造成重大事件之努力；二，擴大山東內地之利益之調查，向國內政府報告；三、解決山東懸案與滿洲問題，同樣斷然處置；四、義勇團與扶桑會取同一行動，暫受領事館指揮。」〔註91〕11 月 3 日，瀋陽日僑因國聯限定日本 16 日以前撤兵而舉行大規模示威遊行，其所張貼之標語有：「慶賀遼寧政權有歸！」（指歸於日人操縱之漢奸。）「撤兵反對，增兵要求！」日文標語有：「死守（滿蒙）生命線！」「我們就是滿洲的主人！」「芳澤：堅持到底！幣原：立定腳跟！」「國聯出，東亞亂。」「國際聯盟不足畏！」〔註92〕

　　1931 年 12 月 6 日，駐華各地日僑為對付我國抗日救國運動而舉行全支日本人居留民大會。各地代表相繼演說，鼓吹「不要預慮國聯，速實行增兵」、「廢除妥協、希望徹底解決」、「外交以滿洲為中心」以及「排斥軟弱之外交」。大會議決：「一、帝國政府安固滿洲已得之權利，及保障日人生命財產，以實力徹底的用自衛保安手段對付；二、中國要履行帝國政府條約；三、中國須改善外交態度廢除排日排外教育，取消打到日本帝國主義；四、消滅全中國抗日救國運動，帝國政府應用積極手段；五，帝國政府解決中國問題，應整個解決，絕對不許一一解決，並拒絕第三者干涉。」同時聲稱，「帝國視時局重大，任何犧牲，必須貫徹到底。」大會將有關聲明書及決議案電告關東軍司令官本莊、天津駐屯軍司令第一遣外艦司令鹽澤、第二遣外艦司令津田，並發佈「荒謬」宣言：

〔註90〕樂嗣炳：《經濟的排日運動無異於戰爭的行為》，《社會與教育雜誌》，1931 年第 2 卷第 23 期。
〔註91〕陳覺：《「九・一八」後國難痛史》（上），遼寧教育出版社，1991 年版，第 349 頁。
〔註92〕王芸生：《六十年來中國與日本》（8），生活・讀書・新知三聯書店，2005 年版，第 279 頁。

　　一、現下日支紛爭，其原因實出於國民政府所謂革命外交的手段，而引起之全國反日風潮，因其內政上之缺陷，方造成此次滿洲事變，且激成其對日經濟的絕交；二、國民政府標榜的革命外交，是打到帝國主義，取消不平等條約，不絕的施行國民排外思想，因此，支那國民對外，感情益惡，或排英，或排日，對外屢生糾紛，加以內爭紛亂，達於極點，國內既久不能統一，軍閥割據各地，土匪共匪到處橫行，四萬民眾，痛苦萬分，各通商區域，情勢甚爲危機，而支那始終不顧國際信義，可謂喪失近代國家之資格；三、故爲擁護我帝國條約權益，及確保滿洲之和平秩序，與維持商權起見，須有徹底自衛手段，對於國民政府須有二要求：第一解散各抗日會不合法團體；第二消滅等於戰爭行爲之經濟絕交，並糾正其對外態度；第三我國鑒於事態之重大，須舉國一致，以當國難，內以督勵政府當局，外須對各國說明事變眞相，因而達到日支根本解決，此即所謂確保東亞和平。〔註93〕

1932年2月8日，北平日本居留民會特委會召開大會，協議結果，向日使館請願，致電外務、陸軍和海軍三省，謂鑒於上海事件發生，影響華北形勢，請增派北平駐軍。〔註94〕

5、鼓吹中日親善

1908年，廣東抵制日貨以後，日本商界大受影響，大阪和神戶之大實業家屢次宴請華商，名曰懇親會，「百計聯絡用心甚苦」，後又組織「日清貿易振興會」，旨在聯絡兩國商人感情，「以圖商業之發達」。〔註95〕1923年抵貨運動時期，日本商業會議所聯合會會長曾經致函中國商聯會會長，聲稱抵貨

〔註93〕參加團體共43個，分別爲熊嶽城時局委員會、長春時局後援會、長春地方事務所、全滿日本人時局聯合會、在滿日本人時局後援會、漢口各業聯合會、滿洲青年聯盟鐵嶺支部、安東支部、全滿洲帝國在鄉軍人會、滿鐵社員會、安東縣商工會議所、奉天商工會議所、漢口商友同志會、鐵嶺商工會議所、全山東帝國在鄉軍人會，上海、安東、蘇州、杭州、芝罘、漢口、山東、大冶、廈門、溫州、重慶、福州、宜昌、鎮江、遼陽、鞍山、長沙、北京、廣東、蕪湖、南京、萬縣、天津、九江、汕頭、香港等日本居留民。陳覺：《「九‧一八」後國難痛史》（上），遼寧教育出版社，1991年版，第346～348頁。
〔註94〕陳覺：《「九‧一八」後國難痛史》（上），遼寧教育出版社，1991年版，第351頁。
〔註95〕《實業家組織日清貿易振興會》，《申報》，1908年6月18日第2版。

運動與中國商民之「眞利益」背道而馳，要求商聯會勸說各地總商會及一般商民，「設法令其終熄」。〔註96〕而天津日僑展示強硬立場的同時，亦以中日親善爲名，與天津團體會、天津總商會頻繁往來，試圖以和平手段解決抵貨問題。7月24日，中日代表進行首次會談，日方代表表示，「中日兩國無論有何問題，均可研究」。〔註97〕8月1日，中日商會再次開會，天津商會和日本商業會議所各派代表15人與會，日代表聲稱「中日如夫妻」〔註98〕。日方倡議成立「中日同志會」，華人代表亦「皆極爲贊同」。〔註99〕8月20日，「中日國民大會」召開，中方代表爲124人，日方則多大157人與會，雙方代表大講中日親善，而日本代表更誇張的說，「從此解釋誤會，不但兩國幸福，東亞大陸實受福不淺，今日之會，不但將前兩次會的好處發現，這個八月二十日，就是中日和平紀念」〔註100〕。天津中日代表所謂的親善之舉，實由警務處長楊以德促成。天津各界抵制日貨，「日人要挾官府取締，並設法破壞」，而楊以德則約集中日代表召開聯歡會。天津總商會和團體會與日方曾訂8月13日下午在楊家花園回請楊以德，並藉以討論「親善」辦法。〔註101〕「自楊以德發起中日聯歡會後，雙方人士感情略見融洽」，天津總商會爲東道主，日方「甚爲感激」，日本商工會議所會長竹內三一和書記小林楊之助於23日赴總商會致謝〔註102〕，次日又赴警察廳答謝，並與楊以德等「聚

〔註96〕　《日商會關於排貨之一函》，《申報》，1923年7月2日。

〔註97〕　《中日國民代表之會談》，《益世報》，1923年7月26日。

〔註98〕　《中日商會之聯歡會記》，《益世報》，1923年8月3日。

〔註99〕　天津地方志編修委員會辦公室、天津圖書館編：《〈益世報〉天津資料點校彙編》（1），天津社會科學院出版社，1999年版，第212頁。

〔註100〕　《中日國民聯歡會詳記》，《益世報》，1923年8月22日。此次中日國民懇親大會，日方代表分別來自商工會議所、商工協會、排日對抗實行委員會、中國問題研究會等團體以及部分在華新聞記者，「分配異常整齊」，而中方代表則全由商會把持和操縱，列席代表名單亦由商會「以私意分配」，所謂中日親善可謂由商會包辦而已，其名單之人名錯誤甚多，日人傳觀批評，引爲笑柄，並擬將此名單陳列於博物館，作爲訕笑之具，商會措置失當，可見一斑矣。天津地方志編修委員會辦公室、天津圖書館編：《〈益世報〉天津資料點校彙編》（1），天津社會科學院出版社，1999年版，第213頁。

〔註101〕　《天津地方志編修委員會辦公室、天津圖書館編：《〈益世報〉天津資料點校彙編》（1），天津社會科學院出版社，1999年版，第212頁。

〔註102〕　「此次聯歡會奔走最力，熱心從事者以竹內三一、小林爲最熱烈」。參見《天津地方志編修委員會辦公室、天津圖書館編：《〈益世報〉天津資料點校彙編》（1），天津社會科學院出版社，1999年版，第212～213頁。

談」1 小時始行告辭而去。〔註 103〕9 月 1 日召開的中日國民懇親會，雙方人數均有增加。〔註 104〕

　　中日雙方既然熱衷親善，彼此觥籌往來，抵制日貨自然無形消解。8 月 14 日，《益世報》指出：「天津此次抵貨，尚稱整齊。自楊以德召集各商到警察廳，令其隨意買賣後，各不顧廉恥之奸商，均恃爲奧援。其心目中既無團體代表會，又無同業會。現已無形開放，向日人大批大買，而尤以棉紗商爲最甚。棉紗調查委員會因此不能行使辦公之職權，態度均已消極。而津埠之抵制，亦從此無形停止。稍具人心者，莫不疾首痛心，引爲悲觀，據團體代表張君云，此次抵制運動，本來是因愛國熱忱所激發，即日本方面，稍明達者，尚不加以吾國此次愛國事業以非語。故經楊以德處長聚集中日兩國商民耆宿，共同研究國民外交，從和平入手，各國人從各國自身內取消阻礙，以期眞正親善之實現。日商人方面業已口頭承讓，回國爲取消二十一條及歸還旅大之運動。可見兩國人民，皆不乏明理之人。」而對於 9 月 1 日召開的中日國民懇親會，「於我國無絲毫之利，而與日本有莫大之益，抵制緩和，此會之大功也。」9 月 16 日，《益世報》指出，天津團體會「勢將瓦解」：「自宣言親日後，多數代表均抱消極主義。其中堅份子，如宋則久等，因不贊成親日，已不出席矣。昨聞犧牲團領袖王斌卿，因鑒於一二人一意孤行，亦已致函該會，暫不出席云。」〔註 105〕

二、日本國內民衆與抵貨運動

　　1908 年 4 月，東京《日日新聞》指責中國抵制日貨是「排外主義」，「並謂適足以召亡取辱」〔註 106〕。1909 年抵貨運動爆發後，按照于右任的說法，清政府封禁報館而鉗制輿論，而日本報紙則「譏詆」和「笑罵」我國抵貨運動，「不留餘地」。〔註 107〕

〔註 103〕日方亦將假楊家花園召開中日聯歡會宴請中國代表，以資聯絡。天津地方志編修委員會辦公室、天津圖書館編：《〈益世報〉天津資料點校彙編》（1），天津社會科學院出版社，1999 年版，第 213 頁。

〔註 104〕中國增加 200 人，日本增加百餘人，《對中日代表會之非難》，《益世報》，1923 年 8 月 29 日。

〔註 105〕天津地方志編修委員會辦公室、天津圖書館編：《〈益世報〉天津資料點校彙編》（1），天津社會科學院出版社，1999 年版，第 212、213 頁。

〔註 106〕《日本對於抵制日貨之近狀》，《申報》，1908 年 4 月 17 日第 5 版。

〔註 107〕傅德華：《于右任辛亥文集》，復旦大學出版社，1986 年版，第 34～35 頁。

　　1915 年，日人勿堂行之全面評價了中國的抵制日貨運動。他認爲，中國抵貨運動「始則出於當局者之指使，次則由於外人之煽動，最後發而爲一般商民之雷同附和，其確實出於商人之自動者絕少」，因此，抵制外貨之「最大原因非他，即由於當局者之授意與民間，心心相印之現象也」。在將抵貨運動爆發原因歸咎爲中國官方指使和西方勢力煽動的同時，他又指出，日本駐華公使的畏懼心態，亦促使中國動輒進行抵貨，即所謂「日本公使領事館，遇中國人抵制日貨，動輒畏懼，以是中國人乃愈視爲上策。稍或失意，即便踉行。」他舉了兩個例子。一是將德國強佔膠州灣、俄國強租旅順大連、八國聯軍侵華與二辰丸案進行對比，前者「有猛烈果斷迅雷疾風之氣象，令中國人震驚畏怖，不及吐露抵制外貨之言論，且亦無此勇氣，敢唱道抵制外貨也」，而至二辰丸事件則不然，日本當局外交活動「優柔不斷，繁瑣局促，此中國人之所以萬口一聲，主張厲行抵制日貨」。再以二十一條爲例。中國抵貨運動發生於日本撤回第五條之後，因此在他看來，中國人之抵制日貨，並非因爲日本之最後通牒「傷害中國人之感情過深」，而是日本當局「不善辦理交涉，以致明明有可勝之道者，亦歸結於失敗」，1915 年抵貨運動乃是「失敗之外交當然之結果也，而與日本之要求及最後通牒無關者也」。總之，在勿堂行之眼中，中國之所以抵制日貨，原因在於日本之要求未曾「始終一貫」、「一再退讓」和「毫無定見」〔註108〕。

　　既然將抵貨運動歸結爲中國官方主使和日本當局的妥協，消弭抵貨之道無非就是要求日本當局採取強硬甚至武力措施。勿堂行之提出，「對付中國政府，如用寬和手段，必無濟於事。惟有用決斷之手段，爲最適宜，且不必枝枝節節。與其與地方官吏開談判，宜單刀直入，向北京中央政府交涉可也」，「對於中國當局，仍需警覺……若彼有一毫無禮不法之舉動，則當嚴斥苛責……如是而仍然不悟，則當加以武力。」他認爲，湘鄂等省抵貨甚烈，既與「楚人剽悍輕浮之古代遺風」相聯，又與當地民眾輕視日人實力和對外驕慢有關，因此「時或加以懲戒，亦爲應有之舉」。他自稱並不贊成以威力「恫嚇他人，壓倒他人」，但欲「割斷中國人冥頑不靈之癰疽，不得不用最苦痛最果斷之外殼療法耳。若但言中日親善，東洋平和，反足增長中國人無忌憚之根性，與保護癰疽之深毒，僅延目前暫時之苦痛無異。」在他看來，「中國人

〔註108〕〔日〕勿堂行之：《日人評論中國抵制外貨事》，許家慶譯，《東方雜誌》，1915
　　　　年第 12 卷第 9 號。

抵制日貨，決不足畏，一也；當用持久之策應之，二也；最後宜力行強硬手段，從根本上破壞抵制日貨之舉，三也」。〔註109〕

　　隨著五四抵貨運動的日益推進，從事對華貿易的資產階級對日本政府對華政策的不滿情緒日益膨脹。7 月 18 日，大阪的北支那輸出同業會、大阪輸出同盟會、大阪貿易同志會要求日本政府就抵貨引起的損害問題與中國政府舉行交涉。9 月 8 日，日本輸出棉織品同業行會聯合會也向內田外相要求採取有力對策。《日本人之支那問題》雖然表示：「中國人之不得貫徹其初衷而起悲觀者，誠不得謂爲非理」，但同時又指責：中國民眾因「不滿不平之故，遂爲排日的暴舉，起而運動排斥日貨」，此乃「不當而無條理也」〔註110〕。

　　1923 年抵貨運動時期，日本國內民眾的立場與在華日僑如出一轍。包括商人、大學教員等在內的日本各界代表，早在 3 月 28 日成立「日本國民同盟會」，宣稱「中國方面無論如何舉動，日本人民即處任何情形，斷不允取消二十一條」。抵貨運動導致日本神戶對中國南方之輸出跌落甚巨，神戶日商界頗爲恐慌，當地商會於 6 月 18 日召開特別大會，會議認爲中國商人團體因外交問題而排貨「乃不公舉動」，且此舉與中日商約精神不合，「又謂中國實需要大宗日貨，而華商因排日之壓迫，不敢輸入日貨。」因此，會議決定呈請日本當局向北京政府交涉，「禁止排貨運動，以免兩國同受其害」。閉會後，日商會會長於翌日到東京，與政界官吏商議此事，議決請日政府立即設法阻止華人之抵制運動。7 月 15 日，國民同盟會、日華實業協會、實業組合聯合會和各商業會議所聯合會共同組織的對華聯合大會在日本工業俱樂部召開，到會代表多達 3 千餘人，自長沙、漢口、上海回國的請願代表也加入大會。會議「決議」指責抵貨運動是對日本「國民之明白的敵意之表示」，「有悖於國交之通誼有害於東亞之和平」，並警告說：中國倘不迅速改善現狀，防遏局面惡化，「我國民爲自衛起見，不得已惟有出以適當之措置。不幸事以至此，其責任全在中國官民也。」針對日方的無理指責，上海市民對日外交大會曾義正詞嚴地指出，正是日本違背國際道義，強佔旅大而過期不還，並提出種種無理要求，「我國民迫不得已用消極之抵制，以期促醒強鄰」，而破壞東亞和

〔註109〕〔日〕勿堂行之：《日人評論中國抵制外貨事》（續），許家慶譯，《東方雜誌》，1915 年第 12 卷第 10 號。

〔註110〕日本實業之日本社：《日本人之支那問題》，中華書局編輯所譯，中華書局，1919 年版，甲 3。

平與中日國交的責任也全在日方，「長沙之慘殺學生，宜昌之蹂躪市民」即爲有力證據。日本「公正會」將中國爆發抵貨運動的原因歸結爲日本政府的「軟弱外交追隨外交」，建議政府改弦更張，強硬要求中方取締「排日運動」和賠償損失，並聲稱必要時應當動用在華義勇兵和警察、甚至出兵來華，以維護日本利益。日本神戶商會特別會議決定「請日政府立即設法阻止華人之抵制運動」，並呈請日當局與北京政府交涉，「禁止排貨運動，以免兩國同受其害」〔註111〕。日華實業協會則建議日本政府勿以中國中央政府爲對手，而直接向地方官員進行嚴厲抗議，要求地方政府賠償損失，並將損失總額報告日本駐北京公使館，作爲「交涉之基礎」。同時提出：立即向中國收取到期未還之借款、不出席特別關稅會議和不加入司法制度調查委員會、終止一切對華文化事業，以及果斷實行「經濟絕交」，以期「根本解決排日問題」。後來又向日外務省提出禁止排貨運動、處罰責任者、要求賠償和保障善後4項要求。

　　濟案抵貨期間，日本實業界仍然「執迷不悟」。1928年5月，日華實業協會議決，「對於中國方面之殘虐行動，應出斷然態度，始終求其反省。同時爲此種事件之絕滅計，希望加以最善之努力。」〔註112〕11日，大阪商界表示，「倘如政府所陳出兵之計劃，確爲保護國民，及保護山東鐵路運輸之安全，此間各重要財政家及商人均完全後援該議，彼等切望一擴大之預防手段，故允派遣驅逐艦及巡洋艦到長江流域，然而彼等宣稱，必須和平的及以外交方法保障此種準備，不可僅恃武力。」〔註113〕1929年1月，東京日華實業協會曾經召開委員會商議對華方針，決定向政府陳情：「對華貿易本年呈激減形勢，其故即由於抵制日貨運動，政府每宣傳不受抵貨運動之影響，實爲失當。目下滬、津、漢三埠貨物堆積，上海航路方面貨物輸出量，較前減少三分之二，天津方面減少三分之一。政府應當融通資金，救濟受抵貨影響之商人，勿以外交問題作爲政爭工具，朝野應取一致態度。」〔註114〕濟案協定簽訂之後，日本商界的態度愈趨強硬。日華實業協會於1929年4月24日召開臨時

〔註111〕天津地方志編修委員會辦公室、天津圖書館編：《〈益世報〉天津資料點校彙編》（1），天津社會科學院出版社，1999年版，第211頁。

〔註112〕藍士琳：《對日經濟絕交以後》，革命軍官團政治訓練部革命軍人日刊社：《革命軍人日刊存稿》，軍官團政治訓練部革命軍人日刊出版社，1928年版。

〔註113〕季嘯風、沈有益主編：《中華民國史料外編——前日本末次研究所情報資料》（中文部分，第29冊），廣西師範大學出版社，1997年版，第337頁。

〔註114〕《日商感受抵貨運動之影響》，《申報》，1929年1月9日第9版。

幹事會，商討「排斥日貨對策」，宣稱：「濟案解決，反日會應行解散，乃改稱國民救國會，威嚇一般商民，糾察日貨不止，而國民政府，並不示以何等取締之誠意，日本朝野，若不以毅然之決心，糾彈中國政府之責任，使反日終熄，則在華商民團，惟有共同自衛手段之一途也」，同時決定立即向政府陳情，以期「貫徹其目的」。日華經濟協會、大阪商工會議所等關西實業團體，「向對於中國之反日行動，雖深為不滿，惟考慮國家的立腳點，而依賴政府之交涉。然目為難關之濟案既解決，商約改訂問題，大致亦在圓滿進行中，而排日暴行依然繼續，中日貿易，仍蒙受莫大之損失，呈交易杜絕之狀……無理由之排斥日貨，致外國品盛行侵略市場，而使日商權瀕於危殆。形勢如此，難以再事觀望，因此決定承日華實業協會決議之後，徹底謀求對策，擁護日本之對華商權。」〔註115〕

　　九一八事變之後，日本長崎貿易商同業組合水產部和東京、大阪等地對華貿易團體，深受中國經濟絕交運動之「刺激」，於 9 月 27 日召開「對支貿易業者排貨對策協議會」，各方態度頗為強硬，要求日本政府保護對華貿易，絕對不能讓步，否則日後中國排貨運動必定再起，並且表示，為了「根本解決」中國抵貨運動，「甘受最大犧牲，以謀徹底解決」。長崎貿易商同業組合水產部認為，中國排日排貨日益惡化，官民對日感情激化，實行總動員，不僅在華日僑生命財產受到威脅，而且也是日本對華貿易之一大難關，故而呼籲大阪對華貿易界以及東京對華有關各經濟團體「一齊奮起，東西呼應」，徹底解決滿蒙問題和中日之間一切懸案，並根絕中國之排斥日貨運動。28日，大阪商工會議所委員會會議認為，中國排斥日貨違反中日商約，顯係敵對行為。同日，日本實業團體召開對華問題大會，有大阪商工會議所、大日本紡織聯合會、在華紡織聯合會、大阪工業會、大阪經濟會、日滿經濟協會、日華經濟協會、大阪貿易同盟會、自由通商協會、輸出棉紗布同業會、日本棉花同業會、大阪實業組合聯合會、大阪工業懇談會、商工中心會 14 個工商團體參加，並且成立「大阪對支經濟聯盟」。大會決議案指責中國排日排貨運動違背日華條約，蹂躪國際公法，無視國際信義，損害正當通商貿易，排日運動私設團體，採用暴力強制手段，而中國政府不予取締，陽奉陰違，而國民黨則予以大力指導。決議案認為，如果取消日本在華治外法權，則在

〔註115〕季嘯風、沈有益主編：《中華民國史料外編——前日本末次研究所情報資料》（中文部分，第 54 冊），廣西師範大學出版社，1997 年版，第 538 頁。

華日人生命財產安全難以得到保障，因此強硬宣稱，如果中國排日運動不根絕，學校教科書排日章句不刪除，日本政府斷不可同意治外法權之廢除。與會代表表示，斷不能容忍中國的敵對行為，要求中國政府即日禁止排日運動，並保障將來不再發生。大阪對支經濟聯盟自成立之日起，即堅持詳細調查中國抵貨運動的具體狀況，並不斷呼籲日本政府強硬解決中國抵貨問題。10 月 5 日，神戶商工會議所召開全體會員大會，竟然無一缺席。會議譴責中國經濟絕交違反國際信義，要求日本政府在國際聯盟予以嚴正批判，在其給外務大臣幣原喜重郎的陳情書中，該組織宣稱：「滿洲事變之後，中國不賣不買、不運、不雇、不用，懲罰違禁者，根據國聯條約，係不用武力的戰爭行為，中國官方不僅不予取締，反而煽動，我國民不能容忍，要求政府對南京政府採取斷然態度，注意喚起國聯嚴正批判，以期消除禍因，根除排貨運動。」〔註 116〕

第三節　日本朝野一致與官民互動

前文對日本朝野各自應對中國抵貨運動之具體方式的梳理，實已足夠揭示兩者之間基本相似的立場。不過，日本民眾的訴求如何轉換為日本政府的強硬立場，則尚不十分清晰。此節首先簡單梳理中國抵貨運動區分日本民眾與政府的「兩分」策略，然後細緻地闡明日本朝野諸種應對方式之間的互動關係，最後則試圖從近代日本的「中國觀」這一視角，對日方強硬的反抵制進行解釋。

一、中國抵貨運動之「兩分」策略

國人清楚地認識到，對日經濟絕交勢必會影響到中日兩國人民之間的關係，因而希望得到日本人民的同情和支持。將日本政府和民眾截然兩分，乃是抵貨運動的常用模式或基本策略之一。

1919 年，中國人民試圖通過抵貨鬥爭以推動日本國內民眾來督促其政府改弦易轍〔註 117〕。對於此點，全國學聯在致日本黎明會書中強調，中國抵貨運動之目的有二，一是表現「人民之心理，鳴歷來秘密外交之不當，以促敵

〔註 116〕《滿洲事變／排日、排貨關係》(1)，亞洲歷史資料中心檔案 B02030454000。
〔註 117〕周青山：《五四「抵貨」運動初探》，《湖北師範學院學報》(哲社版)，1993年第 2 期。

國政府之反省」，一是「表示國民之能力，借經濟上之打擊，以促貴國人士對於貴國政府之決心」，呼籲黎明會督促日本人民「當機立斷，根本剷除此二十世紀不祥產物之武斷主義、軍閥主義……以共謀人類之眞正幸福，而保東亞之平和。」「北京學生告日本國民書」指出，中日兩國國民地位相同，利害一致，「欲謀東亞眞正之和平，中日兩國間眞正之親交」，首要任務是促使日本國民覺醒，「起而反抗侵略主義」，而抵制日貨即爲促使日本民眾覺醒的「最簡單有效」之利器。北京學生提醒日本國民：「假令貴國以爭一青島及山東之一二鐵路，竟大傷吾全國國民之感情，則何異自絕其顧客，自閉其商場。恐貴國之大會社、大工廠，或不免因是而倒閉；而貴國國民之失業者，亦且遍佈於國內」，最後呼籲日本國民維護自身之名譽、利害和道德，督促其政府放棄中國山東，從而與中國人民「攜手共進，以剷除此人道蟊賊平和障害之侵略派，而建設一和平樂利之東亞新天地。」〔註118〕孫中山於 1919 年 10 月 5 日覆信宮崎寅藏，亦「深望日本民間同志，有以糾正軍閥之方針，不爲同洲侵略之舉，而爲同舟共濟之謀，則東亞實蒙其福，而日本亦終享其利，東亞經綸，百年大計，無愈於此者矣。」〔註119〕

　　1923 年 3 月 19 日，國民對日外交大會在《第一次宣言》中表示，其目的在於抵抗日本拒絕中方接收旅大，抵貨運動具有警示日本軍閥與促進中日兩國國民「眞正親善」的雙重用意。4 月 5 日，又發表《對日本國民宣言》，強調對日經濟絕交係「自衛」性質，希望日本民眾切勿將中方此舉視爲「仇日」行爲，聲稱兩國民眾同種同文，當抱「互助同存之善意」，而對日本政府的侵略政策則抱「絕對的抵抗主義」。同時呼籲日本民眾順應世界潮流趨向，認明眞正利害所在，起而反對日本政府，聲明「廢止二十一條」。上海對日外交市民大會則致電日本國民，表示「貴國人民高瞻遠矚，必有同情，睦鄰敦交，幸善圖之」。天津各團體代表會在《致日本國民書》中強調，「民四條約」的簽訂並非日本國民全體之公意，而係日本軍閥政策的產物，因而希望日本國民糾正日本政府之「謬誤」，「從此將兩國間不良之印象，根本剷除，以謀眞實親善」。爲聲討日本侵略行徑，商會還直接致函日本商業會議所，「轉請」

〔註118〕中國社會科學院近代史研究所近代史資料編輯組：《五四愛國運動》（下），中國社會科學出版社，1979 年版，第 339 頁，第 411～412，414～420 頁。

〔註119〕王芸生：《六十年來中國與日本》（8），生活・讀書・新知三聯書店，2005 年版，第 19 頁。

其政府「依約交還旅順大連，同時應將二十一條宣告無效，以維公約而保和平」。而日本商業會議所卻斷然拒絕，聲稱「此事係我國國策，業已確定，非商業團體所能置喙，不能轉請政府，深爲遺憾。」〔註120〕

濟南慘案發生之後，將日本人民、在野黨與軍閥政府截然分立，並且希望日本人民和在野黨反對田中內閣，一度成爲中國朝野的基本共識。「五三慘案」次日，國民黨上海市黨部宴請中外記者，上海市委宣傳部長陳德徵致詞聲稱，中日邦交如日趨險惡，「當歸咎於田中」，希望日本人民「努力促醒田中之謬舉，以維中日間之友善」〔註121〕，並要求中外媒體以此爲基調進行宣傳。國民黨中常會議決的《對日經濟絕交辦法大綱》規定，必須「喚醒日本民眾的覺悟，起而抵抗軍閥政治」，《「五三」慘案宣傳大綱》也強調「田中是我們的敵人，至於覺悟的日本民眾，我們必須聯合以努力去打倒這個共同的敵人」〔註122〕。因此，上述認識成爲1928至1929年抵貨運動宣傳動員的基本策略之一，大量文章將侵略罪責歸諸日本首相田中義一之本性兇殘，稱之爲「滅絕人理之田中」、「萬惡的軍閥」〔註123〕、「日本在世界反動政潮中應景而生的一個獨裁的怪物」、「操縱中國政局的魔鬼」〔註124〕，而對日本民眾則寄予厚望，甚至將日本民眾視爲「一體親愛如至親」〔註125〕。

1931年9月26日，《大公報》發表長篇社評，仍然呼籲「日本國民反省」：

中國因此次日軍行動所受財產生命之損失，其重大直不可以數計；而名譽之踩躪，主權之被侵，其損失尤不可以量衡。雖然，日本獨無所損，無所失乎？夫國際之間，與其辯理論，不如講利益。吾人今願日本國民清夜一思！如此行動，果爲日本之利？抑爲日本之損？吾人敢言：即此數日之長驅佔地，炮火揚威，日本所損，恐已不貲。倘不速悔過，仍得意洋洋，以爲此番要根本解決滿蒙，要長期保障佔領，冥意孤行，一錯到底，吾恐將來日本之損失，將大

〔註120〕《津商會請協力要求歸還旅大取消二十一條致日本商業會議所函及日方拒絕函》（1923年4月4日），天津市檔案館：《天津商會檔案彙編》（1912～1928）》（4），天津人民出版社，1992年版，第4879頁。

〔註121〕《市黨部招宴中外記者》，《民國日報》，1928年5月4日。

〔註122〕中國第二歷史檔案館：《中華民國史檔案資料彙編第5輯第1編：外交》（1），江蘇古籍出版社，1994年版，第261、266頁。

〔註123〕朱家讓：《爲日兵暴行敬告愛國同胞》，《民國日報》，1928年5月20日。

〔註124〕葆明：《田中義一是什麼東西》，《民國日報》，1928年5月24日。

〔註125〕《反日會招待外僑》，《民國日報》，1928年5月22日。

於中國幾倍，非一二十年不能恢復，甚至永久不能恢復。抑吾人非
危詞聳聽以爲快也，事實如此……再訴諸日本國民之常識，而迅速
有以完全結束此慘劇焉，此本文之用意也。」〔註126〕

9月23日，上海抗日救國會明確宣稱，其任務在於積極宣傳徹底抵制日
貨，「以促彼邦民眾之自覺」〔註127〕。10月3，北平抗日會發佈「告日本民眾
書」，譴責日本軍人「乘我災禍，侵襲東省，橫行無忌，演世人未有之暴行」，
認爲濟南慘案爆發之後，日本民眾「不加制裁，任其出兵」，從而引發中國抵
制日貨，「至今使貴國留大不景氣」，呼籲日本民眾「及早覺悟」，「挽狂瀾於
既倒」，毅然制裁其軍人的侵略行爲。〔註128〕

二、日本官民一致與朝野互動

1、官民一致

誠然，日本內部不乏同情中國抵貨運動的言論，對其政府對華政策不滿
的聲音亦偶有出現，但這只不過是日本朝野對華一致的支流，亦不可能改變
日本侵華的既定國策。1915 年抵制日貨運動不僅嚴重地打擊了日本對華經濟
侵略，並且由於中國人民的反抗侵略和進行抵制日貨，引起日本資產階級中
人數相當多的一些階層對於當時日本執政者的政策表示不滿〔註129〕。並且，
反對派在議會會議上就中國問題對大隈內閣提出了不信任案，甚至「二十一
條」起草人外務大臣加藤，在這事件發生以後，不得不很快宣告辭職，但是
當時的不信任案被否決〔註130〕，即便是堪稱「中國民族主義者之友」的吉野
作造，在 1915 年對「二十一條」的立場亦與日本政府完全一致〔註131〕。

〔註126〕季嘯風、沈有益主編：《中華民國史料外編——前日本末次研究所情報資料》
（中文部分，第 50 冊），廣西師範大學出版社，1997 年版，第 103～106 頁。

〔註127〕上海社會科學院歷史研究所編：《「九·一八」——「一·二八」上海軍民抗
日運動史料》，上海社會科學出版社，1986 年版，第 22～23 頁。

〔註128〕中共北京市委黨史研究室：《北京地區抗日運動史料彙編》（1），中國文史出
版社，1990 年版，第 146 頁。

〔註129〕〔蘇〕愛依杜斯：《日本近代現代簡明史》，謝家譯，生活·讀書·新知三聯
書店，1958 年版，第 108～109 頁。

〔註130〕趙親：《1915 年抵制日貨運動》，《復旦》，1959 年第 8 期。

〔註131〕對於此種矛盾性立場，狹間直樹認爲，吉野的確曾經認同二十一條，但又認
爲這並非出於「日本的本意」，而是在「列強競爭」時代中的「不得已」之舉，
並表明了應以「同情和敬意」之心對待「未來中國」的堅定立場，這無疑與
其對中國民族主義者的一貫支持密不可分。吉野在討袁護國運動爆發之後才

　　馮天瑜曾就「日本人的五四觀」這一問題，與京都大學狹間直樹和京都
產業大學江田憲治兩位學者進行座談。狹間談到，陸軍中將佐藤鋼次郎曾在
1919 年 5 月 13 日的《大阪朝日新聞》發表文章，認爲與其批評「支那人的不
理解」，不如日本人首先進行自我反省，以確立「發自眞心的日支相互理解」，
並認爲此種觀點「無疑堪稱卓見」。另一位必須提及的人物是吉野作造。在北
京爆發學生愛國運動後的 5 月 7 日，中國留日學生在東京也進行反日運動，
吉野選擇支持和保護中國留學生的立場。狹間認爲，「民族振興的希望在身處
『敵國』的留學生和華僑的身上得以充分體現，儘管人數不多，但像吉野那
樣的知識分子卻清醒地認識到這一動向的歷史意義，並予以積極的支持與援
助。」但是，「像吉野作造那樣談論五四運動的在日本言論中實屬少數」，像
吉野那樣全力支持中國學生者亦另無他例〔註132〕。在 1923 年的抵制日貨運動
時期，亦有部分日本學者支持中國正當要求，或倡言「拋棄旅順、大連」，或
批判「租借地即領土論」，希冀日方「斟酌中國方面意志」〔註133〕，以調整和
改善日中關係，但此類正確主張既沒有亦不可能佔據輿論界主導地位，相反，
日本報界多持「反對廢止之說」。

　　日本國內政治力量並非一致贊成出兵中國山東，對其製造濟南慘案、屠
殺中國官民的暴行亦不乏異議。1927 年 5 月 27 日，日本田中內閣悍然通過出
兵山東決議，企圖確保在華北之特殊勢力與權益，利用張作霖等軍閥阻止南
京軍隊北上，「日本統治階級上層之侵略分子認爲時機有利，躍躍欲動」，而
社會民眾黨代表宮崎龍介發表演說，聲稱該黨「爲日本被壓迫人民之革命團
體，擬聯合中國國民黨，共同致力於國民革命。」〔註134〕對於其後兩次出兵

　　　眞正開始研究中國，從當時中國政壇共和制如風中殘燭般的混亂與無序中，
　　他敏銳捕捉到一股堪當建設近代民主國家重任的新鮮力量，即切身感受到一
　　種「充滿活力的精神」正在茁壯成長。因此，吉野確信，最終取代軟弱的中
　　國中央政府，在混亂無序的軍閥政治中堅持與維護共和制的新力量正在學生
　　和工人中產生。吉野反對那種日本歐化成功而中國歐化失敗、因此中國應由
　　日本按需處理的歧視性、侵略性的「脫亞論」觀點，而是尋求在對等的立場
　　上兩國進行合作的道路。參見《日本人的五四觀》，日本愛知大學現代中國學
　　會編：《中國 21》（第 3 號），中國社會科學出版社，2005 年版，第 5～6 頁。
〔註132〕《日本人的五四觀》，日本愛知大學現代中國學會編：《中國 21》（第 3 號），
　　　　中國社會科學出版社，2005 年版，第 2～7 頁。
〔註133〕〔日〕葛生能久：《東亞先覺志士記傳》，東京大空社，1997 年版，第 189 頁。
〔註134〕王芸生：《六十年來中國與日本》（8），生活・讀書・新知三聯書店，2005 年
　　　　版，第 128 頁。

山東，日本國內重要報紙，如《報知新聞》、《朝日新聞》、《時事新報》、《大阪每日新聞》以及在華《盛京時報》等，一度「一齊揭示反對與愼重的論調」。立憲民政黨、勞動農民黨和社會民眾黨等日本在野政黨，對田中內閣都採取「嚴重監視與反對的態度」。社民黨曾發表聲明書，預言日本政府出兵山東必定「要買到中國民眾的憤怒，致有排日運動，必使我國勞動階級的生活上，非受惡影響不止。」〔註135〕社民黨爲此召開臨時大會，議決反對對華出兵，理由是日本三次出兵中國山東耗費高達 1500 萬日元，「此項鉅款，即足以使一般僑民暫住安全地帶，避免戰禍。而政府不採取此項手段，爲擁護少數資產階級之利益起見，固執現地保護主義，對山東出兵，驅一般山東僑民爲其政策之犧牲。此種政策之進展，恐不免危及東亞全局之和平。」勞農黨則認爲，田中內閣以保護在華僑民之名義，繼續向山東派遣軍隊，其實質「不過擁護少數財閥之利益及持續內閣殘命之一種手段」，「此次濟南案與尼港虐殺案無異，同爲軍閥外交所產生之結果」。各無產階級政黨發表共同宣言，極力反對出兵山東，理由有三：「一、日本對華出兵，由歷史觀之，必至擁護北方軍閥，妨礙國民革命運動之進展，產生干涉中國內政之重大結果；二、現地保護主義，足以使一般中國民眾抱領土權被侵害之反感，邦人之被害因之而更大，如從眞正之民眾利益著想，決不可對華出兵；三、所謂既得權維護，即爲山東方面日本所投資之擁護，日本民眾不可爲此種政策所迷惑，從事擁護資本階級之利益及扶助北方軍閥，壓迫中國民眾運動。」〔註136〕1928 年 12月，日本新黨俱樂部總裁床次竹二郎一行攜議員、軍事和外交家 10 餘人赴華，床次表示「此行絕未受有任何政府使命，特以私人資格前來觀光」，並聲稱將赴濟南弔祭蔡公時墓及濟南被難民眾。床次在招待日本記者時表示，歸國後當以在華見聞爲基礎，確立對華新政策，同時勸告濟南日僑，不可專恃軍隊保護以求發展，「須自動提議撤兵，與中國謀融洽」〔註137〕。

　　對於日本發動九一八事變和一二八事變，日本民眾亦有反對聲音。1931年 10 月，東京帝國大學教授橫田喜三郎發表演說，主張日本應即撤兵，服從國際調查。而當年 12 月，有一自稱是「能自己思想之日本人」投函神戶的英

〔註135〕張梓生：《日本出兵山東》，《東方雜誌》，1927 年第 24 卷第 20 號。
〔註136〕羅家倫：《革命文獻》（22），中央文物供應社，1960 年版，第 461～463 頁。
〔註137〕王芸生：《六十年來中國與日本》（8），生活・讀書・新知三聯書店，2005 年版，第 176～177 頁。

文報紙，表示反對日本在東省之侵略行為，「足見日本國民中，亦不乏明達之士。」日本橫濱部分學生反對侵略上海，並提出「不打兄弟國」之口號，而大阪海員曾經全體罷工，反對日本出兵來華。1932 年 3 月，日文《東方經濟報》刊載一文，題為「滿洲之價值」，對於日本侵略政策持批評態度，並斷言無論如何，滿洲將終為中國所有，「其辭頗有可取」〔註 138〕。

但是，如果就此斷定日本朝野因中國經濟絕交而根本改變立場，轉而反對日本政府和同情中國，則未免失之簡單。一是對田中內閣侵華政策持異議者究屬少數，《東方雜誌》曾刊文指出，「日本此次出兵山東，完全由於其軍閥內閣田中之主動，而在一般人民與各新政黨亦有極端反對者，惟為數究不甚多。」〔註 139〕二是此類與日本政府政策相左的聲音微弱，力量有限。從日本國內政治狀況來看，「由於傳統的關係，日本之政治多由軍閥把持。雖然有議會和憲法，但政權之重心依然在軍事機關，操持政權之主要人物，多為迷信武士道的武人。而議會在民眾勢力與軍事勢力之間只能供作補缺拾遺之用，實際上武人仍然獨攬大權，支配一切。」因此，田中內閣主張出兵山東，雖有民政黨與其他政黨表示反對，「不信任案勢將通過，倒閣之呼聲高唱入雲」，但田中一意孤行，甚至恫嚇解散議會，威脅逮捕勞農黨議員，「結果一場天大風波居然平伏過去。」〔註 140〕因此，「在日本軍閥財閥掌握政權之下，彼等既已一致強硬對華，則此等言論亦殊不能產生實際上之效力，不過足令吾人知日本一般民眾尚非盡受豢養於軍閥財閥也。」〔註 141〕三是日本在野黨派和工商兩界人士的諸多論調，主要是出於其國內政治鬥爭的需要，與其說確實同情中國人民，毋寧說僅是一種虛偽姿態。民政黨與政友會因「政見不合，勢成水火，而一朝濟案發生，一致對外，反對出兵之聲，已形消滅。」〔註 142〕日本棉業界與中國時局關係密切，在憲政會內閣時代，該業中人攻擊幣原外交軟弱頗力，而濟案之後日本實業界主張對華采取強硬政策，其中亦以棉業界為中堅，日本民政黨曾相繼派議員中野政剛和永井柳太郎訪問該業要

〔註 138〕陳覺：《「九‧一八」後國難痛史》（下），遼寧教育出版社，1991 年版，第 1163
～1169 頁。
〔註 139〕《日本出兵山東事件與其本國輿論》，《東方雜誌》，1928 年第 25 卷第 10 號。
〔註 140〕樂炳南：《日本出兵山東與中國排日運動（1927～1929 年）》，臺北國史館，
1988 年版，第 260～261 頁。
〔註 141〕《日本出兵山東事件與其本國輿論》，《東方雜誌》，1928 年第 25 卷第 10 號。
〔註 142〕靄盧：《濟南慘案之教訓》，《銀行周報》，1928 年第 23 號。

人，該業表示，仍嫌幣原對華外交軟弱，但對於田中內閣之一味強硬亦覺不妥，故而希望後起內閣宜於幣原田中之間，取中庸之策〔註143〕。可見，日本工商界的對華態度，無疑是出於自身利益的考量。正如時人所指出的那樣，「我們為對付日本暴行起見，有許多人主張我們要博得日本人的同情，倒他們田中內閣。我們應當要明白，日本一般人民雖反對田中內閣，可是為顧全他們在我國的利益起見，斷不會自己來擾亂他們的陣線，所以要想求得日本人民的同情倒他們田中內閣，是辦不到的。」〔註144〕

　　九一八事變之後，有國人認為，「日本軍政兩方暗潮殊烈，故不一致，但是「此非足為中國之幸，蓋日本自立憲以來，號為代議政治，而軍權特重，駕於內閣之上，歷來如此，不自今日始也。故此次陸軍不受內閣之節制而進兵瀋陽，事後仍出於追認，或者為軍政兩方故弄狡獪，以避列強耳目，亦未可知。或者又謂日本商人與軍界態度亦不一致，不知此亦少數下級份子耳。至於商界上級之有資本者，平時豢養如許軍隊，原欲其為經濟侵略之先鋒，此時出兵之費，亦為資本家供給之，而何以願犧牲而不一言耶。則謂其商界與軍界不一致者，亦謬也。觀於彼國之上下提挈情狀，吾國人可以惕然矣。」〔註145〕據1931年9月24日《日本周報》報導，九一八事變發生後，日本資產階級兩大政黨與軍部之間意見一致，統治集團各個組成部分在侵略中國問題上之立場並無不同。」〔註146〕10月19日，政友會總裁犬養毅發表演講，呼籲日本「一致團結，盡力匡救時局……在東省權利與日僑之生命財產陷於極度危機之今日，日本今無朝野之別，惟有國民一致，斷然履行正道。」政友會會議決定，其對滿蒙之具體方策遵照東方會議方針，「日本之權利及日僑之生命財產，有受危險及侵害之虞時，採取斷然之處置」，對於中國抗日抵貨運動，呼籲日本政府進行「機宜之處置」〔註147〕。

　　即便是對於日本軍閥發動的全面侵華戰爭，日本國內亦不乏反對聲音〔註

〔註143〕季嘯風、沈有益：《中華民國史料外編——前日本末次研究所情報資料》（中文部分，第29冊），廣西師範大學出版社，1997年版，第437頁。

〔註144〕潘明三：《我們對於濟南慘案應有的準備》，《復旦旬刊》，1928年第6期。

〔註145〕雨：《日本軍政商界之不一致觀察》，《錢業月報》，1931年第11卷第10號。

〔註146〕王芸生：《六十年來中國與日本》（8），生活‧讀書‧新知三聯書店，2005年版，第246頁。

〔註147〕陳覺：《「九‧一八」後國難痛史》（下），遼寧教育出版社，1991年版，第1091～1091頁。

〔註148〕可參閱沈慶林：《中國抗戰時期的國際援助》，上海人民出版社，2000年版，

148〕。但在看到日本人民反戰思想的同時，對之也要有恰當的估計。日本統治階級向日本人民灌輸的軍國主義思想是根深蒂固的，對日本人民在政治、思想、組織上的控制是十分嚴密的。日本人民中雖有反戰的思想和情緒，但並不普遍。日本發動全面侵華戰爭之後，日本國民反而舉行獻金運動，一年時間裏，獻與陸軍省者達 36361057 元，獻給海軍省者為 19568332，合計 55929389 元，獻金之外，又有獻物，以件計，獻給陸軍省者達 1823900，獻給海軍省者為 4944000，合計 6767900 件〔註 149〕。另外，日本侵華軍隊的俘虜中投降的比例很小，據有關資料，1940 年自動投降的僅占全部俘虜的 7%。他們大多是被俘後經過教育才有所覺悟。這一點，日共領袖岡野進在接受《聯合勞工新聞》駐中國記者愛潑斯坦採訪時表示了這樣的意見。愛潑斯坦曾經將他在《聯合勞工新聞》上發表的有關日本的報導文章集成一本小冊子，名為《法西斯日本內幕》，其中不少材料來自日軍的俘虜，反映了他們在經過教育後對戰爭的不滿情緒和思想。1944 年 6 月，愛潑斯坦作為中外記者西北參觀團的成員在延安採訪了岡野進，岡野進認為愛潑斯坦這本小冊子對日本人民的左傾趨向作了過高的估計。他說：「無可置疑的，日本人民之中頗有一部分人士存有反戰思想，可是這種反戰的情緒並不普遍，大多數人民仍在軍閥的欺瞞籠罩之下，如果不是這樣，日本今天的景象早就完全改觀了。」他指出「過分估計目前日本反戰運動，可能引起錯誤。當然，他也同時指出忽視這種反戰運動和民主的可能則是更大的錯誤。」〔註 150〕

2、朝野互動

日本政府採用外交和軍事手段應對中國抵貨運動，與日本民意之間存在複雜而細膩的互動關係。在中日雙方關於抵貨運動的外交交涉中，日本民眾不時尋釁滋事，故意惹起交涉，而日本當局亦以日本民意作為外交交涉的籌碼。五四抵貨運動時期，北京「日人之扶桑館，每日以汽車數輛遊街。及至北京大學、高等師範等校，車上鉗置紅旗，上書『扶桑館』三字，表示係日人汽車。車內日本婦女，故意發毀侮學生言語，意在挑動公憤，故作違法舉動，致起交涉。」〔註 151〕湖南省教育會曾經致函各學校提醒說：「現在抵制某貨，風潮激烈，日

第 165～176 頁。
〔註 149〕《過去一年日本國民之獻金運動》，《銀行周報》，1938 年第 27 期。
〔註 150〕《新華日報》，1945 年 6 月 8 日。
〔註 151〕中國社會科學院近代史研究所近代史資料編輯組：《五四愛國運動》（上），中

甚一日，舉國若狂，幾難遏抑」，而長沙日人議決兩條抵製辦法，一是傚仿我國抵貨團體「十人團」，亦成立「十人團」，其成員「著中國之服，戴某某之冠，遍街遊行，中國學生遇見戴某帽者，必先抓毀，某人必以武力對待，衝突後逕向中央交涉」，二是凡日人店鋪帳簿，「均令先期收藏，如遇中國學生搗毀，某人均棄貨潛逃，即以帳簿向政府交涉賠償損失」，「凡此兩端，不啻設阱以誘虎，施餌以誘魚，處心積慮，至堪痛恨。」〔註152〕1931 年 10 月 28 日，山東日僑在青島舉行居留民大會，決定「努力造成重大事件」〔註153〕。

日方的部分外交抗議，乃係對日僑訴求的直接回應。1923 年 6 月 21 日，外交部收到日本使館照會，內稱「最近因居住鄭州之日人代表親訪漢口總領事，請求設法保護，曾由該領事以電報及公函照會河南督軍省長，及其餘各該地方官，要求取締排日運動，並保護日人。」〔註154〕同年 7 月 19 日，日人江口和野田 2 人在天津北馬路一帶向華人散發題為「排日之歸結愛國乎？害國乎？」之傳單，一旦拒收即遭其毆打，並欲與勸解之警察動手。這兩人在華界強迫路人收受傳單「已屬不合」，又任意毆打行人，並向其租界當局謊稱中國人「以石飛擊撕毀傳單」，從而導致日本官方向我國警察廳抗議〔註155〕。九一八事變之後，蕪湖日僑即「無事自擾」，1932 年 1 月 9 日，日人林某改穿中國服裝，攜帶大宗食品，雇船運送至泊蕪日艦本比良號。船戶孫有才等發現此事，向其質問，該日人竟用船槳向孫頭部痛毆。日艦一面報告艦長，請派武裝水兵護送登岸，一面轉報日本領事館，駐蕪日領柴崎白尾對於此事真相，亦未調查明白，即致函縣政府，要求嚴辦孫有才、取締抗日運動和保護沿江日僑。〔註156〕

1932 年下半年，針對中國血魂鋤奸團等秘密組織的抵貨活動，日僑不僅亦以武力相抗，且頻繁要求日本駐津領事向中國施加外交壓力。永昌煤

國社會科學出版社，1979 年版，第 307 頁。

〔註152〕湖南省哲學社會科學研究所現代史研究室：《五四時期湖南人民革命鬥爭史料選編》，湖南人民出版社，1979 年版，第 117 頁。

〔註153〕陳覺：《「九‧一八」後國難痛史》（上），遼寧教育出版社，1991 年版，第 349 頁。

〔註154〕李毓澍、林明德：《中日關係史料──排日問題（1919～1926）》，中央研究院近代史研究所 1993 年版，第 349 頁。

〔註155〕天津地方志編修委員會辦公室、天津圖書館編：《〈益世報〉天津資料點校彙編》（1），天津社會科學院出版社，1999 年版，第 767 頁。

〔註156〕陳覺：《「九‧一八」後國難痛史》（上），遼寧教育出版社，1991 年版，第 340 頁。

號爆炸案發生之後，日商棉紗業公會和各路商聯會兩團體於 7 月 30 日推派代表面見村井領事，要求向市政府提出嚴重交涉，切實禁止血魂鋤奸團的行動〔註157〕。1932 年 8 月，天津日總領事根據租界居留民團事務所排斥日貨對策實行委員會呈請，即向河北省政府抗議，「一味恫嚇」，竟謂爲「最後警告」，聲稱「排日行爲，愈趨愈烈，近日出於威脅，中國官廳迭次允准嚴予取締，而活躍如故，中國官府顯有袒護之嫌，茲特最後警告，請即嚴行禁止，否則日軍警將取斷然處置。」〔註158〕1933 年 3 月 18 日，福州「民眾識字運動講演團」上街講演，而日商美德洋行誤以爲是抗日宣傳，「除橫加干涉外，並自毀其店物，攝影捏詞報告日領事」，駐閩日領竟認爲應由福建省政府負責，遂向省政府提出交涉，並要求我方拘凶賠償〔註159〕。

日方以順應民意爲由進行外交交涉的例證亦屬不少。1920 年 1 月 19 日，日本駐華公使小幡會晤我外交次長，聲稱「日本政府及國民萬難更忍。」2 月 2 日，小幡會晤我外交次長時，認爲天津學生檢查日貨，「倘各處再不設法禁阻，任聽學生胡爲，則日本僑民不能更忍，亦將用他法以抵制之，如此則其結果俾又發生派兵等事，使天津等地方變爲第二之福州。」1923 年 5 月 17 日，北京政府外交部長會晤日本西田參贊，西田聲稱「排日風潮已日趨激烈，若不從速設法制止，恐將激出意外變故，屆時日商無法，只好採取自衛手段，實於兩國國交大有不利，殊非日本所願，尚望貴政府訓令各地方官加意禁止。」7 月 21 日，我外交部長會晤日本芳澤公使，芳澤亦稱「此種排日運動，日本輿論極爲憤激，務望採用有傚之方法，即行鎮壓，使其消滅」，並針對長沙六一慘案而聲稱，「日僑受此次痛苦，類多神經衰弱……長沙情形，可謂恐怖時代……日前日本各界團體，如貴族院、實業家及各方面志士，均對於此異常憤激，特集眾開國民大會，決議交給加藤總理，要求即行設法，使之消滅此項排日運動，若仍存在，必於兩國國交發生危險。」〔註160〕

日本官方採用武力威嚇手段來打壓中國抵貨運動，顯然與日本民眾強硬立場密切相關，而軍事力量往往成爲日僑直接破壞抵貨運動的重要支持。五

〔註157〕《日商重視血魂鋤奸團》，《申報》，1932 年 7 月 31 日。

〔註158〕天津地方志編修委員會辦公室、天津圖書館編：《〈益世報〉天津資料點校彙編》（2），天津社會科學院出版社，1999 年版，第 109 頁。

〔註159〕李嘯風、沈有益：《中華民國史料外編——前日本末次研究所情報資料》（中文部分，第 54 冊），廣西師範大學出版社，1997 年版，第 503 頁。

〔註160〕李毓澍、林明德：《中日關係史料——排日問題（1919～1926）》，中央研究院近代史研究所 1993 年版，第 197、219、349、363～365 頁。

四期間的福州事件本來是日本策劃的試圖打擊中國抵貨運動的重要舉措〔註161〕，但事件發生之後，日本不顧中國政府反對，仍然於 11 月 23 日派遣嵯峨號日艦入港，並以福建社會秩序未復爲由，聲稱「日本政府雖不願派艦並命水兵登岸，勢亦有所不能」，12 月 3 日，中國外交部次長陳籙會晤日本公使小幡，就福建事件進行交涉，小幡直言：「日領申請派艦，則因肇事日僑聯名呈請，無可如何。日政府爲保護僑民生命財產，不得已而許之。」〔註162〕1923年，蕪湖市民組織對日外交後援會，各地日貨輸入完全停止。該處日僑非常恐慌，聯名要日本政府自上海立即派遣軍艦前往保護。〔註163〕

在華僑民仰仗日本軍事力量的保護，不僅尋釁滋事，而且以此作爲破壞抵貨運動的重要憑藉〔註164〕。近人唐慶增認爲，抵貨運動困難重重，「日人往往依賴特種權利爲護身符（如用日兵護送貨物入口），吾人亦無辦法。」〔註165〕時人王振一於 1932 年撰文亦指出，「日人武裝保護運送日貨，或被檢查扣留之日貨，日人武裝搶回，此類新聞，去年 10 月間報紙上差不多每天都有記載。此外，通商口岸，特別是有日本租界或日本軍艦可到之處，差不多都有這種事實。」〔註166〕誠然，日方武力保護日中貿易現象頻頻見諸報端。譬如，

〔註161〕1919 年 11 月 16 日，由日方將並未有人訂購的日貨假冒訂購商品，徒步行走兩個多小時運到市內，俟檢查日貨的學生出現時候，由早已攜帶手槍等武器準備著的日本人、臺灣籍人和受其雇傭的中國流氓突施襲擊而引起，並演成有市民加入的衝突，雙方計有 10 餘人受傷。福州事件發生後，日本領事立刻要求其政府派遣軍艦，「就此一點亦可看出，該事件是領事館的人們有計劃地製造的挑釁和侵略行爲。儘管內田外相在派遣軍艦問題上曾經猶豫，但從海軍大臣和臺灣總督竭力主張派遣軍艦一案來看，不能不令人懷疑這是一個規模不小的陰謀計劃。總之，福州事件及此後日本對中國當局的強硬態度，不僅再次暴露了日本的侵略性，而且表明日本由於五四運動，尤其是作爲其主要運動形式的抵制日貨運動的沉重打擊，已致慌恐不安，氣急敗壞。」〔日〕味岡徹：《五四運動中的民眾鬥爭》，國際歷史學會議日本國內委員會編：《戰後日本的中國現代史研究綜述》附錄一，官長爲等譯，延邊大學出版社，1988 年版，第 108 頁。
〔註162〕中國社會科學院近代史研究所等編：《五四愛國運動檔案資料》，中國社會科學出版社，1980 年版，第 451 頁。
〔註163〕王芸生：《六十年來中國與日本》(8)，生活·讀書·新知三聯書店 2005 年版，第 68 頁。
〔註164〕譬如，1931 年 10 月，上海日僑於召集居留民大會後，即由陸戰隊保護下向我商民尋釁，北四川路商店所貼反日標語，爲日人撕毀，並有毆人毀物情事。參見王芸生：《六十年來中國與日本》(8)，生活·讀書·新知三聯書店 2005 年版，第 257 頁。
〔註165〕唐慶增：《唐慶增救國言論集》，上海社會科學書店，1933 年版，第 16 頁。
〔註166〕王振一：《最近抵制日貨運動的效果及日方的對策》，《東方雜誌》，1932 年第

1931 年 8 月 12 日，上海反日會閘北檢查處在蘇州河扣留日貨麻袋 7500 隻，當日中午被日兵 30 餘人武裝劫走，13 日又有類似事件發生，且毆打並擄走數名檢查員。為保護日貨輸送，日海軍竟然決定在吳淞口駐兵艦 1 艘，「專以保護日本來滬貨之在淞口過並駁卸者」，而在楊樹浦方面亦留駐一艦，「以備日商臨時之請兵護運出口貨也」。27 日，日艦陸戰隊 20 餘人全副武裝，強搶浦東抗日會檢查所扣留日貨，並刺傷小工多名〔註 167〕。不止上海，九一八事變之後，日艦紛紛駛入漢口，並且公然指示日商，如有反日會檢查或扣留日貨，即當電話通知領事或司令，派陸戰隊前往奪回〔註 168〕。

　　而自血魂鋤奸團組織出現以後，日本軍方更加積極地參與保護日貨運輸，武力護商幾成「定式」。1932 年 7 月 31 日，駐滬日軍官召開聯歡大會，決定「直接要求市政當局，切實制止抵貨，否則武力保護」。8 月 3 日，日陸戰隊司令杉阪發表「通告僑民書」，聲稱：「如我僑民中倘有發生被中國排日團體截留貨品及受血魂鋤奸團恐嚇者，即應報告陸戰隊本部，本司令必予以嚴密之保護，而加以取締之」。稍後不久，杉阪召集在滬日商重要成員，確定 3 條武裝保護運貨辦法：「一、從本月 4 日（即 8 月 4 日）起，由滬運往長江口岸一帶日貨，在貨輪尚未啟碇之前，先由第一外艦隊內，酌調軍艦四艘，開往蕪湖、九江、漢口、宜昌等日貨起卸之目的地，等候貨輪開到，實施武裝保護起卸；二、於上海開出之運貨郵輪上，由新從東京調來之軍官狄原、橫尾、青木一、稻村、覺松、尾強、木、大野、福本、岡島等，輪流隨輪武裝保護，並由陸戰隊本部，於每艘貨輪上，派駐武裝陸戰隊 20 名，隨同協助；三、貨物由國內裝運來滬者，在報關起卸之時，陸戰隊本部，得酌量情勢，以保護貨物之安全起卸。」此外，日駐滬陸戰隊還成立成員多達 250 名的特別警備隊，旨在「防遏一切抗日運動」〔註 169〕。

三、日本的中國觀與中國抵貨運動

　　日本朝野立場一致，強硬對付中國抵貨運動，其中原因無疑繁複多樣，但顯然與日本的「中國觀」、對抵貨運動的錯誤認知等因素密切相關。

　　　　2 號。
〔註 167〕《民國日報》，1931 年 8 月 14 日、15 日、10 月 29 日。
〔註 168〕陳覺：《「九・一八」後國難痛史》（上），遼寧教育出版社，1991 年版，第 337頁。
〔註 169〕《申報》，1932 年 8 月 1 日、4 日、7 日、26 日。

1、日本「中國觀」與抵貨運動

日本侵華思想的產生是多種社會歷史因素共同作用的結果，是西方殖民擴張理論在日本社會的張揚與落實，既與日本島國根性、文化傳統密不可分，更與日本「中國觀」之近代轉型密切相連。前近代的日本社會對中國和中國文化始終懷抱「敬畏」心態，而其「近代中國觀」之核心則是以「日本優越論」為基幹的「中國蔑視論」。

甲午戰爭無疑是日本中國觀轉型的重要契機。甲午戰爭徹底顛覆了中日兩國在亞洲舞臺上的角色。甲午戰後，中國不僅失去了東亞的「核心」地位，而且成為受到包括日本在內的列強瓜分對象。日本則逐步成為東亞「大國」，並積極充當遠東憲兵，朝野上下自以為可以與西方為伍，「脫亞論」甚囂塵上。與此同時，日本極端民族主義有所抬頭。日本人在戰爭中找到了自信，進而對日本文化、日本精神推崇備至，明治維新以降的歐化主義傾向則有所淡化，而國粹主義、日本主義則有一定的發展。甲午戰爭的勝利極大地型塑了日本國民精神與民族意識，「國體」、「國家」、「民族」等範疇已經不再抽象，而所謂「個人價值」、「自我尊嚴」等意識，都是與國家主義聯繫在一起的「國家價值」、「民族尊嚴」。因此，甲午戰後日本向蔑視中國的方向大幅度傾斜，並表現出毫無顧忌的侵略態度。甲午戰前，日本國內尚有小規模的反戰運動，而隨著戰爭的進展，特別是日本豐島海戰得勝的消息傳到日本後，國內一片沸騰，議會、政黨、各階層一致支持政府的戰爭政策，即使曾經追求自由和民權的政黨或人物，也轉向為戰爭製造輿論，鼓吹日本發動的戰爭是「義戰」，是為了警告中國並謀求之東亞改革與發展〔註170〕。尤可注意的是，甚至小學生亦高唱「支那佬，拖辮子，打敗仗，逃跑了，躲進山裏不敢出來」之類歌謠〔註171〕。

1915 年，日人勿堂行之指出，中國抵制日貨與在華日商的傲慢態度密切相關，「我國商人在中國者，不謹慎行動甚多，亦不可掩飾也。模仿效法白人的傲慢不遜態度，自命不凡，顯露其輕蔑中國人之態度。自經中日之役、俄日之戰，此風漸次增長。從人類平等之眼光觀之，固屬極不合於道理，即從個人眼光觀之，亦其非所宜。從而令中國人難堪」，「有可愧者，我國商人對

〔註170〕史桂芳：《近代日本人的中國觀與中日關係》，社會科學文獻出版社，2009 年版，第 108、111 頁。

〔註171〕〔日〕依田熹家：《日本帝國主義和中國（1868～1945）》，卞立強等譯，北京大學出版社，1989 年版，第 24 頁。

中國人雖非常傲慢，對於白人，又極卑屈，作無地自容之狀態……日本與中國直接接觸之近鄰，而亦學白人之習氣，貽羞祖國。」〔註172〕

　　濟南事件之後，國民黨改組派成員劉侃元將在華日人的「得意滿志」視爲支持日本政府強硬政策的民意基礎。他說僑支日人：

　　　　大部分是本國資產階級的代表、手足及豢養者，本國資產階級如何吠，他們自然也如何吠。況近來因他們在中國內地建築了日本的自主基礎，政府對他們的意見也不能不特別重視。故每遇一對支特別問題發生，政府必得傾聽他們的態度，他們也就常派代表團歸國作種種積極的「開陳」與「運動」。他們是企業家，企業家能充分發展，國內的投資家當然即得錦衣肉食之充分安全，反之則兩敗俱傷。故他們回去運動一次，常得社會上十分的援助，對支方針爲之強硬化。他們是沒有別的要求的，只有一個支那應是他們充量發展的天地，支那民族應受他們極量的剝削。這發展與剝削天天加大。他們又認爲就是日本在支的國威與勢力之等量加大。他們報國的方針天天在此，國家應該盡量保護他們的理由也在此。國家對支出兵開戰，他們是絕對滿意的。〔註173〕

　　從一定程度上說，不斷對中國這一「他者」進行妖魔化，乃是日本現代國家的建構途徑之一。矮化中國，自然離不開軍國主義教育和宣傳。時人在分析 1923 年日本關東地震後殺害中國人的「以怨報德」之舉時指出，「日本的精神教育，是以忠君爲中心，所謂愛國也成忠君的一個條件」，「一面極力宣傳本國如何孤立，如何危險，如何財源枯竭，一面極力宣傳中國如何富足，中國人如何卑鄙惡劣，如何要錢不要臉，如何糟糕。換言之，便是一面使他們國民發生一種本國空虛的感覺，使其發生對外發展的欲望，一面把中國的弱點盡情——不但盡情，而且有許多捏造——告訴他們國民，使其覺得這一種欲望，可以向中國人身上要求滿足的。……諸如此類的惡舌，盡力量地向日本國民宣傳，又加以中國國事的糾紛，國人的齷齪污穢，恰足以作此種宣傳的佐證。」此種軍國主義宣傳和教育導致日本民眾尤其是都市中下層民眾，視中國人「比禽獸還要低下」。囿於「賤視」中國人的社會心理，日人對抵貨

〔註172〕〔日〕勿堂行之：《日人評論中國抵制外貨事》（續），許家慶譯，《東方雜誌》，1915 年第 12 卷第 10 號。
〔註173〕劉侃元：《濟南事件後日本朝野的對支態度》，《革命評論》，1928 年第 8 期。

運動「不思悔過，且思所以抑制報復之道也」〔註174〕。因此，部分國人認識到日本必定不會輕易放棄在華權益。因「受了帝國主義的毒甚深」而主張寸步不退、拒絕中國要求，自在意料之中〔註175〕。

而侵華意識借助報界的輿論鼓動，甚至學界貌似價值中立的「中國學研究」，舉國一致「奔赴國難」不難內化為日本根深蒂固的社會意識。早在濟南慘案之後，時人便已深刻洞悉：日本民眾「對於中國的感情，常常是隨著一部分別抱目的的日本人而隨時變更的。……他們都受過很深的愛國教育，對於中國只是一味地蔑視，只是叫那些別抱目的的日本人對中國問題發些有損國權國威的論調，他們便會摩拳擦掌，勃然大怒。最近對濟南慘案，便是一個好例。明明是日本人屠殺中國人，但是日本報上發表了些顛倒是非的新聞，他們便隨著起鬨了。」別有用心者包括日本海陸軍、外交界官僚、政客、所謂的對華浪人、對華志士以及對華輸出入業的實業界、知識界的所謂識者。「日本對華輸出入業的資本家，平素滿口『中日親善』、『中日共榮』，現在也都露出本相，說出比較真心的話了。日華實業協會、對支商業會議、關西實業團、三井支配人、日華經濟協會（以紡織棉布業為主）都大發其決議，大談其對華強硬說了，他們以為日華間經濟問題懸而未決者甚多，應該趁此時機奮鬥，以作一徹底的解決，才是一勞永逸之計，決不可更加遷延隱忍，致貽後患。他們又說排斥日貨是他們所不怕的，因為據歷史經驗，每一次排斥日貨的前後，日貨的輸出必定特別增加，足以償排貨期間中的損失而有餘。這本來不足怪，因為對華積極政策上最受利益的就是他們，而此次濟南事件卻是積極政策的結果，並且他們看來也是積極政策的發展，所以他們不能不主張對華強硬說。」因此，「一個中日兩軍誤會衝突的小小問題，在一般日本人眼中，居然變成日本國權日本國威的問題……於是一般日本人奮興起來了，於是名古屋第三師居然用戰時的編製召集預備及後備兵，而在日本人歡呼聲中出動到山東了。……在日本蒙蔽輿論的局面下，一般日本人已經忘記濟南事件發生的真實原因，只覺得這是一個國權問題國威問題和人道問題了。因此對外戰爭的空氣在一般日本人中頗為濃厚，歡送第三師預備兵出發呼聲時時高漲於東京驛及新橋驛前，一般日本人對在日華人的敵愾心，似乎是繼漲增高。」〔註176〕

〔註174〕公敢：《為東京被殺之中國人一哭》，《孤軍》，1923年第12期。
〔註175〕壽康：《日本人士對於最近中日問題的論調》，《孤軍》，1923年第8～9期合刊。
〔註176〕李宗武編：《濟南慘案史》，開明書店，1928年版，第23頁。

「日人慣用宣傳政策，以冀達其侵略目的，其宣傳之巧妙，爲世界任何國家所不及。其實世界各國，固皆知宣傳政策之重要，然其利用宣傳政策時，概皆在國際道德範圍之內。獨日人則挑撥是非，顛倒黑白，無中生有，肆意造謠。」九一八事變爆發後，日本輿論大肆歪曲事實，極力煽動國民的排外情緒。1931 年 11 月 3 日，日本首相若槻向合眾社發表謬論，聲稱：

> 中國國內有一種意見，傾向於不滿國際法之約束，並因日本國際權利之存在而表憤怒。結果使中日兩國生出不良邦交，以至於最緊張之時，經濟宣戰，在中國已極有基礎，且爲南京國府所同情之後，中國民眾因極兇惡之規定，而實行排貨，反對一切對日貿易。一黨專政之政府，採取此項方策，以促進所擬中日政策之目的，且迄今政府本身毫未禁止，及日本作正當之不平鳴，乃以排斥日貨日行嚴重以答覆日本之抗議。際此中國方面繼續維持此項不良感覺時，惟有希望對東北問題得有以眞正之解決。

1932 年 1 月 21 日，芳澤發表外交演說，認爲中國本部排日運動，「既往多年繼續不息，縱或一時稍見緩和，忽再猛烈深酷，是不單止於排斥日貨之所謂經濟絕交運動；而小學校之教科書中，亦採取種種排日教材，是具有精神的背景者也。且此種運動，實於中國官憲直接間接指導獎勵之下，由反日會等私的團體之壓迫強制，違反一般商民之自由意識而行之，其證據頗有確實可憑者。甚且有以排日爲營利的職業者，爲數亦復不少。去秋滿洲事變以來，此種運動復呈非常險惡之情勢，而發生許多暴戾之舉動，此誠不得不引爲遺憾者也……滿洲事變基於日本之正當防衛而起，排日運動由於中國謬誤見解而然。總之，是二者在中國均有反省而徹底改變態度之必要。」

3 月 22 日，芳澤在日本眾議院發表演說，宣稱「中國本部之排日運動，其後每遇機會，輒向華方要求徹底停止，顧華方毫不見反省，而該運動卻益加深刻執拗，尤以上海地方形勢爲最甚。及見 1 月 9 日上海民國日報對我皇室不敬事件，並同月 18 日中國暴民殺傷我日蓮宗僧侶事件之相繼發生也。既往長歲月，苦於排日運動，殊對於最近惡辣形勢，隱忍而復隱忍之我僑民，其憤慨逐達極點，而事態亦極重大化。」〔註 177〕

〔註 177〕陳覺：《「九‧一八」後國難痛史》（上），遼寧教育出版社，1991 年版，第 1194、

在軍國主義宣傳和教育的薰陶下，日本國內出現了瘋狂的軍國主義排外狂潮，日本國民到神社、寺院參拜和祈禱，祝願日軍在華取得勝利，召集集會、演講會、報告會、電影會，支持政府在東北的侵略行動，以捐款、慰問金、慰問袋、歡送部隊出征等形式，從精神上和物質上對出征士兵給予慰問，軍國主義侵略被作爲美談在日本國內廣爲傳頌。不諳世事的小學生將自己零花錢捐出來，更多的小學生則給出征將士寫慰問信，表示對遠在東北的士兵的敬意。青年爭先恐後地要求到軍中服務，出征中國東北，在要求得不到滿足時甚至選擇自殺。日本婦女也走出家門參與各種社會活動，支持戰爭〔註178〕。日本民衆不可能屈服於中國的抵貨運動，九一八事變之後，甚至許多青年狂呼「以殺中國人爲妙事」〔註179〕。而遭受抵貨運動直接打擊的工商界，亦必定主張對華強硬，正如日本經濟學家高橋龜吉之分析：「過去好幾次的對華『武斷政策』的結果除了『排斥日貨』之外，什麼收穫也沒有。這事情我們資本家階級是比誰都知道得清楚些。有一個一見好像是不可思議的現象，便是那爲了排斥日貨運動直接受了最大打擊的資本家階級，一般據說多是強硬論者。」他認爲，日、英、美三國輸華商品的差異，是日本實業界秉持對華強硬論的經濟原因，也就是說，英、美對華輸出的高級消費品和機械等生產工具，而日本則主要對華輸出簡單消費品，只要中國關稅自主，即可與日本展開競爭，只要中國產業發展「稍微有成績，那些日本貨就有立刻從中國內地被驅逐出來的命運」，因此，日本對華輸出業者儘管擔心中國排斥日貨，「但爲維持已得的特權起見，仍不得不竭力支持武斷政策的根本理由。」〔註180〕

軍國主義虛假宣傳也是日本民衆支持侵華戰爭的重要手段。1937年10月21日上海《大美晚報》發表評論，敏銳地覺察：「日本的作戰，是不能說出於不得已的。在過去的許多時期中，馴良的日本民衆對於他們的祖國已盡了相當的責任了，像這次不必要的戰事，很顯然地，日本民衆的從事參加是逼於當局的命令，是逼於他們所厭惡的命令，在戰局開始的時候，當局是用著種

1098～1099、1123～1124、1133～1134 頁。

〔註178〕史桂芳：《近代日本人的中國觀與中日關係》，社會科學文獻出版社，2009 年版，第 184～187 頁。

〔註179〕陳覺：《「九‧一八」後國難痛史》（上），遼寧教育出版社，1991 年版，第 1162 頁。

〔註180〕〔日〕高橋龜吉：《由一個日本的經濟學者眼中所見到的中日經濟關係和日本的武斷政策》，劉叔琴譯，《一般》，1929 年第 1～4 期合刊。

種的方法來鼓動民眾侵華的意志的。什麼中國是狡猾的，過激的，不公正的，說得天花亂墜，接著便是對華作戰成功以後，日本民眾便可得到許多利益來堅強他們的信仰；其實呢，真正瞭解中國的，只有他們的軍部罷了。然而作戰未久，當局又覺得非設法鼓勵民眾相信非持久作戰不可了，於是同時便籌劃應該怎樣使民眾願意忍受這持久的紛擾。當然日本軍閥設法蒙蔽民眾使他們相信對華作戰是必要的，必定成功的，而且是有效果的。同時並考慮設法消滅民眾對於去年二月事變的陰影和上屆選舉的失敗，我們不能否認他將有相當的成功。」〔註181〕

2、日本對中國抵貨運動的誤識

基於日中兩國高低優劣的錯誤觀念，日本朝野對中國抵貨運動產生錯誤認知，根本不能正確理解抵貨運動的性質，往往將其視為「排日」之舉，而對中國民眾抵貨行動爆發的原因，亦大多看成是外界「煽動」和「誤會」日本侵略擴張政策的產物。

在1908年抵貨運動期間，東京《日日新聞》即已指責中國此舉乃是「排外主義」〔註182〕。1915年，日人勿堂行之撰文指出，中國抵貨運動「始則出於當局者之指使，此則由於外人之煽動，最後發而為一般商民之雷同附和」，「最大原因非他，即由於當局者之授意與民間，心心相印之現象也。」〔註183〕又說，「中國之政府當局、中國之外人、民間及政客、新進學生，青年團體、大都有排日之傾向，帶有抵制日貨之臭味，而其流氓、其冥頑自大之守舊派，其讀書人，其喜亂好事之閒人，與夫一般之愚夫愚婦，又莫不具有雷同性，互相激蕩，以卷起極大無比之抵制日貨風潮，此又自然之結果也。」〔註184〕

對於五四抵貨運動，日本輿論主要存在「煽動說」與「誤解說」兩種論調。當時在日本媒體中影響較大的《東京朝日新聞》的看法非常典型，一是認為五四抵制日貨運動係甲午戰爭以後中國對日「誤解」不斷積累的產物，二是第三國特別是美國煽動中國民眾的「煽動說」，「無論哪一種說法，都沒

〔註181〕《戰爭中的中日》，《大美晚報》，1937年10月21日評論，鄭叔衡譯，轉見《國民周刊》，1937年第17期。
〔註182〕《日本對於抵制日貨之近狀》，《申報》，1908年4月17日第5版。
〔註183〕〔日〕勿堂行之：《日人評論中國抵制外貨事》，許家慶譯，《東方雜誌》，1915年第12卷第9號。
〔註184〕〔日〕勿堂行之：《日人評論中國抵制外貨事》（續），《東方雜誌》，1915年第12卷第10號。

有意識到引發五四運動的民族主義因素，未能正視中國的現實狀況」〔註185〕。
1919 年 7 月出版的《日本人之支那問題》一書，對中國抵貨運動爆發原因的
分析如出一轍。該書認為，倘「以冷靜之觀察」，山東問題不能成為排日運動
之理由，「排日運動猶且彌漫全國，熱度日增者何耶？」「乃於我國之態度真
意誤會之、曲解之、猜疑之，而日積月累，遂有今日。」「中國人之對日誤會
最重大者，乃疑我為侵略的野心國，以一種有色眼鏡視日本之外交為帝國主
義的侵略主義」，「此種疑念遂為煽動排日之材料」。在將抵貨運動歸結為中國
人民誤會日本的同時，該書又認為四大外力的「煽動」，是抵貨運動最主要的
原因。具體而言，「最主要者，為一部分政客對於中國現政府有不滿意之處，
故就人所共知之山東問題，借為煽動之機會……唯有不滿意於現政府者，藉
此問題與之為難，大肆其排日運動，暗中煽動無意識之學生，用為政爭之具」。
「次為歐美歸國之留學生，對於日本留學生出身者亦有不滿意之處。以日本
派之中國人，無論其在朝在野，均佔有勢力，故由日本歸國之學生多居顯要
之地位。彼等觀之，大抱不平，遂遷怒於日本，或亦人情使然，所以利用山
東問題，引起排日運動。」第三，「革命後失職者不乏其人，彼等意欲破壞現
狀，故藉此時機作排日運動，以遂其素志。無論觀於何國，殆亦有此種現象。」
第四，「旅居中國之歐美人，其中有不良分子，尤以一般新聞記者煽動為最烈。
彼等見日本在中國之勢力日漸增加，至歐戰以來，非常發展。從前彼等雖抱
一種惡感，然以戰爭未熄，尚忍耐斂其筆鋒，今已戰事告終，乃一發平時之
憤懣。」再者，中國國民乃係「非常興奮」之國民，往往感性壓倒理性，「二
辰丸事發，廣東省抵制日貨，又滿洲亦有抵制日貨之舉。就此等實例以觀，
中國人極易激動。」〔註186〕記者出身、曾任袁世凱長子袁克定家庭教師的內
藤湖南，其《支那論》及其他關於中國問題的時事評論在當時日本輿論界影
響甚著，內藤認為五四運動係由被日本經濟奪去中國內地貿易主導權的商人
利用學生和一般民眾以抵制日貨的產物，並認為當時的北洋政府軟弱無能，
根本制止不了這場反日運動〔註187〕。同期日本《工業之大日本》雜誌刊有《我

〔註185〕《日本人的五四觀》，日本愛知大學現代中國學會編：《中國21》（第3號），
　　　　中國社會科學出版社，2005 年版，第 2～7 頁。
〔註186〕日本實業之日本社：《日本人之支那問題》，中華書局編輯所譯，中華書局 1919
　　　　年版，甲 5～34、乙 17～20。
〔註187〕《日本人的五四觀》，日本愛知大學現代中國學會編：《中國21》（第3號），
　　　　中國社會科學出版社，2005 年版，第 3 頁。

國對支貿易之將來與日貨排斥問題》一文，聲稱「最近上海及其他支那市場所起之日貨排斥，有某某國人之煽動，又有藉此機會以起過激派之運動者。」〔註188〕

曾任滿鐵調查科科長的佐田弘治郎著有《吾人終不能發展於滿蒙乎》一書，1933年日本檢討會會員陸筱海將其翻譯成中文出版。佐田將中國人民的抵貨運動視爲一種「不合法之排日手段」。他認爲，對於中國抵貨運動之效力問題，日本存在「輕視」與「重視」兩種截然相反的見解。「輕視」論之理由在於，抵制日貨是「非常態」、「出於感情」和「突發性」的，大多中國國民本意「非欲排斥日貨，實反對之，因恐有力煽動者之威脅」，煽動終熄即可復原，對於日中商業不會產生多大影響，「要之，排斥日貨實不足懼」。「重視」論則認爲，「排斥日貨果由煽動者之指導，煽動終熄，雖可復原，但其煽動方法，從前確爲突發者，而出於感情者，其影響並不甚大，但近來則其方法實爲有組織、有系統，由中央命令，全國出於一致行動，故一旦彼等若下決心，則決非一時的，而可繼續於相當期間。因之我人所蒙損害，亦非一時的，而相當永續，其所及於日本人貿易上之影響，實甚大也。」在佐田看來，「重視」論業已成爲日本各界之「公論」，「且排斥日貨即爲國貨之獎勵，故排貨之性質更加嚴重。蓋排斥日貨後，則中國市場當然感必需品之減少，其補充方法，或仰給於歐美，或仰之於國貨。然歐美品之價格昂貴，勢不得不求之於自國生產，因之中國工業實與國家保護在於同一狀態之下，而得甚大之利益。且日本人輸出品中，中國所不生產者，今因日貨之排斥，其中數項，今亦可由中國人自身之手而得製造之。此促進中國工業之結果，即成爲我人工業之威脅也。」〔註189〕

「中國通」長野郎對中國抵貨運動曾有不少討論，其《中國社會組織》一書，專列章節分析了中國排日運動的根源。在他看來，1918年的排日運動是「陷於失意境遇裏的研究系和南方政客煽動的結果」，1925年排外運動的煽動者則係國民黨和知識階級。他甚至認爲，中國一切社會運動和對外運動，「的確是完全操於煽動者之手的」，煽動者已經職業化，「煽動業成爲了煽動者的

〔註188〕轉見郭沫若：《抵制日貨之究竟》，王錦厚編：《郭沫若佚文集（1906～1949）》（上），四川大學出版社，1988年版，第17～18頁。

〔註189〕〔日〕佐田弘治郎：《暴日侵華排外之自供錄第7冊：暴日侵略東北非握到統治權不罷手之表白》（該書原名《吾人終不能發展於滿蒙乎》），陸筱海譯，日本檢討會編輯，1933年版，第30頁。

生活手段」,「一有同盟罷工,或起了排外運動的時候,必定因此成立許多會,國民外交會等,一下子就發生數百個,他們挑動全國國民之感情,而把榨取罷工者所獲得的金錢,納入自己的懷中,在排日運動裏,也有把這種事情作爲營業的人。他們榨取中國商人,金錢逐漸用完,則強索罰金,藉排日獲利的人,決不在少數。既獲得金錢,有賣出名譽,因爲這是愛國運動,所以這樣漂亮而且適宜的事情再也沒有了。在第一次排日運動裏嘗過滋味的他們,專門尋求機會,煽動第二回第三回的排日。有利益的地方,煽動業的種子是不會盡的。沒有運動費的地方,煽動者就沒有了。」就煽動對象而言,從前是秘密團體,後來則是學生和工人,「學生年輕則易熱,煽動者大大地利用學生,是從 1919 年的排日運動開始的。學生在當初是眞實的。但是一經煽動者的毒藥——金錢——注射到學生純潔的血管裏,學生運動也就濁了。學生接受了排日運動費,荒廢學業,日事放蕩,結果是不良化,於是學生運動之中,也發生了煽動業,這樣,中國的學生就成爲煽動業者的犧牲品。其後,每發生什麼事,學生就使用於種種運動。」僅次於學生,煽動者「所注目的是勞動者」〔註190〕。在《日本支那之諸問題》一書中,長野郎又聲稱,中國排日運動背後有英美兩國的鼓動〔註191〕。在 1937 年出版的《日支共存之路》中,他認爲以前的日中貿易在立足點上曾出現過很多錯誤,日方的錯誤在於將貿易業者對華貿易的盈利作爲了重點,而中方的錯誤則在於排斥日貨〔註192〕。同年出版的《日支共存之路》竟然假借中國人的口吻捏造事實而危言聳聽:「現在中國在武力上不敵日本,而日本在經濟上依存於中國。因此。中國首先以抵制日貨的手段在經濟上打擊日本。然後等日本更加衰弱之時,再使用武力攻擊日本。」〔註193〕

因此,日本各界將中國抵貨運動視爲「國際上之罪行」,「中國自己遂成爲侵略之國家,而在實質觀念上,且可謂已從事於一種戰爭。日本此項責言,在國聯處理中日爭端時,嘗一再申說之,而日本政治家於公開演說中,亦常如此稱述也。」「日本所提出之理由,謂日本因中國人民抵制其商人與貨物,故發生怨恨。此種理由,雖不能證明日本全部在華武力行爲之合法,然可藉

〔註190〕〔日〕長野郎:《中國社會組織》,朱家清譯,上海光明書局,1931 年版,第 340～345 頁。
〔註191〕彥:《日本支那之諸問題》,《新東方》,1931 年第 12 期。
〔註192〕〔日〕長野朗:《日支共存之路》,日本版上書院,1937 年版,第 202 頁。
〔註193〕〔日〕長野朗:《再看支那》,日本大都書房,1937 年版,第 370 頁。

以解釋日本許多軍事行動之正當。」〔註194〕

外交與民意之間存在一種複雜的互構關係，經由長期的軍國主義教育或新聞媒介的操控，日本對外政策業已夯實了民意基礎。「民意」與「國策」之間，存有極其複雜的互動關係，有時甚至相互建構，難以截然兩分。民意難以制約政治，更不可能主宰政治，但政府則可充分利用民眾的民族主義情緒，並因之而加固其政治合法性。因此，國人希冀通過抵制日貨而促進日本民眾反省，反對其政府的侵華政策，從而動搖日本軍國主義的社會基礎，這注定是難以實現的良謨宏願。相反，日本民眾的種種訴求，逐步轉換為日本政府的強硬立場，並且成為中國政府限制和取締抵貨運動的強大壓力。

〔註194〕〔美〕韋羅貝（W.W.Willoughby）：《中日糾紛與國聯》，邵挺等譯，商務印書館，1937 年版，第 571 頁。

第七章　國權與私利：黨政力量與抵貨興衰

　　抵貨運動多被定性爲民眾自發的愛國行動，但純粹自發性的集體行動極爲罕見。抵貨行動的發端和勃興，無疑必須借助民族主義這一強大的思想資源，但亦與各種組織不同程度的介入緊密相連。尤爲重要的是，晚清以降各屆政府的社會控制能力雖然強弱有別，但至少可以主導抵貨運動的方向和軌跡。實際上，抗戰以前絕大多數抵貨運動的興衰起伏，與政府態度密切相關。歷屆政府對待抵貨運動的立場雖然不盡相同，但基本上經歷了從默許到打壓的變化過程。而在抗戰時期的經濟絕交運動中，亦存在嚴禁與違禁之間的悖論性特徵。本章先考察抗戰以前政府態度與抵貨運動興衰之間的歷史關聯，再探討抗戰時期官方在經濟絕交運動中的矛盾性。

第一節　抗爭與妥協：日方壓力與抵貨運動

　　國人試圖以抵制日貨爲手段，促使日方答應中國的正義要求，甚至放棄侵華政策，但日本朝野則上下頗爲一致，強硬應對中國的抵貨行動。在華僑民不斷滋生事端，故意惹起交涉，而日本政府即頻繁進行外交抗議，甚至進行武力威脅或軍事打擊。面對日方不斷增強的外部壓力，中國歷屆政府儘管不乏抗爭與辯解，但隨著兩國關係的演化甚至日趨惡化，中方最終惟有嚴令取締抵貨運動。失去官方的默許或支持，抵貨行動亦往往難以爲繼。

一、抵抗的武器：中國政府的抗爭

　　在 1909 年抵貨運動中，儘管新任奉天總督錫良一度試圖利用民意以促交

涉，曾經奏請朝廷解除新聞管制，以便各報能夠熱烈鼓吹經濟抵制，但清政府既在交涉中肆應無方，及抵制運動發生，復不知利用民眾力量對抗強敵，反而擔心安奉線問題擴大而導發民眾反抗運動，遂實行新聞封鎖，鉗制輿論〔註1〕。因此，就清末兩次抵貨運動來看，晚清政府顢頇無能，自身力量極其孱弱，亦缺乏現代外交知識，因而對民眾抵貨行動基本未能運用。但是，民國以降，歷屆政權或多或少，均將抵貨運動視爲抵抗日本的重要武器。

袁世凱政府至少一度容忍民眾進行抵貨運動〔註2〕，交涉談判中亦以輿情壓力爲由應付日方，甚至違背「嚴守秘密」的承諾而大肆運用新聞策略，故意將「二十一條」內容及中日交涉問題洩露於中外媒體，以期獲得西方各國的介入和支持。當中國輿論一致抗議日本無理要求時，政府並未對報章雜誌加以嚴格管制和壓抑。日本外務大臣加藤高明曾經要求中國政府對新聞輿論加以審查管制〔註3〕，日置益亦曾向新任外交總長陸徵祥抗議中國政府一反傳統習慣，不僅對報界言論不加管制，反而更利用輿論來幫助中國談判。陸徵祥答稱：「現在已不再是滿洲人統治的時代了，中國人已經享有新聞自由。」此一似是而非的說辭，並非說明袁世凱政權已經實現眞正的新聞自由，而是表明中方談判策略在於暫時爭取民眾的支持〔註4〕。事實上，中國政府亦正式承認採取此種政策，袁世凱曾說，「凡屬中國能夠讓步者，均已作了讓步。但慮及中國主權和與其他外國條約之關係以及國內輿論沸騰等，終不能再作更多之讓步。」〔註5〕

〔註 1〕 林明德：《安奉鐵路改築問題與抵制日貨運動》，《中央研究院近代史研究所集刊》，第 2 期，1971 年，第 359、357～364 頁。

〔註 2〕 羅志田：《亂世潛流：民族主義與民國政治》，上海古籍出版社，2001 年版，第 62 頁。

〔註 3〕 日本加藤外務大臣與中國駐日公使晤談中，「以下列諸語告誡該公使：此次雙方交涉內容，近日來頻頻見於歐美諸國之新聞報導，此顯係中國官員故意洩漏之所致。據聞，一向受中國官方操縱之某報刊，連日來竟不斷刊登對日本橫加攻訐粗暴言論，儘管如此，歐美諸國報紙仍認爲日本的要求屬於正當範疇。縱使歐美輿論亦指責日本的要求爲不當，日本政府之決心亦萬不能因此而發生任何動搖，而中國官方的新聞政策只能徒勞無功，最後歸於失敗而已。故希急速轉告北京政府，促其注意，盡早停止此種策動，才爲明智。」章伯鋒、李宗一：《北洋軍閥（1912～1928）》（2），武漢出版社，1990 年版，第806 頁。

〔註 4〕 參見〔美〕周策縱：《五四運動史》，嶽麓書社，1999 年版，第 24～25 頁。

〔註 5〕 轉見俞辛焞：《辛亥革命時期中日外交史》，天津人民出版社，2000 年版，第506 頁。

　　袁世凱所發抵貨運動禁令的有關措辭，一是對民眾的愛國情感始終有所肯定。5 月 26 日的禁令聲稱，各處函電「語多激烈，其出自公義者，固不乏人，亦有未悉實情，故爲高論，置利害輕重於不顧，言雖未當心尚可原」，6 月 29 日的禁令雖然強調中央迭降明令，而「抵制餘波仍未盡息」，但依然承認抵制日貨者「各具愛國之誠」。二是對普通民眾與所謂的「亂黨」區別對待，對民眾的抵貨行動「剴切諭禁」、「設法開導」，對於後者則「嚴拿懲辦」〔註 6〕。有論者指出，五四期間，運用抵貨行動促使日方讓步的思路更加清晰。按照李達嘉的看法，五四抵貨運動初起之時，官方之所以「不予強力禁阻，而任其燎原」，原因之一在於，抵貨運動旨在反對日本侵害中國之主權，官方面對日本步步進逼，「頗思藉民間反日情緒，做爲對日外交之後盾」，故而對學生抵貨行動「隱予放任」〔註 7〕。1919 年 12 月 17 日，日本小幡公使將日本政府關於福州事件之訓令面交外交部次長陳籙，陳聲稱，「現時國家外交，不得專恃政府，尤注重國民外交。欲求兩國親善，必須兩國國民感情日篤，方可達到目的。排貨等事，推究原因，皆由日本國民所主動，中國國民實居於被動或反動地位。然關係感情之事，又非政府所能壓制，政府亦無可如何。故余甚望此次福州案件，貴國能有何種表示，以慰中國之人心，補救兩國國民之感情，其他問題自可迎刃而解。乃自本案發生以來，政府方面辦理亦覺困難，如派艦一事，中國民心極爲不平，余屢次商請撤艦，而貴國終不見聽。」小幡回應說，「閣下屢以撤艦爲言，是否撤艦後即易於鎮壓風潮？」陳則直言：「福州事件發生，人民已憤不能平，及見泊艦於港內多日不歸，不平更甚。貴國如能撤退軍艦，人民不平之心稍平，一切自必稍易辦理。」〔註 8〕

　　中方將消弭抵貨運動作爲促使日方妥協的外交策略，亦可見諸 1923 年收回旅大問題的外交交涉中。1923 年 5 月 17 日，針對日本吉田代使要求中方制止抵貨運動的要求，我外交部長答稱：「此等舉動，在學生等係出自一種愛國熱誠，政府無從制止，惟彼等如有無意識之行動，地方官自可勸阻……總之

〔註 6〕　章伯鋒、李宗一：《北洋軍閥（1912～1928）》（2），武漢出版社，1990 年版，
　　　　第 844～849 頁。

〔註 7〕　李達嘉：《罪與罰：五四抵制日貨運動中學生對商人的強制行爲》，臺北《新
　　　　史學》，2003 年第 14 卷第 2 期。

〔註 8〕　中國社會科學院近代史研究所等編：《五四愛國運動檔案資料》，中國社會科
　　　　學出版社，1980 年版，第 497～499 頁。

旅大問題，貴政府如能作友誼之讓步，使本政府可以滿意，此種風潮亦即不禁自戢。」〔註9〕8 月 17 日，日本芳澤公使就漢口未能禁止排日風潮以及不肯解散排日團體問題質問我外交總長，總長表示，「中國排斥外貨一事，不惟被排斥者受其害，中國商務亦甚有損。對於學生愛國行動，不能專以壓力對付，欲其消滅，正當研究其緣起，由根本上解決之，則排貨事不禁而自戢矣……今歲之排日風潮，即因收回旅大問題而起，倘不從此等根本問題先為解決，而專以壓力對付排貨，恐此滅彼起，終難完全消滅也。」〔註10〕1925 年五卅慘案發生前夕，執政府適逢奉張威脅其政權，慘案發生使得對外交涉需要穩定的中央政府，而執政府也確有利用民眾運動支持外交之意，故對民眾運動無甚壓抑〔註11〕。

「在放棄了武器的抵抗之後，抵抗的武器就只剩下群眾性的反日運動了。」〔註12〕南京政府利用抵貨運動的策略更加明顯，技巧亦進一步嫻熟。1927 年日本出兵山東，中國政府即將抵貨運動視為迫使日本退兵的手段。7 月 24 日，江蘇省政府奉國民黨中央執行委員會密令，要求「所有關於反對日本出兵事件，務依中央計劃進行，在未議定實行對日排貨以前，只宜以文字或演說宣傳，不得徑行有罷工及排貨之舉。」27 日，南京國民政府向國民發佈關於對日出兵交涉之宣言，聲明依總理遺囑擔當對日外交全部責任，呼籲人民為政府之後盾，切戒與政府政策相矛盾。而早在 7 月 8 日，廣東抵制日貨積極進行，糾察隊在商店、船隻檢查甚為活躍。日領事向外交當局抗議，外交當局以未便干涉答之〔註13〕。漢口外交當局陳友仁在抗議日本第一次出兵山東時，亦警告日本政府，「此舉適足以激怒中國國民，致使國民政府終不能制止其出於經濟的抵制之行為也。」〔註14〕

〔註 9〕 李毓澍、林明德：《中日關係史料——排日問題（1919～1926）》，中央研究院近代史研究所，1993 年版，第 326 頁。

〔註10〕 李毓澍、林明德：《中日關係史料——排日問題（1919～1926）》，中央研究院近代史研究所，1993 年版，第 373～375 頁。

〔註11〕 馮筱才：《滬案交涉、五卅運動與一九二五年的執政府》，《歷史研究》，2004 年第 1 期。

〔註12〕 齊春風：《國民革命時期的反帝問題再探討——國民黨中央與濟案後反日運動關係辨》，《歷史研究》，2007 年第 5 期。

〔註13〕 王芸生：《六十年來中國與日本》(8)，生活・讀書・新知三聯書店，2005 年版，第 133～135 頁。

〔註14〕 張梓生：《日本出兵山東》，《東方雜誌》，1927 第 24 卷第 20 號。

　　濟南事件發生之後，國民黨努力指導民眾抵制日貨，試圖通過抵貨運動給日本施加壓力，從而有利於濟案的外交解決。5 月 6 日國民黨中央執行委員會第 134 次常委會臨時緊急會議通過的「五三慘案應付方案」指出，「爲求民族之獨立自由，須先充裕民族之富力，欲充裕民族之富力，須增進國貨之產額，故提倡國貨，以抵制日貨，使日本經濟力無法再壟斷中國之市場，實爲今日以及將來之要著。」5 月 10 日通過的「五三慘案宣傳方略」則明確規定，要激發民眾的民族意識與愛國心，並說明經濟絕交係「抵制日本之最有效力的唯一要圖」，國民黨中央擬就的宣傳標語，其中第 8 條即爲「我們要相信政府；要爲政府外交的後盾」〔註 15〕。

　　此次抵貨運動的輿論宣傳，基本未有溢出國民黨上述規定。5 月 15 日有人撰文呼吁，「外交上奮鬥的同時，全國民眾要起來作此次交涉之永久而有力的後盾，非達目的不止」，認爲「經濟絕交在外交上的貢獻，比任何有形的武力爲大」〔註 16〕。中日交涉遇到挫折時，王正廷即向新聞界發表談話，呼籲國民「一致爲政府後盾」〔註 17〕。

　　在濟案交涉期間，上至蔣介石，下至各地方官員，不僅均以抵貨運動係民眾自覺的愛國行動、政府無權加以干涉爲由回應日方，並且往往聲稱，如果日方讓步，抵貨運動自會終息。1928 年 5 月 10 日，蔣介石曾經致電黃郛，如果日方「不妨礙我津浦路交通，予以自由運輸，則對於反日運動，中正可以極嚴厲手段阻止之。」〔註 18〕11 月 22 日，北平政治分會主席張繼答覆日駐北平代辦堀義貴，認爲民眾抵制日貨係自動行爲，政治分會未便下令禁止，但同時表示，若日本從山東撤兵，「排貨風潮自息」〔註 19〕，24 日，岡本一策因爲各地扣貨甚多，希望今後勿再扣留，外交部亞洲司司長周龍光聲稱，日方倘有誠意將各懸案完全解決，抵貨一事則「自有辦法」〔註 20〕。

〔註 15〕 中國第二歷史檔案館：《中華民國檔案資料彙編：政治：國民黨的民眾運動與工農學商各界的鬥爭》（2），江蘇古籍出版社，1994 年版，第 104、106、110 頁。

〔註 16〕 君勉：《濟南事件與我們應取的態度》，《中央半月刊》，1928 年第 20 期。

〔註 17〕 「中華民國」史事紀要編輯委員會：《中華民國史事紀要（中華民國十七年一月）》（初稿），臺北，1982 年，第 1038 頁。

〔註 18〕 蔣介石：《致黃郛電》，1928 年 5 月 10 日，轉自楊天石：《濟案交涉與蔣介石對日妥協的開端——讀黃郛檔之一》，《近代史研究》，1993 年第 1 期。

〔註 19〕 《日本撤兵排貨自息》，《申報》928 年 11 月 23 日第 7 版。

〔註 20〕 《中日交涉與抵貨》，《申報》1928 年 11 月 25 日第 7 版。

　　各地地方官員亦大致類似。1928 年 5 月 12 日，日駐福州領事西澤義徵因日輪進口無人卸貨，遂向福建省政府交涉，省政府答稱，此係民眾自動，當局不予負責〔註21〕。27 日，日駐南京領事岡本一策請求中國外交部禁止南京張貼反日標語，取消反日後援會，取締各地反日行動，外交部亦「嚴重駁覆」〔註22〕。7 月 4 日，日本領事抗議上海反日會通過《懲徵奸民辦法》，要求禁止實行，交涉署認為，對民眾愛國運動未便干涉，反而奉勸日方「解鈴繫鈴，一轉移間」〔註23〕。8 月 9 日，矢田應在滬日商要求，向江蘇交涉署提出抗議，交涉員金問泗嚴正表示，「反日運動及經濟絕交為我方民族正當自覺之愛國運動，亦即日本對華暴行侵略之有力表現的結果。」〔註24〕廣東交涉員朱兆莘在回答記者詢問廣東當局對抵貨運動的態度時表示：「愛國之念，為人人之所有，如愛國之表示而不出乎軌道之外，則政府必不加以干涉。」〔註25〕1928 年 11 月，天津商人因反對反日會檢查日貨而罷市，兼任平津衛戍總司令的閻錫山對此表示，「無論任何方面，均取和平態度，望津各團體自商安全辦法，官廳既不便促進反日，亦不好禁止排貨」〔註26〕。南京、北平、天津、漢口、廣西、廣州等地方當局都曾派出警察協助反日組織的工作。

　　7 月 11 日，日駐上海副領事清水芳次郎攜帶總領事矢田七太郎信件赴江蘇交涉署，矢田在信件中誣稱中國民眾「排日運動」係「越軌行動」，要求解散上海反日會，〔註27〕而金問泗與清水之間曾有如下對話：

　　清水：近日本埠反日運動，日益劇烈，應請貴交涉員設法取締。

　　　金：此項運動，在貴領事視為排日運動，在敝國民眾則認為愛國運動。此項愛國運動，係出於民眾自動的愛國精神之表現，非法律範圍內所得而干涉，且貴領事亦知此項運動之所由起乎？

　　清水：吾人亦知排日運動為濟案而起。

　　　金：貴領事即能知此項運動之發生為濟案而起，在我個人實覺欣

〔註21〕《福州日領事為無人卸貨交涉》，《大公報》，1928 年 5 月 13 日第 2 版。
〔註22〕《駐寧日領事要求禁反日行動》，《大公報》，1928 年 5 月 28 日第 2 版。
〔註23〕《交署答覆日領》，《民國日報》，1928 年 7 月 11 日第 3 張第 1 版。
〔註24〕《交署嚴駁日領事無理要求》，《民國日報》，1928 年 8 月 10 日第 3 張第 1 版。
〔註25〕《朱兆莘談粵省對日態度》，《民國日報》，1928 年 5 月 14 日第 1 張第 4 版
〔註26〕《津日貨商組請願團》，《申報》，1928 年 11 月 28 日第 7 版。
〔註27〕《濟南事變與排日貨運動》，滿鐵庶務部，1928 年，第 46～47 頁。

　　幸，就事實論，貴國出兵山東而發生慘案以後，敝國民眾始有此項愛國運動發生，貴領事既能明瞭此點，總算有了覺悟，倘再欲停止此項運動，只需貴國能誠意地做到迅速撤兵，滿意地解決濟案，則此項運動不必取締而自行停止。

清水：本國甚願撤退山東駐兵，惟望先停止排日運動，予敝國以保障。

金：貴國報紙，亦常做如是不負責之論調，貴領事雖做如是之誠意表示，吾人則不免疑慮，蓋反日運動之發生，不在貴國出兵前而在發生濟南慘案後，則此種責任，殊為明顯，知所先後，始足以語解決濟案。〔註28〕

　　九一八事變之後，南京政府依然將抵貨運動視為抵抗日本侵略之武器。11 月 20 日，外交部答覆日本指責中國抵貨運動的照會時指出，「日本政府不先反省自責，反而謂中國人民自然而消極的屬於情感之表示係違反行政院決議案，中國政府不能承認。中國人民出於日本積極侵略之下憤慨已極，但對於日本僑民所取態度亦僅自動偏向於商業關係，並無故意加害於生命或財產之事，而中國政府除被日軍侵佔之區域外，對於日本人民尤盡力予以保護。公平之第三者鑒於中國政府與人民確守非戰公約及其他國際公約之信條，始終在法律範圍內應付日方之橫暴，方以為可異。而日本政府未能先自覺悟其種種侵略行為之非計，反於日軍侵佔威逼嚴重情形之下強欲中國人民恢復其平常之友誼，是倒果為因，中國政府亦不得不指明於日本政府者，即侵佔中國各地之日本軍隊一日不撤，原狀一日未復，侵略一日不止，則中國人民對於日本人民之感情無從恢復，是當為日本政府所瞭解者也。」〔註29〕1932 年 1 月 12 日，日本駐津領事後藤桑島謁見河北省主席王樹常，提出抵貨運動「有礙日商營業」，要求制止反日運動，王答稱「該會純為愛國民眾團體而組成，若制止其工作，實屬摧殘民權。」〔註30〕

〔註28〕《金問泗與日副領談話》，《大公報》，1928 年 7 月 18 日第 6 版。
〔註29〕中國第二歷史檔案館：《中華民國史檔案資料彙編第 5 輯第 1 編：外交》（1），江蘇古籍出版社，1994 年版，第 399 頁。
〔註30〕天津地方志編修委員會辦公室、天津圖書館編：《〈益世報〉天津資料點校彙編》（2），天津社會科學院出版社，1999 年版，第 106 頁。

二、武器的抵抗：中國政府的妥協

　　抵貨運動的勃興，本係國力屢弱背景下的權宜之計。因此，如果日本頻繁進行外交施壓，尤其是輔以武力威嚇，甚至試圖藉此發動軍事侵略，強硬要求中國政府取締民眾的抵貨行動，換言之，如果抵抗的武器遭遇武器的抵抗，那麼強弱即分，高下立判，中國政府無不放棄一度的抗爭，而選擇屈從日方要求，亦即改變以往對抵貨運動的默許或支持，轉而進行打壓和取締。

　　晚清政府完全屈服於日方的外交壓力，對1908年抵貨運動始終採取嚴行取締的政策。3月20日，日使就在滬粵人擬欲抵貨一事致函外務部，要求中方「火速電飭各該處地方官一律彈禁，並捕拿首犯懲辦，以警將來」，外務部於次日即電南洋大臣端方「轉飭滬道」，「將此案原委剴切說諭，庶該商等明白事理，自不至徒事叫囂，予人藉口。」4月2日，日使林權助致函外務部，要求「速電致廣西巡撫，嚴為防範，以昭睦誼」。外務部當日即電兩廣總督張人駿、廣西巡撫張鳴岐「嚴查解散，免啓事端」，張人駿覆電外務部表示，「經駿通飭各屬，實力解散，並經出示勸諭嚴禁。復又傳到商會人等，面為開導。現時省會等處已無集眾聚會演說等事，惟聞南洋華僑及住居香港、日本各華人，有提倡不買日貨之說，亦經飭令商會和平答覆，俾免滋事。至粵省商民現議倡興工藝，實與抵制日貨無涉，官無禁止之理。除由駿隨時覺察，倘再有聚會演說強人不買日貨之事，自當設法禁止，以免外人藉口。」儘管廣東地方當局對抵貨運動有所同情，但亦不能不遵照中央旨意。因此，誠如王雲生所言，清政府對抵貨運動「只知禁止，以免惹事，不瞭解其意義」，導致此次運動「起初轟轟烈烈，嗣經官府壓制，人民灰心，商人漸有向日人訂貨者，日人乃志盈氣滿，嘲笑中國人之有頭無尾。」〔註31〕

　　在二十一條談判中，日本不僅極盡威脅利誘〔註32〕，而且期間多次調動軍隊，製造準備開戰的氣氛，而5月4、5兩日在袁世凱大總統府舉行的會議上，僅有段祺瑞持強硬態度，主張拒絕日方要求，但對與日一戰亦無信心〔註33〕。最終，袁世凱政權在日方軍事壓力的強逼下，允諾了日本的最後修正案。

〔註31〕王芸生：《六十年來中國與日本》（5），生活・讀書・新知三聯書店，2005年版，第159～166頁。

〔註32〕譬如，日本公使表示，由於袁世凱常常對日本表不敵意，日本公眾對中國政府另有看法，但是，日本公眾的看法是可以改變的；日本政府甚至可以向袁世凱大總統提供援助，鎮壓中國的叛亂活動，等等。

〔註33〕曹汝霖：《一生之回憶》，傳記文學出版社，1966年版，第99～100頁。

袁世凱曾經多次陳說其中之苦衷，5月6日密電各省通報「二十一條」交涉情況，即聲稱「……以上六條迭經外部反覆磋商會議廿六、七次，歷時百日以外。中間經歷增兵威脅，咳黨人構亂，種種暴劣手段，困難不可殫述……日本連開內閣、元老御前各會議，準備戒嚴、動員等令，並使其在華日僑準備回國，將以哀的美敦書迫我承認。該書尙未交到，而日僑驚惶特甚。其海軍亦已出發，在渤海一帶遊弋。大局誠甚危急。然兩國相持，所差有限。在我國不宜因此決裂，蹂躪全局。但應盡心竭力，能挽救一分，即收回一分之權利。現仍飭外部與日人婉商，當不至遽肇兵端。」26 日，外交部在致各省將軍、鎭守使、巡按使、特派員和交涉員的電文中也說，「此次交涉，歷時四閱月，正式會議 25 次。本部始終愼重，倍極困難，既不敢意存挑撥，以速危機，又不敢輕言讓步，致喪國權。雖以和平解決爲初心，究以保全領土主權及各國機會均等爲歸宿……政府殫精竭慮，雖迭經威嚇強迫，而關於領土、主權、內政條約諸端，始終迄未鬆勁。至談判決裂，最後通喋限時答覆，奉天、山東方面，日兵已備作戰，各處日僑紛紛回國。當危機一發之際，政府外察大勢，內審國情，不得不權衡利害，勉爲趨避。誠以實力未充，萬難幸勝，若逞一時之忿，將來損失必至倍蓰於今日。庚子前車，可爲殷鑒。此中困難情形，及政府始終維持之苦衷，應爲國民所共諒。」〔註 34〕

普通民眾難以體會弱國外交之艱難，但隨著政府屈辱接受最後通牒，並與日本簽訂「民四條約」及其換文，中日關於二十一條要求之交涉已有「定局」，而日本政府亦就抵貨運動向北京政府提出正式抗議，要求予以取締〔註 35〕。對於中央當局而言，民眾抵貨運動業已喪失利用價值，嚴行取締即勢所必然，「國民提倡振興國貨，盡能許可，惟宜嚴禁排擠外貨之說」〔註 36〕，抵貨運動自然漸漸衰落。

日方壓力也是北京政府限制和取締五四抵貨運動的重要原因。1920 年 1 月 27 日，國務院和內務部密電直隸省長曹銳，要求取締學生搜查日貨並追究滋事者，理由之一是擔心抵貨行動引起國際交涉。在次日密電中，內務部聲稱，「頃間接得有外交消息，據云學生團如果再行滋鬧，必調軍隊自衛等語」，

〔註 34〕 章伯鋒、李宗一：《北洋軍閥（1912～1928）》（2），武漢出版社，1990 年版，第 821、823～824 頁。
〔註 35〕 〔美〕周策縱：《五四運動史》，嶽麓書社，1999 年版，第 27 頁。
〔註 36〕 《政府訓誡各省官吏》，《申報》，1915 年 5 月 16 日第 6 版。

因此「特電請飭屬對於學生非法行動注意嚴禁，免至彼方實行，更益困難」。
1920 年 2 月 2 日，日使要求我外交部嚴加取締抵貨運動，聲稱：「貴政府不能
按法保護日僑，只有設法謀自衛之策」，外交部於次日即致函內務部，認爲「近
日學生對日舉動，實有貽人口實之處，自應實行取締，以免別生枝節。」而
內務部亦於 6 日下令各省督軍和省長「飭屬認眞辦理」〔註37〕。早在運動初
期，美國外交官芮恩施即有準確預判：「日本政府將催促中國政府採取嚴厲鎮
壓措施」〔註38〕。因此，誠如李達嘉指出的那樣，運動後期，官廳之所以強
力干涉學生的抵貨行爲，原因之一則係北京中央不斷地受到日方壓力，不得
不下令各地官廳嚴行制止抵制日貨行爲〔註39〕。

　　1923 年抵貨運動爆發之初，北京政府並未對抵制行動加以有力抑制，以致
日本駐華公使吉田於 5 月 12 日日照會中國外交部，指責北京政府對抵制行動「未
有如何取締」〔註40〕。早在抵貨運動醞釀階段，國民黨人葉楚傖就預言此次運
動最終必遭北京政府取締，結果必定是「日本人民感受了大痛苦以後，向他們
的政府說話；他們的政府拗不過人民意思，轉向北庭要挾；北庭接受了要挾，
來破壞國民的計劃；所謂經濟絕交，將遭摧殘於北庭。」〔註41〕葉氏的判斷可
謂一語成讖。隨著日方外交壓力的增強，中國當局的態度逐步發生轉向，由「勸
導」變爲「取締」，而抵貨行動亦大受限制，日本駐漢口總領事即曾聲稱，漢口
等地排日風潮，「因地方辦理，近來似稍改善。」〔註42〕日方壓力最終成爲抵貨
運動難以持續進行的外部性制約因素，時論對此已有相當認識，即「日本政府
將要用非常嚴厲的手段對付中國抵制日貨的運動，料想抵制日貨的運動快要寂
然無聲了……國人對於日本政府的干涉當然是俯首帖耳的」。〔註43〕

　　濟南慘案之後，國民黨是抵貨運動的發動者，南京政府則係抵貨運動的

〔註37〕中國社會科學院近代史研究所等編：《五四愛國運動檔案資料》，中國社會科
　　　　學出版社，1980 年版，第 430～432、438～442 頁。
〔註38〕上海社會科學院歷史研究所編：《五四運動在上海史料選輯》，上海人民出版
　　　　社，1980 年版，第 777 頁。
〔註39〕李達嘉：《罪與罰：五四抵制日貨運動中學生對商人的強制行爲》，臺北《新
　　　　史學》，2003 年第 14 卷第 2 期。
〔註40〕中國第二歷史檔案館編：《中華民國史檔案資料彙編》第三輯（民眾運動），
　　　　江蘇古籍出版社，1991 年版，第 619 頁。
〔註41〕楚傖：《論斷絕經濟關係》，《民國日報》，1923 年 3 月 26 日第 1 版。
〔註42〕李毓澍、林明德：《中日關係史料──排日問題（1919～1926）》，中央研究院
　　　　近代史研究所 1993 年版，第 369 頁。
〔註43〕浩然：《日本貨》，《晨報》副刊，1923 年 7 月 28 日第 4 版。

終結者。1929 年 3 月 28 日，中日「濟案協定」簽字，濟案屈辱「解決」。與此同時，反日運動也被推上了祭壇〔註 44〕。協定《會議記錄》中記載，當日方要求國民政府迅速制止反日運動時，王正廷保證：「負責設法並商中央黨部密令各地黨部勸導，以期即行終熄排日排貨之運動。」〔註 45〕王甚至聲稱，「反日原非出於政府意見，惟在昔情勢下，政府無可慰民眾，亦不能武力壓迫，今濟案解決，政府有辭可以勸導，約定兩個月辦完。」〔註 46〕因此，協定甫一簽字，日方立刻督促國民政府兌現承諾。4 月 2 日，堀義貴訪問河北省政府主席商震，聲稱濟案協定業已簽字，日軍亦將撤退，寧漢各案中日會商也有眉目，平津反日會的活動應該立即終止〔註 47〕。次日，日駐滬總領事重光葵也要求金問泗取締上海反日運動〔註 48〕。

　　4 月 2 日，國民黨中央黨部通令全國各地反日會，立即取消反日會名義，將各地反日會改組為國貨維持會〔註 49〕。通令發佈之後，廣州反日運動迅速消解。29 日，省、市黨部代表在武裝警察保護下接收了對日會〔註 50〕，5 月 13 日，省市黨部宣佈取消對日會各種證章，並宣稱日後倘有假借該會名義在外招搖滋事者，可由當地官廳嚴辦〔註 51〕。廣東抵貨運動被強行平息。漢口反日運動也很快被削弱。4 月 8 日，國民革命軍訓練總監部政訓處以反日會內有「附逆分子」為由接收反日會。津、滬等地反日運動的平息雖然破費周折，但在國民黨中央和平津地方當局的持續打壓之下，頑強的平津反日運動亦走向窮途末路，1929 年 7 月，北方反日運動在國民黨中央打擊下終於停頓，在反日運動中起帶頭作用的上海反日組織在國民黨中央一再打壓下亦於 8 月黯然收場〔註 52〕。

〔註 44〕齊春風：《國民革命時期的反帝問題再探討——國民黨中央與濟案後反日運動關係辨》，《歷史研究》，2007 年第 5 期。

〔註 45〕「中華民國外交問題研究會」編印：《中日外交史料叢編・1・國民政府北伐後中日外交關係》，臺北，1964 年版，第 245～246 頁。屈從於日本的壓力，畢竟有損國民政府的聲望，故而該《會議記錄》當時未予公開。

〔註 46〕《王芳會議未決》，《大公報》，1929 年 4 月 16 日第 3 版。

〔註 47〕《日代辦請中止反日行動》，《申報》，1929 年 4 月 4 日第 7 版。

〔註 48〕《日領欲弭反日運動》，《民國日報》，1929 年 4 月 4 日第 3 張第 1 版。

〔註 49〕《中央通令全國各地反日會改組國貨提倡會》，《廣州民國日報》，1929 年 4 月 5 日第 3 版。

〔註 50〕《省黨部昨日接收對日會》，《廣州民國日報》，1929 年 4 月 30 日第 5 版。

〔註 51〕《省市黨部宣佈對日會各種證章一律取消》，《廣州民國日報》，1929 年 5 月 14 日第 5 版。

〔註 52〕詳細過程，可參閱齊春風：《國民革命時期的反帝問題再探討——國民黨中央與濟案後反日運動關係辨》，《歷史研究》2007 年第 5 期。

　　濟案之後的抵貨組織反日會被南京政府強令取消，而九一八事變之後抵貨運動領導機構救國會之命運亦如出一轍。1932 年 1 月 19 日，日總領事村井倉松謁見上海市長吳鐵城，就所謂的日僧事件提出 4 項無理要求，即「道歉」、「懲凶」、「賠償」以及「關於排日侮日之非法越軌行動，一概予以取締，尤其應將上海各界抗日救國委員會以及各種抗日團體，即時解散之。」吳鐵城口頭答覆說，對於日僧事件「自當緝凶依法究辦」，第 1 和第 3 兩項「亦可考慮」，「惟第 4 項事關民眾運動，如在法律範圍之以內者，無權取締，如有非法行動，自當依法制裁。」上海市政府對其既妥協又堅持的做法毫無底氣，於 23 日兩次致電行政院，急迫請求措置之法，先是聲稱，「現從各方傳來消息，日領態度堅決，對於第 4 項尤為堅持，謂若不接受，彼將自由行動」，「今日日艦又紛紛抵埠，形勢十分嚴重，究應如何應付之處，謹請迅電示遵，不勝待命之至」，後又表示：「意料此項答覆日領必不滿意，日海軍陸戰隊等必取自由行動。至於此事，本日下午市長已與戴司令、蔡軍長詳加討論，如果日軍侵佔華界，決預備予以抵抗。晚間並召集地方士紳，告以答覆日領及預備抵抗之旨。當場討論，分抵抗及緩和兩種主張。主張緩和者擬將抗日救國會解散，以求地方安全，有主張由政府命令解散者，有主張借辭改組自動解散者；惟多數皆側重於緩和辦法。擬將此間預擬辦理情形及征集各方意見，並以上呈鑒察。值此形勢十分嚴重及迫亟之際，究應如何應付之處，伏乞迅予電示祗遵，不勝迫切待命。」行政院長孫科當日電示吳鐵城，聲稱已與蔣介石和汪精衛詳商，「僉主我方應以保全上海經濟中心為前題，對日方要求只有採取和緩態度，應即召集各界婉為解說，萬不能發生衝突，至使滬市受暴力奪取。至不得已時，可設法使反日運動表面冷靜，或使秘密化，不用任何團體名義，俾無所藉口。」次日，上海警備司令戴戟亦兩次致電行政院，強調上海所面臨的軍事壓力，認為倘若中國完全拒絕日方取消抗日團體之要求，日方則有可能武力佔領上海。27 日晚間 8 時，日本發出最後通牒：對於4 項要求，限上海市府 48 小時內予以圓滿答覆，否則其海軍將自由行動。

　　在日方的武力威脅下，上海市政府忍氣吞聲接受其條件，於 28 日下午 1時 45 分答覆日總領事，接受日方所提 4 項要求，聲稱「本市各界抗日救國委員會有越軌違法行為，業經令行主管局將該會取消，以維法紀。關於類此之越軌違法行為，本市長仍當本法治精神令行取締。至其他各抗日團體，並已令局予以取消。」對於中方答覆，「日領表示滿意，但催促切實履行」。上海

市政府於同日致電行政院：「日領所提要求條件，限於本日 6 時前圓滿答覆，昨經電呈在案。本日日艦進口至 20 艘之多，陸戰隊又紛紛開赴閘北華租交界之處，加緊為作戰之準備。日方事前曾向租界當局聲明，日軍如取必要行動時，決於 24 小時前通知。而本日清晨，日方已經正式通知租界當局，亦據以下令於下午 4 時宣佈戒嚴。市面以情勢緊張，時間逼迫，禍在眉睫，間不容髮，事關大局安危，不容計及個人毀譽榮辱。故仰體中央維護全局之意旨，俯順地方環請顧全之要求，除於昨晚自動的令飭市公安局，立將上海各界抗日救國委員會派警封閉外，今日又下令將各抗日團體予以取消。」〔註 53〕市公安局長溫應星、市社會局長麥朝樞遵照此令於 28 日晨 0 時 30 分派員會同前往查封了抗日會。吳鐵城曾公開談及此事，他在肯定抗日會之愛國性質的同時，更道出了取消抗日會之苦衷。他說，「愛國之情可嘉……惟國民處此環境，當體念國家之艱巨，庶於伸張民氣之中，不失政府後盾之意。」〔註 54〕

日方的侵略並未因中國的妥協而停止，一二八淞滬抗戰期間，上海之外的民眾將抵貨運動視為支持抗戰的重要手段。但是《淞滬停戰協定》簽訂次日，國民政府即命令取締抵貨運動。此後南京的安內攘外政策並未放棄，因而在一系列日本製造的事端之解決中，中方均答應日本提出的取締反日活動的要求。《塘沽停戰協定》的談判中，日方提出「希望事項」4 項，其中之一即「中日紛爭禍根之排日，望即徹底取締」，後載入該協定之附件〔註 55〕。1934 年，蔣介石向日本拋去了和平的橄欖枝，並引發次年春季南京與東京之間的和平談判。王寵惠主動表示，中國和日本應該追求相互友好的行為，如鎮壓反日運動。因此，作為王——廣會談的直接結果，南京開始鎮壓反日運動。2 月 21 日，南京禁止所有報刊刊登反日或贊成抵抗的文章或廣告。27日，蔣介石和汪精衛向中央政治委員會提交了一份備案，並立即予以批准，其中把所有反日的抵貨活動定位非法行為。同時，邵元沖的宣傳部長一職由葉楚傖所取代，邵元沖以前曾經支持抵貨運動。葉與國民黨組織部長陳立夫命令國民黨的有關機構停止任何反日行動，國民黨和政府機構均奉命遵行。3 月 11 日，上海市政府通過了把反日活動定為非法行為的法令。新法令儘管

〔註 53〕章伯鋒：《抗日戰爭第 1 卷：七七之前》，四川大學出版社，1997 年版，第 297 ～300 頁。

〔註 54〕《抗日會取消》，《申報》，1932 年 1 月 28 日第 13 版。

〔註 55〕周天度等：《中華民國史》（第 3 編第 2 卷），中華書局，2002 年版，第 179 頁。

無法把所有媒體一律禁止〔註56〕，在是年夏季的河北事件交涉中，南京基本上屈從了日方的種種苛刻要求，但日方再而提出「全國排日行為之禁止」。何應欽根據汪精衛之指令，以口頭形式答應了日方的全部要求。同時，南京於 6 月 10 日發佈了「敦睦鄰邦交令」，要求國人「對於友邦務敦睦誼，不得有排斥及挑撥惡感之言論行為，尤不得以此目的阻止任何團體，以妨國交」，「如有違背，定予嚴懲」〔註57〕。但日方對此仍不滿意，催逼中方用文書形式答覆。梅津美治郎給何應欽的「備忘錄」第 9 條提出，「中國國內一般排外排日之禁止」，而此「備忘錄」亦構成了「何梅協定」的一部分。河北事件的交涉尚未落幕，日本又製造了張北事件。日方以張北事件為由向宋哲元提出的「交涉要領」的第 2 條是，「解散一切排日機關」。後秦德純根據南京訓令，同意了日方的要求，簽訂了所謂的《秦土協定》，其中第 2 條即為中方「撤退排日機關」〔註58〕。

因此，民國以降的歷屆政府，都試圖將民眾抵貨運動作為中日外交交涉的重要籌碼，甚至欲將抵貨運動視為抵抗的武器，以此因應日本的軍事侵略。故而，在抵貨運動初期，政府大多採取放任甚至支持的立場。但是，隨著日方逐步強硬，甚至以運用武力進行恫嚇，中方的態度無不發生根本性的變化，轉而嚴厲取締抵貨運動。

第二節　失控與管控：抵貨運動與社會秩序

既然歷屆政府多有順應和利用抵貨運動的意圖，故而運動初期，官廳一般不予嚴厲制止，而是扮演社會秩序管控者的角色，試圖引導抵貨運動在軌內進行。但是，抵貨運動的實際進展，往往出乎主政者的預料，難免逾越範圍。為了社會秩序重回軌道，當局亦須禁止抵貨運動。

〔註56〕如日方抗議有諸多令其惱怒的文章逃過了南京的審查，1935 年 3 月 16 日，《東方雜誌》即刊登了一篇論述東北抵抗運動的長文（於偉：《三年來東北義勇軍鬥爭的總檢閱》，《東方雜誌》，1935 第 32 卷第 6 期，第 55～60 頁）；南京的審查對廣東亦無可奈何，胡漢民的《三民主義月刊》即尖銳挑戰企圖與日本和解的蔣介石和汪精衛。
〔註57〕南開大學馬列主義教研室等編：《華北事變資料選編》，河南人民出版社，1983 年版，第 143 頁。
〔註58〕周天度等：《中華民國史》（第 3 編第 2 卷，上），中華書局，2002 年版，第 431～432 頁。

一、管控社會秩序

　　五四抵貨運動初期，地方官廳即並非扮演強製取締者的角色，而是勸說學生將「抵制日貨」、「抵制仇貨」口號改爲「抵制劣貨」，以免外交麻煩，同時大多堅守管控社會秩序的立場，竭力防阻亂事發生。學生焚毀日貨、懲處奸商時多有警察到場維持秩序，看管沒收日貨，亦有警察協助。1919 年 7 月，江蘇清江檢查員查獲日本玻璃，在東門外輪船碼頭銷毀，各界到場監視者數千人，而警察和商團亦在場維持秩序。12 月，南京學生聯合將搜獲日貨堆積公共體育場，現場參觀者多達萬餘人，不僅保安警察在場維持秩序，各區警察署長官皆著便衣入內照料〔註 59〕，上海學生聯合會因福州學生受傷而借用教育會公共體育場召開臨時會議，淞滬警廳派員到場監視，嚴守秩序。會後，少數學生沿途演說，並進入商店檢查日貨，運往體育場焚毀，警察亦暗中防範，避免發生事端〔註 60〕。另外，甚至學生押解商人遊街示眾時，官方亦派軍警沿途維持秩序。成都學商衝突次日，學生押解商人遊街，四川省長楊庶堪無法阻擋，指令警察廳長帶領警察跟隨遊行隊伍之後，沿途維持秩序〔註 61〕。江蘇徐州曾經查獲協同順布莊私進日本洋布，學生將該店店員遊街，官廳及軍方所派稽察員、士兵等均隨行於後，維持秩序，以免意外發生。警察甚至協助學生對所查獲日貨加以看管，或者協調學商雙方如何處置日貨。1920 年 4 月，蘇州各校學生在城廂內外檢查日貨，警察暗中監視，學生在信豐恒商號查獲玻璃 14 箱，當場扣留，並請警方派員照料。警察署長電邀商會會長和學生聯合會會長進行協商，決定將貨送至商會存放，再開會議處置，隨即派巡官 2 人協助學生代表雇船運貨〔註 62〕。由此可見，官廳在抵貨運動初期，並未完全與學生對立，相反，警察有時甚至扮演協助者的角色，旨在防止抵貨運動發生衝突，從而擾亂社會治安。

　　濟南慘案之初，南京國民黨中央即爲抵貨運動劃定底線和範圍，旨在避免社會秩序因此而失控。5 月 6 日，國民黨中央規定，抵制仇貨委員會的主要

〔註 59〕中共江蘇省委黨史工作委員會：《五四運動在江蘇》，江蘇古籍出版社，1992年版，第 241、326 頁。
〔註 60〕《軍警取締查貨之公文》，《申報》，1919 年 12 月 8 日第 10 版。
〔註 61〕范樸齋：《五四時代的成都》，中國人民政治協商會議全國委員會文史資料委員會編：《五四運動親歷記》，中國文史出版社，1999 年版，第 248 頁。
〔註 62〕中共江蘇省委黨史工作委員會：《五四運動在江蘇》，江蘇古籍出版社，1992年版，第 347、385 頁。

工作在於「實行拒用日本鈔票，提取日本銀行存款，停止對日匯兌款項及買賣貨物等」，日本工廠、洋行、日僑家庭或私人之雇員及雇工等一律不得罷工，以免影響工人生計，強調「提倡國貨，自有相當之範圍，如封閉商店、燒毀存貨等有害無益，不宜採用。」〔註63〕9日，國民黨中央執行委員會又通過決議，嚴禁學生罷課遊行及檢查日貨〔註64〕。甚至常與國民黨中央處於對立的一些地方實力派，其立場與中央大體一致，廣東交涉員朱兆莘曾對記者表示：「愛國之念，為人人之所有，如愛國之表示而不出乎軌道之外，則政府必不加以干涉。」〔註65〕1928年11月，天津商人因反對反日會檢查日貨而罷市，兼任平津衛戍總司令的閻錫山對此表示，「無論任何方面，均取和平態度，望津各團體自商安全辦法，官廳既不便促進反日，亦不好禁止排貨」〔註66〕為了保證抵貨運動「不出乎軌道之外」，一如五四抵貨運動那樣，各地公安局常派警察協助反日會開展工作。1929年2月14日，南京反日會曾經決定，「如有發現買賣日貨，即會同公安局將商店經理押赴夫子廟站木籠，以示懲戒。」〔註67〕同南京一樣，北平、天津、漢口、廣西、廣州地方當局都曾派出警察協助反日開展抵貨工作，由此說明地方政府實際成為抵貨運動的協助者。

　　1931年7月31日，蔣介石曾致電南京中央黨部丁懷芬秘書長，認為「各地規定辦法之中，易引起糾紛者原為檢查處罰兩事」，要求丁懷芬「電知中央黨部，轉令各地黨部對於日貨之檢查及違章之處罰，不為苛求，並電政府通令各地方政府特別注意，如有不法行動，應即取締。」〔註68〕國民政府行政院秉承蔣的旨意，於8月14日致電各省市政府，要求其制止民眾之檢查日貨、處罰奸商等舉動〔註69〕。此舉足以表明，管控社會秩序實為南京政府的重要考量。

〔註63〕濟南市檔案館編：《毋忘國恥：濟南「五三」慘案檔案文獻選編》，濟南出版社，2003年版，第140頁。

〔註64〕濟南市檔案館編：《毋忘國恥：濟南「五三」慘案檔案文獻選編》，濟南出版社，2003年版，第144頁。

〔註65〕《朱兆莘談粵省對日態度》，《民國日報》，1928年5月14日第1張第4版。

〔註66〕《津日貨商組請願團》，《申報》，1928年11月28日第7版。

〔註67〕《京反日會工作努力》，《民國日報》，1929年2月14日第1版；亦見《全國反日會最近之工作》，《申報》，1929年2月15日第12版。

〔註68〕中國第二歷史檔案館編：《中華民國史檔案資料彙編第五輯第一編：政治》（4），江蘇古籍出版社，1994年版，第141～142頁。

〔註69〕王霖：《萬寶山事件》，吉林人民出版社，1991年版，第159～160頁。

二、運動失控

　　儘管歷屆政府竭力管控抵貨運動，以期實現迫使日方讓步的目的，但運動失控和社會失序的現象甚難避免。抵貨運動走向高潮，往往對既有經濟秩序、社會秩序造成較大衝擊，甚至逾越法律，引發社會衝突。

　　1915 年 2 月 20 日，杭州商務總會暨各分會分所、浙江省教育會等團體在致電總統時聲稱，「近以各報宣傳之故，已致商情惶惑，貿易減色，各業各界疑問紛紛，憂憤兼至，影響所及，關係甚巨。」3 月 18 日張園國民大會，「秩序頗亂，且與巡捕衝突」。5 月 24 日，上海召開國民救國大會，多達數千民眾參加，「各軍警即將洋槍向人亂擊，眾人始紛紛四散，有如潮湧，受傷者不計其數，並有某甲向梨園路而逃，後有一兵荷槍追趕，將槍柄向其猛擊一下，不料該隊士用力過猛，將槍柄擊折兩斷，甲負傷倒地，口吐血水不止。後由好事者雇車送回家中，據云有性命之憂。而該處四面交通頓時阻止斷絕，來往車輛行人均須繞道而行。商店居民見此情形，亦受驚不淺。該處一帶仍由軍警來往梭巡，以保治安。」國人對二十一條中日交涉「引為深恥」，「雖極憤慨，幸無軼出常軌之舉動，頗為內外輿論所讚美」，而漢口日人竟欲舉行燈會慶賀其「交涉勝利」，由此引發各商店「相約閉門息燈」，租界「中日人民，因之忽起衝突，游民乘機滋擾，致有擊毀日本商店及中日人民互相毆傷之事，幸經漢口鎮守使率警備隊偕各租界巡捕前往鎮壓，不致釀成巨禍。」〔註70〕

　　五四時期的抵貨運動，社會失序問題更加突出。雖有不少社團參與和組織抵貨運動，但並無統一領導中心，沒有任何一個民間組織擁有足夠權威和能力，可以將運動納入其設想或規劃的抵貨範圍。期間，不僅工人罷工、學生罷課和商人罷市，單單商學之間不斷發生的種種衝突，便已透露出抵貨期間社會失序的程度和烈度。尤為重要的是，此次抵貨運動法權旁落民間的現象非常嚴重。學生通過宣傳和勸說等手段，建立「抵制即愛國」、「抵制即公義」的道德標準，成為抵貨道德的制定者，同時學生檢查和扣押貨物，實則暫時扮演「警察」的角色，甚至公然模仿官府執行公務的辦法，對商人進行查貨〔註71〕。1919年 9 月，廣東學生獲悉有日貨將於午夜運至佛山，乃駕船前往檢查，並在船上

〔註70〕章伯鋒、李宗一：《北洋軍閥（1912～1928）》（2），武漢出版社，1990 年版，第 826、825、832～833、836～837 頁。

〔註71〕李達嘉：《罪與罰：五四抵制日貨運動中學生對商人的強制行為》，臺北《新史學》，2003 年第 14 卷第 2 期。

掛著一對「廣東中等以上學生聯合會公幹」的紅黑字燈籠，以免土匪打劫，此
種燈籠乃當時官方公務所用〔註72〕。公判大會的召開儼如法庭，甚至組織洋奴
審問會，審訊買賣日貨者。1923 年長沙六一慘案之後，青年學生、工人組織外
交後援會，其成員密佈各洋行及商店，發現華人與日人進行交易，即一律逮捕。
外交後援會設立洋奴審問會，一如臨時特別法庭，對買賣日貨者自由處置，其
威嚴甚至超過官廳〔註73〕。抵貨團體對商人進行公判、審問，焚毀商人之日貨、
對商人處以罰款、執押買賣日貨的商人遊街等等行為，無不相當於代替官方行
使權力。五四時期的學生不但是道德裁判者，同時也是法律執行者，通過與商
人簽訂志願書和規約，將執法者角色合法化。天津學生曾向警察表示，「彼奸
商業經加入國民大會，不知遵守定章，復行批賣日貨，自應按照定章處置。」
〔註74〕廣州警廳宣告學生調查日貨行為不合法律，下令取消學商之間所訂檢貨
規約，廣東中等以上學生聯合會對官廳進行法理挑戰，強烈申辯排貨與檢貨皆
為合法行為，並指責警廳取消規約之舉為不法行為，在廣州警廳中的信函中，
學生聯合會聲稱，「此舉雖非法律規定，然於上月廿三號各界假座總商會議決
之規約，開會之先，曾登報一周，會議之時，又逐條表決。按之我粵習慣，當
與各行之所謂行規，各鋪之所謂鋪規，各族之所謂族規，各鄉之所謂鄉約，有
同一之效力，且非官廳之所能干涉……至謂勒迫商人遵守規約，不知各行商議
訂之規約，係一種自治規約，該地方商人應宜遵守，猶之國會議訂法律，該國
人民應當遵守。」〔註75〕日本駐華官員曾經一再就抵貨行為的合法性問題向中
國官方質問，日本芳澤參事官向山東交涉員提出 3 項疑惑，「以未成年之學生
而得無上之行政權，政府乃置若罔聞，此不解者一。探政府當局者之內意，似
乎皆不贊成學生之舉動，然又指導戒飭之，其意安在？此不解者二。國家主權

〔註72〕鄧曾驤：《廣州學生五四運動記》，中國社會科學院近代史研究所：《五四運動
回憶錄》（下），中國社會科學出版社，1979 年版，第 831 頁。

〔註73〕《長沙通信》，《申報》，1923 年 6 月 11 日第 10 版。

〔註74〕天津地方志編修委員會辦公室、天津圖書館編：《〈益世報〉天津資料點校彙
編》（1），天津社會科學院出版社，1999 年版，第 174 頁。

〔註75〕《排貨要聞》，《華字日報》，1919 年 9 月 24 日第 3 張第 4 版。廣東中等以上
學生聯合會會長張啓榮上書廣州非常國會議員，指出：廣州總商會與學生訂
立之規約，乃法人與法人間之法律行為，為國法所允許。「此規約既經雙方同
意，又備法律條件，自可完全成立，發生效力。苟一方有違背規約之事情發
生，其它一方當然可根據規約執行處罰。此等私法上之法律行為，微特官廳
無權取銷，抑且無權干涉。」參見《警廳拘捕學生風潮續志》，《華字日報》，
1919 年 9 月 29 日第 3 張第 4 版。

之代表人原係一國之政府，而竟令學生代替政府處置一切，是於事實上中國主
權代表者不爲政府，而爲未成年之學生，此不解者三。」〔註76〕日本駐廣州總
領事太田致函廣東督軍署，說「夫設私刑以強奪私產，擅取金錢者，雖在貴國
法律，亦必儼然以明文禁止而處罰之。」〔註77〕日方的質問，直指抵貨運動關
乎法權這一核心。

　　南京政府時期的抵貨運動，因爲國民黨將各種抵貨力量整合於反日會、
反日援僑會和抗日會等組織，再由這些組織制定和頒行統一的抵貨規約，與
此前歷次運動相比，社會失序問題已經不再非常突出。但是，運動失控並非
不再成爲問題，商人的消極抵貨心態亦不時引起激進學生的不滿，日貨商店
被人擲石或者玻璃被毀等事情常常發生，廣州對日會檢查仇貨時，尚未徵得
商店同意，即強行檢查，「沒收充公」〔註78〕。同時，政府爲了利用抵貨運動
而將部分行政權力臨時渡讓，賦予抵貨組織有權懲罰違反抵貨規約的行爲。
而除了按照奸商處罰條例對違規者進行懲罰之外，反日會也將販日貨商人裝
入木籠和遊街示眾，而這兩種懲罰方式恰恰五四抵貨時期使用較多而又常常
遭到非議。濟南慘案之後，上海、南京、漢口、北平、天津等各大城市均設
立木籠，雖然上海反日會規定，是將販日貨商人的照片和書寫其違犯事實的
紙片，而並非商人本人放入木籠，但是從 1928 年 12 月到翌年 2 月，上海被
罰站木籠者多達 26 人次〔註79〕。遊街示眾也被用來處罰違規者，滬商龔芳來
被罰遊街，曾引起中外廣泛注意〔註80〕。有時，罰站木籠、遊街示眾和經濟
處罰三者並用，如天津商人昌炳君屢次私運日貨，結果被罰站立木籠和遊街
示眾，並處罰金 500 元。民眾組織行使行政處罰權，勢必引發輿論不滿。廣

〔註76〕李毓澍、林明德：《中日關係史料——排日問題（1919～1926）》，中央研究院
　　　　近代史研究所，1993 年版，第 113 頁。
〔註77〕《日領事干涉學生團》，《華字日報》，1919 年 9 月 20 日第 3 張第 4 版。
〔註78〕《反抗對日會沒收貨物》，《越華報》，1928 年 11 月 15 日第 5 版。
〔註79〕參見韓嘉玲：《濟南慘案後的反日運動：1928 年 5 月至 1929 年 5 月》第 4 章，
　　　　臺灣大學歷史系碩士學位論文，1984 年（該文未標頁碼）。
〔註80〕龔係悅來南貨號經理，經營日貨砂糖、海味、味素等，素有「味之素大王」
　　　　之稱。他被查出販賣日貨而被罰款 5 萬元，拒不交納；反日會要檢查他的帳
　　　　簿，他也置之不理。鑒於他態度惡劣，反日會將其舊存新進日貨全部沒收，
　　　　並於 1929 年 1 月 24 日押其遊街。當日龔身上書「奸商龔芳來」的白衣，
　　　　頭戴「貪利金錢」的白帽，以麻繩捆縛，前有人鳴鑼開道，在上海市內遊街。
　　　　時雖天降大雨雪，但仍觀者如堵。參見《風雪中奸商遊街》，《申報》，1929
　　　　年 1 月 25 日第 15 版。

州檢查人員曾經拘押商民，輿論認為，對日經濟絕交會原屬法團之一，對於商民「只居監督勸諭地位，不宜濫行拘押」〔註81〕，針對北平反日會的處罰行為，有人質問道：「今天罰了這個站木籠，明天又罰了某某多少錢，後天又處以名譽的懲戒，不知是誰給了他們這樣權限？」〔註82〕

三、重回正軌

抵貨運動不免逾越範圍，而社會終不能長久失序。不論是旁落還是讓渡於民間之法權，政府終亦須及時回收。隨著抵貨運動的不斷推進，恢復社會秩序即成歷屆政府打壓或者取締運動的重要理由。如果說，晚清政府取締抵貨運動，主要是屈從迫於日方壓力以及擔憂國內挑戰性政治力量居間利用的話，那麼其後歷屆政府之所以取締運動，則往往尚須加上社會秩序這一因素。

1915 年 3 月 30 日，天津直隸將軍銜督理直隸軍務巡按使朱家寶發佈取締抵制日貨告示，聲稱「中日交涉事件可望和平解決，誠恐商民誤會，諭禁造言煽惑，凡爾商民人等，應各安居樂業，中日友誼素敦，務須照常貿易，毋得假託名目，排斥日本貨物，期使地方安寧，免致另生枝節，如違懲究不貸。」5 月 13 日，漢口鎮守使曉諭民眾，關於日人擬行提燈會一事，乃係「不法之徒，捏造謠言」，旨在「煽惑各商鋪閉門停貿，擾亂治安」，希望商人「照常交貿安處」，同日，湖北警察廳也呼籲商民「勿聽浮言，自相猜疑，立即照常營業」。湖北將軍段芝貴和巡按使段書雲亦聯名曉諭民眾「各安生業，切誤聽謠傳，自擾商務」。不僅如此，中央當局亦均以維護社會秩序為由取締抵貨運動。袁世凱在 3 月 25 日的「禁排日貨」令中，指責抵貨運動有違中外商約，並且聲稱，「值此歐洲多事，商務蕭條，詎堪再生枝節，小則累及商家，大則牽動全局」，6 月 29 日的禁令亦強調，歐戰發生之後，國內商務蕭條，稅釐短絀，金融梗阻，人心浮動，而抵制日貨不僅並非「修好睦鄰之道」，且「雙方同受其害，非一方能獨無所虧」，呼籲國人「宜有利害輕重之識別」，「務各安分營業，勿生歧視，勿挾猜嫌」，同時命令各地方當局「遇有抵制外貨及排斥外人之舉，務竭誠諭禁，遇有擾亂行為切實查辦，勿使商民重受苦累」〔註83〕。

〔註81〕《制止對日會擅行拘押商民》，《現象報》，1929 年 1 月 21 日。

〔註82〕北平反日會編印：《為什麼要反日》，約 1929 年 5 月末。

〔註83〕章伯鋒、李宗一：《北洋軍閥（1912～1928）》（2），武漢出版社，1990 年版，第 844～845、846～847、844、848～849 頁。

　　1919 年，上海公共租界工部局認為「分發抵制日貨、煽惑人心之傳單，並懸掛旗幟，有直接激動治安情形」，「擾亂治安」，故需「嚴行懲辦不貸」〔註84〕。1925 年，駐滬奉軍壓制抵貨運動的理由之一是「愛國須維持秩序」〔註85〕。孫傳芳訓諭學生「勿太侵涉營業自由，致妨地方秩序」〔註86〕。

　　北京政府不能不正視抵貨運動對官方執法者角色造成的挑戰。抵貨意願不高的日貨商人對於學生的檢貨和懲罰行為，不斷從法律角度提出質疑，強調營業自由是法律所保障，學生無權干涉。蘇州洋貨業詠勤公所宣稱，「商界與學界及各公所均有獨立之權，彼此未可侵越。即抵制問題發生，純乎良心上之主張，並無何種特設機關所能干涉」，「人民既處法律之下，苟非違犯法律，理得營業自由。」〔註87〕天津總商會會董劉渭川就學生要求限期抵貨一事發表看法，「專制時代之聖旨，仍有收回成命之請求，學生之命令，叫吾們怎樣，吾們就怎樣麼？」〔註88〕，表明商人對於學生居於執法者的強烈不滿。而學商衝突則將道德意義鮮明的愛國行動拉回現實的法律層面，商人勢必向官方要求依法保障營業自由，廣州反對抵貨的商人向官方提出的呈文，即聲稱「沿途截查貨物，實不知其根據法律之所由來」〔註89〕。商學之間衝突頻仍，甚至雙方各自聚眾進行武力鬥毆，勢必徹底衝毀官方對抵制運動的默許和容忍。學生的作為，不但侵犯了政府的行政和司法權，甚至引發社會內部衝突，政府自然不會坐視，必定從學生手中拿回執法權。廣州警察廳長曾經宣稱，「本廳長以為，提倡國貨，人有同心。若一味逾出常軌，任意妄為，不但與國內、國際法兩有牴觸，而省會商場先已不堪其擾。況人人有檢查處罰之權，流弊豈勝防範？」〔註90〕1920 年廣州學生欲強行至各商店檢查，警廳提出 3 項質問，其中 2 項涉及行政、司法權，一為檢查所獲日貨如何判斷？是否適用司法手續？若不適用司法手續，則有失公平，若適用司法手續，則

〔註84〕　上海社會科學院歷史研究所：《五四運動在上海史料選輯》，上海人民出版社，1980 年版，第 741～742 頁。
〔註85〕　上海市檔案館編：《五卅運動》（1），上海人民出版社，1991 年版，第 44 頁。
〔註86〕　《申報》，1925 年 7 月 6 日。
〔註87〕　蘇州市地方志編纂委員會辦公室：《方志蘇州史志資料選輯第 1 輯：蘇州五四、五卅運動資料專輯》，1984 年版，第 83 頁。
〔註88〕　天津歷史博物館等：《五四運動在天津歷史資料選輯》，天津人民出版社，1979 年版，第 511～512 頁。
〔註89〕　《排貨要聞》，《華字日報》，1919 年 9 月 24 日第 3 張第 4 版。
〔註90〕　《警察拘捕學生詳情再誌》，《華字日報》，1919 年 9 月 26 日第 3 張第 4 版。

侵越官方權限；二爲不得在火車、輪船和碼頭檢查貨物，因爲此舉侵犯海關權限，此種質問直擊抵貨運動要害，學生只能要求警廳「勿邃以嚴格的行政權限問題相繩」〔註91〕。一旦官方自學生手中收回執法權，學生執法者角色難以維持，抵貨運動亦難以爲繼。

1929 年 7 月，蔣介石直截了當地表明：「反日會起初爲愛國而設，表示民眾意思，很好。但後來有許多毛病，如檢查、扣貨等行爲，司法權、行政權，亦多少受其影響。現在上海等處與中央附近地方，對於上述行爲，也已禁止，北方自須同樣辦理，愛國民眾須尊重中央，擁護中央。關於河北、北平反日會事，已與市政府談過，如今後仍有不合行爲，定行禁止。」〔註92〕1931 年，青島市政府在覆電行政院時明確表示，「本府負有維持地方之責，爲弭患保安起見」，對檢查日貨「不能不設法制止，以遏亂萌」〔註93〕。

抵貨運動初期，官方希望將運動控制在一定範圍之內，但隨著運動的不斷推進，勢必頻繁引發社會衝突，波及社會治安，從而逾越官方所能控制的範圍，於是官方遂強力干涉和取締抵貨行動。運動中的激進者和不少今人的研究成果，多批評政府禁止抵貨運動，是完全聽命屈從日本壓力的結果，「日本向中國政府施壓，固然是重要的原因，不過，抵制運動發展到一個階段以後，即使沒有日本的壓力，中國無論中央政府或地方政府，很快地都要面臨抵制運動的適法性問題。」〔註94〕

第三節　在朝與在野：國內政局與抵貨運動

抵貨運動的興起，無疑得益於民族主義的激勵，但是，倘無各種在野政治勢力居間鼓動，抵貨運動亦多數難以驟成聲勢。晚清時期的抵貨運動與立憲保皇派密切相關，北京政府時期的數次抵貨運動，則與國共兩黨的宣傳鼓動緊密相連。南京政府時期，中共雖逼迫轉入地下，但還是有所行動。抵貨運動的興起，離不開在野黨派力量不同程度的介入，而這又恰恰成爲歷屆政府處理抵貨運動問題的重要考量。

〔註91〕《警廳研究查貨手續》，《華字日報》，1920 年 5 月 25 日第 3 張第 4 版。

〔註92〕《蔣主席再度接見新聞界》，《益世報》，1929 年 7 月 11 日。

〔註93〕中國第二歷史檔案館：《中華民國史檔案資料彙編第五輯第一編：政治》（四），江蘇古籍出版社，1994 年版，第 143 頁。

〔註94〕李達嘉：《罪與罰：五四抵制日貨運動中學生對商人的強制行爲》，臺北《新史學》，2003 年第 14 卷第 2 期。

一、晚清政府時期

　　早在 1905 年抵制美貨運動中，革命派與保皇派均有參與，前者欲將抵制美貨與其反清事業相連，而後者則試圖將抵貨運動納入立憲保皇的範疇〔註95〕。其後的歷次抵制日貨運動，多有黨派勢力或深或淺的介入。革命派與保皇派的對立，在 1908 年的抵制日貨運動中亦得到充分體現。日本的梁啓超等保皇黨支持抵制日貨，香港的保皇派、立憲派則成爲當地抵貨運動的組織者〔註96〕。日本政府也認爲此次抵貨運動與立憲派有關，其代使阿部守太郎在致外務部電函中稱，抵制日貨「之主謀，係康有爲一派人物，若徐勤江、孔殷等皆屬康黨，現在廣東竭力煽動。其目的所在，欲乘廣東人民誤解辰丸事件非常憤激之際，煽動人心，以扶植自身之勢力。」〔註97〕

　　此次抵貨運動，本來肇端於革命派運送武器問題，但孫中山對抵貨運動明顯採取反對態度。日本政府曾派內田良平與孫中山聯繫，要求制止抵貨運動，孫中山電覆內田表示，「排日團體在新加坡、暹羅、西貢者，已爲吾黨破除。廣東的主導者爲康徒的徐勤、江孔殷，出資者爲李準（提督）、張督。故彼輩財雄、權大，四方鼓動，吾黨財力難與匹敵，若能得 30 萬元，即能盡數破除之。日本商團能出資否。」〔註98〕爲了實現反對清朝封建統治的革命任務，孫中山不惜利用消弭抵貨運動來換取日本援助，對此，黃興雖然沒有直接反對孫中山，但卻曾經指責反對抵貨運動的何天炯「失去了國內同志對他的信任」，「處境已經不佳」〔註99〕。

　　革命派在兩廣一帶頻繁發動起義，而 1908 年抵貨運動又係導源於革命派運送軍火一事，並且保皇派在華南以及南洋亦頗有聲勢，對此，清廷不能不爲之擔憂。外務部電諭南洋大臣端方禁止上海商民排貨時指出，旅滬兩廣同鄉會電稱二辰丸案「有失國權，且與亂黨以護符」〔註100〕，而外務部在函令

〔註95〕黃賢強：《孫中山和革命黨人與 1905 年抵制美貨運動》，《中山大學學報論從》，1995 年第 5 期。

〔註96〕松本武彥：《抵制日貨與在日華僑——圍繞第二辰丸事件》，辛亥革命研究會編：《中國近現代史論集》，汲古書院，1985 年版，第 233 頁。

〔註97〕王芸生：《六十年來中國與日本》（5），生活·讀書·新知三聯書店，1980 年版，第 161～162 頁。

〔註98〕藤井升三：《孫文研究》，第 53 頁。轉自俞辛焞：《孫中山與日本關係研究》，人民出版社，1996 年版，第 89 頁。

〔註99〕俞辛焞：《近代日本外交研究》，天津古籍出版社，2006 年版，第 123～124 頁。

〔註100〕王芸生：《六十年來中國與日本》（5），生活·讀書·新知三聯書店，2005 年版，第 160 頁。

粵督張人駿時，則對抵貨運動「極加醜詆」，指責運動發動者「藉故囂張」、「恣意狂吠，形同化外」，並明確指出「粵省匪徒較多，恐有藉端煽誘情事」。王芸生對此曾有精當解讀：「此一文件，極饒歷史意味，清廷之無能及珠江流域之革命氣象，胥可於此函見之。」〔註101〕

二、北京政府時期

　　民元以降，國內政局波詭雲譎，歷屆政權無不面臨內部各種政治力量的挑戰，在如何因應抵貨運動時，須將挑戰性力量乘機利用抵貨運動這一因素加以認眞考量。1915 年 3 月 25 日，袁世凱認爲「亂黨包藏禍心，乘隙煽惑，尤堪痛恨」，命令各將軍和巡按使「務宜隨時考查，剴切諭禁，認眞防範。倘有亂徒假託名目，擾亂治安，著即嚴拿懲辦，用維大局，而奠民生。」〔註102〕5 月 26 日，袁世凱申令各省「嚴防暴徒藉故暴力煽惑生事」，聲稱「倡亂之徒，早已甘心賣國，而於此次交涉之後，反藉以爲辭，糾合匪黨，譸張爲幻，或謂失領土，或謂喪主權，種種造謠，冀遂其煽亂之私。此輩平日行爲，向以傾覆祖國爲目的，而其巧爲嘗試，欲乘國民之憤慨，藉簧鼓以開釁端，其居心至爲險狠，若不嚴密防範，恐殃及良善，爲患地方，尤恐擾害外人，牽動大局。著各省文武各官，認眞查禁，勿得稍涉大意，致擾治安。倘各該管地方遇有亂徒藉故暴動，以及散佈傳單煽惑生事，立即嚴拿懲辦，並隨時曉諭商民，切勿受其愚惑。」〔註103〕

　　外交部同日致電各省將軍、鎭守使、巡按使、特派員、交涉員，亦持相同論調，聲稱「人民愛國情切，因之發爲憤激言論，情尙可原；惟亂黨造作謠言，強謂政府同意日本初案，指爲失地喪權，極力詆誣，並散佈各項流言，希圖起事，擾亂治安，深堪痛恨。……特恐人民對於實在內容未暇分晰研究，誤信浮言，滋生誤會，致使人民愛國熱誠，轉爲亂黨乘機利用，釀成擾亂舉動，迨至事實明白之日，則已勢成騎虎，後悔已遲。此不但於國家前途大有危險，而人民生命財產，因誤會而至犧牲，豈爲政府所願。用特明白說明，並希查照迭次

〔註101〕王芸生：《六十年來中國與日本》（5），生活・讀書・新知三聯書店，2005 年版，第 162～163 頁。
〔註102〕中國第二歷史檔案館：《中華民國史檔案資料叢刊：護國運動》，江蘇古籍出版社，1988 年版，第 32 頁。
〔註103〕章伯鋒、李宗一：《北洋軍閥（1912～1928）》（2），武漢出版社，1990 年版，第 845～846 頁。

電文，將此次交涉初次提案及最後定案，詳為比較，向商民各機關切實宣佈解釋，俾眾周知，以免亂黨淆惑觀聽，貽害國家，是為至幸。」6 月 29 日，袁世凱再令諭禁抵制日貨，指責抵貨參與者「思想過於簡單，適為藉端煽亂者所利用」。內務部 6 月 16 日秘令各省解散「上海救國急進會」，即以「亂黨之機關」為理由。該密電聲稱，救國急進會「初由少數商人因中日交涉發起，後經亂黨劉洪、曾尚武、高曉安、洽公健、淩惕安等加入，遂成為亂黨之機關。商民未悉內情，激於義憤，入會日多。彼等且以愛國二字為聯絡之具。由救國急進會而改為各團聯合會，現欲作為永久機關，推行各省，外示和平態度，內抱擾亂宗旨。查滬上各團體既因聯絡中日交涉而起，交涉解決，即應全行解散。而各團聯合名義，尤屬臨時集合，在平時毫無存在之理由。亂徒既欲藉此推行陰謀作亂，此解散尤不容緩，即各省亦絕不許有此團體發生，以防滋蔓。」〔註 104〕既要「慮及中國主權和與其他外國條約之關係以及國內輿論沸騰等，終不能再作更多之讓步」〔註 105〕，又擔心國內「亂黨」「乘隙煽惑」，在二十一條交涉已成定局之後，袁世凱政府勢必斷然取締抵貨運動。

　　1919 年以降，國民黨與歷次抵貨運動的關係極其密切。國民黨人顯係五四和五卅抵貨運動的積極推動者和重要組織者。就上海而言，《民國日報》是國民黨人抵貨輿論的重要陣地，國民大會上海事務所則係其領導運動的重要機構。該事務所各科 16 名正副主任中，至少有朱卓文、孫棣三、焦易堂、丁象謙、查能一、陳家鼎、唐堯欽等 7 人是國民黨員，而周錫三、王兆榮、李大年、王天木等人則同國民黨人有密切聯繫。國民黨人積極通過事務所影響學生、工人、商人、婦女等群體，王兆榮、李大年、王天木與學界直接聯繫，陳公哲、朱卓文、周錫三則同商界聯繫，孫棣三同報界聯繫，朱卓文、陳家鼎、蕭晉藩同工界聯繫，丁象謙、陳家鼎等人甚至通過其夫人同女界聯繫〔註 106〕。江蘇無錫的罷市、抵貨是在該地國民大會的直接影響下實現的，常熟的抵貨運動亦與國民大會有關〔註 107〕。1925 年 6

〔註 104〕章伯鋒、李宗一：《北洋軍閥（1912～1928）》（2），武漢出版社，1990 年版，第 824、848～849、848～849、848 頁。

〔註 105〕俞辛焞：《辛亥革命時期中日外交史》，天津人民出版社，2000 年版，第 506 頁。

〔註 106〕楊永明：《國民黨人與五四運動》，中國社會科學出版社，1990 年版，第 133～134 頁。

〔註 107〕中共江蘇省委黨史工作委員會：《五四運動在江蘇》，江蘇古籍出版社，1992 年版，第 128、149～150、134 頁。

月 1 日，國民黨上海執行部婦女部發表宣言，號召國人一致「打倒日本帝
國主義」、「排斥日貨」、「不准日人在中國設廠」。〔註 108〕，可見國民黨亦
深入參與其中。國民黨通過發動抵貨運動擴大了自身在民眾中間的影響
力，黃埔軍官學校在上海一地即招收到 1000 餘名學員〔註 109〕，廣州國民
政府利用此次機會擴大反帝運動與國民革命的宣傳，將民族主義運動與國
民黨的革命運動合二爲一，爲國民革命的成功打下了厚實的基礎，抵貨運
動中被動員起來的民眾則成爲國民革命的主要支持力量〔註 110〕。此外，北
京政府時期，政權頻繁更替，派系之間矛盾重重，抵貨運動亦常與派系之
爭纏繞不清。五四運動發生後，北京當局逮捕學生，吳佩孚則通電表示反
對，聲稱「莘莘學子激於愛國熱忱，而奔走呼號，前赴後繼，既非爲權利
熱中，又非爲結黨要譽，其心可憫，其志可嘉，其情更有可原，即使語言
過激，亦須遵照我大總統懇切曉諭四字竭力維持，如必以直言者爲有罪，
講演者被逮捕，則是揚湯止沸，勢必全國騷然。」〔註 111〕

　　尚未執掌朝政的革命黨和種種政治派別介入抵貨運動，並且往往相當激
進，這雖然有助於運動的勃興，但是，抵貨運動越激進，社會失序問題往往
越嚴重，並且主政者爲了防止挑戰性政治力量趁機壯大，勢必嚴厲取締抵貨
運動。此種政治困境，在南京政府時期的抵貨運動中體現得更加明顯。

三、南京政府時期

　　如果說，國民黨在 1927 年之前的抵貨運動中尚難視爲一支舉足輕重的力
量的話，在 1927 年以後的數次運動中，則顯然是最重要的組織者，按照白吉
爾的看法，抵制洋貨運動「制度化」了，「在牢牢控制各種社會組織和抵制洋
貨運動之後，國民黨新政權立即著手將社會上自發的反抗示威活動改造成爲
一把雙刃武器，既用來反對帝國主義，又反對資產階級本身」，亦即 1927 年

〔註 108〕上海社會科學院歷史研究所編：《五卅運動史料》（1），上海人民出版社，1981
　　　　年版，第 599 頁。
〔註 109〕轉自李健民：《五卅慘案後的反英宣傳》，《中央研究院近代史研究所集刊》第
　　　　10 期，1981 年 7 月，第 269 頁。
〔註 110〕參見馮筱才：《在商言商：政治變局中的江浙商人》，上海社會科學院出版社，
　　　　2004 年版，第 236〜237 頁；李健民：《五卅慘案後的反英宣傳》，《中央研究
　　　　院近代史研究所集刊》第 10 期，1981 年 7 月，第 273 頁。
〔註 111〕李毓澍、林明德：《中日關係史料——排日問題（1919〜1926）》，中央研究院
　　　　近代史研究所，1993 年版，第 35 頁。

及其以降的抵貨運動，首創權已經不再由學生和商人掌握，而是為國民黨所控制〔註112〕。但是，南京政府建立伊始即內憂外困，至少面臨內部各派系、中國共產黨和日本這三重挑戰，而前兩者又往往與日本問題相互嵌入。因此，國民政府在主導抵貨運動時，既想利用民氣，又擔心國民黨內部派系和中共趁機漁利。

　　在1928至1929年的抵貨運動中，南京國民黨中央從一開始就給予了「直接指導」，但並非自始至終都是它「背後的勢力」〔註113〕。自1928年5、6月陳公博、顧孟餘等國民黨改組派勢力登臺之後，對於多數地方反日會和全國反日總會來說，真正的「背後勢力」並非南京國民黨和國民政府，而是國民黨改組派〔註114〕。此時的國民黨和國民政府並非一個統一的整體，上海反日會中的「學聯」，以及打著「受黨支配」旗號的南京、北平、天津等地方反日會和全國反日總會，均屬國民黨改組派的領地。與南京國民黨中央的穩健相比，改組派顯得更加激進。譬如，改組派成員劉侃元主張徹底對日經濟絕交，並且呼籲政府作好對日絕交、開戰的準備：「我們要徹底地對日經濟絕交，且要求政府盡量掩護這絕交內一切民眾。徹底絕交時，凡日本在華工廠內的中國工人都應罷工，日人家內的傭工亦應罷工，日本國內的華工亦應歸國，同時民眾自身要組織強有力的宣傳團體，監察團體，不使投機商人仍密購日貨。政府掩護的話，就是要掩護這些工友的生存與衣食；就是要政府準備開戰！因為在罷工中，日兵必上岸挑釁，捕人殺人，那時政府就必得向日宣佈斷絕國交。」〔註115〕

　　此外，國民黨中央與基層黨員之間在抵貨問題上亦存在尖銳矛盾。1927年清黨後，國民黨不僅面臨黨內人才的逆淘汰問題，而且還存在中央與基層黨員之間的路線分歧問題。中央日趨保守，而地方基層黨員則普遍浸淫在大革命的氛圍中，對大革命中民眾運動的蓬勃發展仍念念不忘，力求穩健的黨中央與相對激進的基層之間往往牴牾頻仍。中央雖然設法讓地方黨部掌控反日會領導權，但結果卻是地方黨部接受基層意見而抗上不遵，給國民黨中央造成極大困擾。而改組派正是利用國民黨上下層之間的矛盾，向中央發起挑

〔註112〕〔法〕白吉爾：《中國資產階級的黃金時代（1911～1937）》，張富強譯，上海人民出版社，1998年版，第314～316頁。

〔註113〕〔韓〕裴京漢：《國民革命時期的反帝問題——濟南慘案後的反日運動與國民政府的對策》，《歷史研究》，2001年第4期。

〔註114〕周斌：《1928至1929年的反日會》，《近代史研究》，2004年第2期。

〔註115〕劉侃元：《到底怎樣對付日本帝國主義者》，《革命評論》，第4期，第19頁。

戰，掀起政治風浪。改組派與中央的矛盾，實際上也是國民黨中央與基層矛盾的一種反映〔註116〕。

南京中央於1929年強力取締抵貨運動，既是順應日方要求，亦與國內政局的演化密切相關。改組派活躍一時，給國民黨中央造成很大威脅，而部分地方實力派與蔣介石之間從合作轉向對抗。針對國民黨中央強令反日會改名一事，時論指出，「以最近時事言之，中央日來所縈心者，尚非對豫陝之軍事布置，而在先勉閻之勿辭。再進一步，或者根本不縈心軍事，而實注意黨務。」〔註117〕豫陝馮玉祥未雨綢繆的戰爭準備，閻錫山以退爲進之要挾，以及改組派氣勢洶洶之攻勢，都成爲蔣介石必須著力解決的國內難題。打壓反日運動，則既可消解日方壓力，亦能騰出手來解決內爭問題。取締抵貨運動，成爲南京中央瓦解改組派勢力的重要手段，1929年7月，蔣介石抨擊反日會檢查、扣貨等行爲影響司法和行政，本意在於瓦解華北地區的改組派勢力。

國民黨內部的黨爭政爭，顯然與抵貨運動的興衰起伏大有關聯，而中共問題則成爲南京政府管控和取締抵貨運動的另一重要理由。

自1927年國共兩黨分裂之後，中共面臨國民黨的白色恐怖政策，自然無法掌握抵貨運動的領導權，正如1929年6月召開的第6屆中央執行委員會第2次全體會議總結的那樣，「各地的反日團體——有群眾的反日團體——我們都不能參加，也仍然是受了國民黨的領導」〔註118〕。未曾取得領導權，並不表示中共對抵貨運動全無關係。實際上，在十年內戰時期的歷次抵貨運動中，中共一直努力奪取抵貨運動的領導權，並試圖促使抵貨運動突破文明抵制的範圍，將反帝鬥爭與反對國民黨的階級鬥爭聯繫起來，而在左傾錯誤的影響下，往往過分強調了階級鬥爭。

1928年5月9日，中共中央發佈通告，明確提出要「厲行對日經濟絕交」，並要求「黨部及黨領導之團體……經過罷工罷市罷課以發動廣大的群眾，厲行經濟絕交等實際鬥爭，以擴大反帝的浪潮。」中共中央批評國民黨領導的「合法的」「和平的經濟絕交工作」，實際上是「巧妙的變相的」壓迫反帝運

〔註116〕齊春風：《國民革命時期的反帝問題再探討——國民黨中央與濟案後反日運動關係辨》，《歷史研究》，2007年第5期，

〔註117〕《廢除不平等條約促進會》（社評），《大公報》，1929年6月11日第2版。

〔註118〕《中國共產黨第六屆中央執行委員會第二次全體會議文件》（1929年6月），中央檔案館：《中共中央文件選集》（5），中共中央黨校出版社，1990年版，第181、200頁。

動，旨在「用運動的方法掩護他們的賣國勾當」，強調「執行經濟絕交時，行動偏於和平的合法的方面，就不能刺激群眾發動群眾，應當堅決地執行由各廠各學校的群眾自動的檢查日貨焚燒日貨阻運日貨⋯⋯等類激烈的動作。」中央將反日運動視爲「恢復城市工作的機會」，要求黨團員將反對日本帝國主義與反軍閥反國民黨的鬥爭聯繫起來，「一方面厲行廣大的宣傳和對日經濟絕交，一方面便是要以民眾的力量從反日運動進而到反軍閥戰爭反對投降帝國主義的賣國賊和屠殺反帝國主義主力工農群眾的劊子手——國民黨蔣介石張作霖以至一切大小軍閥等等。」〔註 119〕

1932 年 2 月 11 日，中共中央批評上海反帝大同盟沒有抓住日本帝國主義製造侵略進攻事變的機會去發動群眾，以至於「許多反日、反帝、反國民黨的工作——罷工罷課、遊行示威、絕交抵貨、民眾自動武裝抵抗等各種重要運動的領導權，都沒有真正拿到你們手上。」〔註 120〕《中央爲上海事變給各地黨部的信》中要求各地黨部「必須最堅決的執行抵制日貨的工作，把抵制日貨的領導權拿到我們自己的手裏」，「必須立刻起來領導抵制日貨與沒收日貨的工作」。〔註 121〕共青團中央也要求各地團部「必須進行抵制日貨的工作」，「必須把抵制日貨的領導權奪到我們手裏來，組織群眾的各種行動，組織調查日貨隊、檢查日貨隊、沒收日貨隊等等，把沒收的日貨救濟罷工工人和失業工人以及難民，把沒收的日貨分給他們。」〔註 122〕「一二八」事變發生前後，南京當局開始打壓抵貨運動，中共正好「抓住廣大群眾對於國民黨的失望與憤怒，而組織他們引導他們走向消滅國民黨統治的爭鬥」〔註 123〕。

在「淞滬停戰協定」簽訂之後的數年之中，華北危機日趨嚴重，中共努

〔註 119〕 《中央通告第四十五號——五三慘案後的反帝鬥爭》(1928 年 5 月 9 日)、《中央通告第四十八號——「五三」以來的形勢與深入開展反帝鬥爭》(1928 年 5 月 18 日)，中央檔案館：《中共中央文件選集》(4)，中共中央黨校出版社，1989 年版，第 196～198、211～212 頁。

〔註 120〕 上海社會科學院歷史研究所編：《「九・一八」——「一・二八」上海軍民抗日運動史料》，上海社會科學出版社，1986 年版，第 262 頁。

〔註 121〕 《中央爲上海事變給各地黨部的信》(1932 年 2 月 15 日)，中央檔案館：《中共中央文件選集》(8)，中共中央黨校出版社，1991 年版，第 110～125 頁。

〔註 122〕 上海社會科學院歷史研究所編：《「九・一八」——「一・二八」上海軍民抗日運動史料》，上海社會科學出版社，1986 年版，第 265 頁。

〔註 123〕 《中央關於日本帝國主義強佔滿洲事變的決議》(1931 年 9 月 22 日)，中央檔案館：《中共中央文件選集》(7)，中共中央黨校出版社，1991 年版，第 421 頁。

力發動抵貨運動，將此視爲領導群眾進行反對國民黨統治的重要手段。1932
年 6 月 24 日，北方各省委代表聯席會議規定，今後北方黨「要十倍努力的」
組織工人反日罷工，發展抵貨運動，爭取抵貨運動的領導〔註124〕，8 月 27 日，
中央通過「關於抵制日貨的決議」，強調指出，「在群眾迫切的抵貨鬥爭中，
全黨立即在行動上而不是空談的實現」，對於中央過去關於「必須最堅決的執
行抵制日貨的工作，把抵制日貨的領導權拿到我們自己手裏」的指示，「是不
能再容忍有絲毫的消汲了」。「決議」認爲，爲了「保障抵貨運動切實的執行，
必須無情的打擊黨內以空談抵貨來代替實際抵貨運動右傾機會主義，與以
『左』的觀點，以爲『抵制日貨是資產階級的口號』來掩蓋放棄領導抵制日
貨運動的消極，才能領導群眾抵貨運動走到正確的道路，才能使抵貨運動在
實際行動上的開展，而更加發展群眾反日反帝反國民黨鬥爭的高潮。」〔註125〕

　　1927 年 7 月 25 日，南京國民政府給上海特別市政府、上海警備司令部下

〔註124〕《革命危機的增長與北方黨的任務》（1932 年 6 月 24 日北方各省委代表聯席
　　　　會議基本通過），《中共黨史教學參考資料》（1），人民出版社，1979 年版，
　　　　第 535～536 頁。

〔註125〕「決議」對如何領導群眾進行抵貨進行了細緻安排，要求全黨必須：「一、立
　　　　即公開的進行工人中、學生中、勞苦群眾中的檢查日貨的組織（如日貨檢查隊、
　　　　調查隊、十人團、糾察隊、拒運日貨隊），成立群的抵貨委員會，進行抵貨
　　　　的工作。二、在碼頭工人，鐵路、海員工人，勞苦工人中進行反對和拒絕裝運
　　　　起卸一切日貨的鬥爭，組織檢查日貨的隊伍，立即進行沒收日貨，將沒收來的
　　　　貨物，分配給這些罷工工人，這是在抵貨運動中首應開始而且最重要的工作。
　　　　三、堅決的領導失業工人、難民和城市貧民和其家屬到堆棧中去，商店中去，
　　　　碼頭上去進行檢查日貨，領導這些群眾自動手的沒收日貨，以救濟群眾的飢餓
　　　　與窮困。四、在日本企業中（特別是紗廠中、麵粉廠中、礦山中），利用和抓
　　　　緊工人群眾反日情緒和經濟利益要求最迫切的工廠，去組織工人反日抵貨的鬥
　　　　爭。組織工人阻止日貨的出廠，沒收出售的日貨，發動這些熟認日貨的工人到
　　　　碼頭上，堆棧中，商店中去檢查日貨，沒收日貨，將沒收來的日貨救濟反日鬥
　　　　爭的工人。五、在店員中，領導組織店員起來揭發和檢查奸商資本家隱藏偷運
　　　　和冒牌的日貨，自動的將它沒收。六、領導工人學生城市貧民去包圍檢查過去
　　　　國民黨和其他反動派別所控制的反日會，商會所查封沒收來的日貨，要求立即
　　　　全部交給群眾接收，如有拒絕檢查、隱藏、吞沒的事實，應領導群眾起來用群
　　　　眾力量將這些分子送到民眾法庭公開審判，給以最嚴屬的制裁（遊街，罰款以
　　　　至交給群眾處死），以開展廣大群眾反國民黨和反一切反動派別的鬥爭。七、
　　　　在黃色工會中，革命反對派應堅決的去領導，發動，組織檢查日貨，沒收日貨
　　　　的鬥爭中，來揭破黃色工會所謂合法手續的把戲和其包庇日貨，侵吞貨物的眞
　　　　相，發動群眾反黃色工會的鬥爭。」中央檔案館：《中共中央文件選集》（8），
　　　　中共中央黨校出版社，1991 年版，第 460～464 頁。

達了禁止激烈排日行動的電令，電文將排日運動貶爲「臨敵自殺」、「謀亂後方，動搖大局」，要求對過激行爲「嚴行懲辦」：「在北代未終，叛徒尙在之時，對外行動，萬宜審愼，前經中央黨部訓令各級黨部，言之至切。乃近來上海排外運動，益見激烈，甚至強迫停業，擅封商品，此種不智行爲，何异臨敵自殺。若再實現罷工，授共產黨以搗亂之權，黨國前途更可悚慮。政府對於愛國民眾，固具同情，而見有某亂後方動搖大局者，亦必嚴予制裁。應令市長、司令等剴切勸止一切幼稚行動。如有不受約束，陰謀煽撥者，應即嚴行懲辦，毋忽。」〔註126〕國民黨中央於 1928 年 5 月 6 日制訂的「『五三慘案』應付方案」第 4 條明確指出，「共產黨無所愛於濟南被害之同胞，且不願中國之統一，於此時期或將利用同胞之愛國心，煽成暴動，直接搖動北伐後方，間接引起更大之寇禍」，因此，國民黨應當勸告全國民眾「整齊嚴肅，準備最後最大的奮鬥，不可有無計劃無組織甚至於無目的之動作。」5 月 10 日通過的「『五三慘案』宣傳大綱」亦強調，「共產黨徒欲利用緊張的民氣而暴動，後方的民眾人人都要注意，維護後方的秩序，嚴防共賊的搗亂，使前敵的將士得安心北伐。」同時制定的 21 條宣傳標語中，第 15 條爲「我們不要上共產黨挑撥離間的當」〔註127〕。

南京政權始終將國內統一置於日本威脅之上，即攘外必先安內。1931 年萬寶山慘案發生之初，蔣介石即電南京政府及張學良，強調「發生全國的排日運動時，恐其被共產黨利用，逞共匪之跋扈，同時對於中日紛爭，更有導入一層紛亂之虞，故官民須協力抑制排日運動，宜隱忍自重，以待機會。」〔註128〕7 月 24 日，蔣介石又發表通電，聲稱「由來外患乘內亂紛起，故討伐赤匪，及討伐叛逆者，爲國家統一上之急務。國家須停止對於朝鮮事件之憤慨與排日之暴舉，可正確認識努力之目標，排日運動，荼毒國家，並損害政府而已。待國家統一時，雪國辱亦非困難。」〔註129〕31 日，蔣介石秘電中央黨部秘書長等人，要求嚴屬取締各界群眾檢查日貨活動，宣稱「日人包藏禍心，

〔註126〕「1927 年 7 月 25 日蔣介石致黃郭電報」，沈雲龍：《黃膺白先生年譜長編》（上），聯經出版事業公司，1976 年版，第 294 頁。
〔註127〕中國第二歷史檔案館：《中華民國史檔案資料彙編：政治：國民黨的民眾運動與工農學商各界的鬥爭》（2），江蘇古籍出版社，1994 年版，第 105、109～110、111 頁。
〔註128〕《蔣介石禁止排日運動向國府及張學良通電》，《盛京時報》，1931 年 7 月 15 日。
〔註129〕《蔣禁排日電》，《盛京時報》，1931 年 7 月 25 日。

正思乘隙以逞，而薛篤弼、陳友仁、劉紀文等又正在日活動，詭謀可知」，「反動之徒，惟恐不亂，難保不混跡各地，鼓煽風潮，發生意外」，因此中央政府通令各地方政府特別注意，「如有不法行動，應即取締，以免爲反動派利用，藉安人心，而防意外。」〔註130〕1932 年 1 月 31 日，一二八淞滬抗戰爆發之後，何應欽致電上海市長吳鐵城等人時，仍然強調，「對假託愛國名義之搗亂團體，應嚴加制止。其他民眾愛國之行動，亦須周密注意，以防共匪從中利用機會，而圖搗亂也。」〔註131〕

　　因此，擔憂內部反對力量乘機參與和操縱抵貨運動，顯然是南京中央抑制運動的思慮重點，誠如時論所指出的那樣，「南京政府對於朝鮮事件之排日運動，憂懼共產黨及反對派之蹶起與陰謀，嚴令隱忍自重。」〔註132〕

第四節　嚴禁與違禁：抗戰時期官方與經濟絕交

　　本章前面 3 節，主要探討抗戰以前官方態度與抵貨運動興衰之間的關係，本節則著力考察抗戰時期官方在經濟絕交運動中的悖論性表現。

一、應戰多於求戰

　　1937 年 7 月 17 日，蔣介石在廬山舉行會講，宣稱國民政府之外交政策，「向來主張對內求自存，對外求和平」，「萬一眞到了無可避免的最後關頭，當然只有犧牲，只有抗戰」，但同時又認爲，中國的態度「只是應戰而不是求戰」，「應戰是應付最後關頭逼不得已的辦法」，因爲「我國是弱國，又因爲擁護和平是我國的國策，所以不可求戰」。因此，針對盧溝橋事變，蔣介石的態度是：「盧溝橋事件能否不擴大爲中日戰爭，全係日本政府的態度；和平希望絕續之關係，全係日本軍隊之行動。在和平根本絕望之前一秒鐘，我們還是希望由和平的外交方法，求得盧事的解決。」〔註133〕正是基於應戰而非求戰

〔註130〕中國第二歷史檔案館：《中華民國史檔案資料彙編：政治：國民黨的民眾運動與工農學商各界的鬥爭》(2)，江蘇古籍出版社，1994 年版，第 141～142 頁。

〔註131〕章伯鋒等：《抗日戰爭第 1 卷：七七之前》，四川大學出版社，1997 年版，第 341 頁。

〔註132〕《排日之內幕：政府對黨部之軋轢》，《盛京時報》，1931 年 7 月 18 日。

〔註133〕《盧溝橋事變後的廬山談話（1937 年 7 月 17 日在廬山第 2 次談話會講）》，國民政府軍事委員會政治部編：《領袖十年來抗戰言論集》，1939 年版，第 319～323 頁。

的考量，1937 年 8 月 6 日，由國民政府軍委會委員長蔣介石親自簽署的致漢口市政府的「武漢行營關於清查各商店敵貨」的命令，係以「密令」形式發出〔註 134〕。也正是因為應戰而非求戰的基本思路，在整個抗戰時期的經濟戰中，中國一直處於被動。

日本對華經濟戰，大致可以劃分為 5 個階段，即：1937 年 7 月至 1938 年 1 月的金融攻勢期、1938 年 2 月至 1940 年 5 月的走私傾銷期、1940 年 6 月至 1941 年 11 月的全面封鎖期、1941 年 12 月至 1943 年 4 月的物資誘購期以及 1943 年 5 月至 1945 年 8 月的物資交換期〔註 135〕。而中國對日經濟戰，亦可劃分為相應的 5 大階段：1937 年 7 月至 1938 年 2 月的初步管制期、1938 年 3 月至 1940 年 7 月的經濟絕交期、1940 年 8 月至 1941 年 12 月的的部分開放期、1942 年 1 月至 1943 年 9 月的物資搶購期和 1943 年 10 月至 1945 年 8 月的物資交換期〔註 136〕。因此，正如時人的檢討：「主動性成分過於稀薄，經濟戰爭的對策，大都採取防禦的性質。但是這種防禦，總是跟著敵人進攻之後方才發動起來的。換言之，這是被動的防禦，不時主動的防禦；是事後的防禦，不時事前的防禦。」比如，法幣匯價，早在戰爭發動之初就應實施統制，但終以顧忌第三國反響之故，等到敵人成立偽銀行實行套匯時，方才實施外匯申請辦法。大半年間，國內資金逃避者已不少了。黑市場發生，我方還莫名其妙的以平衡外匯基金維持黑市匯價於 8 便士水準。與其說為穩定法幣匯價，維繫淪陷區人心，毋寧是為顧存第三國在華權益，維持其對華自由貿易。反之，因為維持這一匯價 1 年多，足以便利敵人的套匯，損失外匯不少。「這都是由於被動的防禦戰術之錯誤造成的」〔註 137〕。

另一方面，對外貿易也未能實現有效的對敵封鎖，許多被禁止的物品仍然暢銷內地，而後方的原料仍有大批不合理的輸出，淪陷區的對外貿易，常占全國貿易總額的 80％以上。對於國民黨政府在對敵經濟戰中基本上處於守勢的狀況，當時就有人評論指出：「敵寇所施戰略和戰術，已更形卑鄙而毒辣。至於我國所採的各種對策，雖說也曾給予敵人以相當的打擊，但一般說來，敵人來勢洶湧，而我國的回擊，卻始終不夠猛烈。儘管大多數的條例和辦法，

〔註 134〕《武漢文史資料》，1998 年第 3 期，第 139 頁。
〔註 135〕齊春風：《論抗戰時期日本的對華經濟戰》，《歷史檔案》，2002 年第 3 期。
〔註 136〕齊春風：《論抗戰時期國民政府的對日經濟戰》，《歷史檔案》，2004 年第 2 期。
〔註 137〕劉耀燊：《中日經濟戰》，新建設出版社，1941 年版，第 95 頁。

我們似乎無可厚非，然而由於執行的未能徹底，以致弊病叢生，漏洞極多。」〔註138〕甚至連蔣介石本人也承認：「我們目前經濟上最大的困難，就是因為走私不能禁絕，一切進出口貨物之不能統制，尤其是仇貨之得以侵入內地，偽幣之潛在戰區推行，完全由於我們緝私的機構不能健全，亦即是由於各級財政、經濟、交通人員忽視本身職責之所致。」〔註139〕太平洋戰爭爆發以後，情況雖有好轉，但亦未能從根本上改觀。

二、對於官員的獎懲規定

抗戰時期的經濟絕交，由官方主導，直隸於行政院的是由社會局負責，在縣為縣政府，在市為市政府。從有關法令來看，對於違令官員的懲處相當嚴厲。

《禁運資敵物品條例》第 12 條規定，「執行查禁之人員如有包庇縱容或其他營私舞弊情事，查有實據者，處死刑或無期徒刑。」《查禁敵貨條例》第 40 條規定，「管理敵貨檢查、鑑別、登記及處分之人員，如有包庇縱容或其他營私舞弊情事，查有實據者，處死刑、無期徒刑或 10 年以上有期徒刑。」〔註140〕《防止仇貨辦法》第 5 條規定，「如有不肖黨政軍人員袒運仇貨，包庇走私，或與民爭利者，由行營依戰時軍法嚴懲。」〔註141〕《查禁敵貨條例施行辦法》規定，對於在抗戰期間私自包運或賄放敵貨的軍隊人員，「包運或賄放之軍人，應即由查獲者報由主管機關部隊，移送軍法機關，按軍法從嚴處辦」，凡指定負責督察查禁敵貨的各級人員，「如發現有包運、賄放敵貨情事，而隱匿不報者，應依法嚴處」。〔註142〕

為了督責地方政府切實執行中央政令，《修正查禁敵貨條例》第 39 條規定，地方主管官署、海關或其貨運稽查處，必須按月向省市政府、財政部呈報查禁日貨情形，並轉經濟部備案，其中包括 1、敵貨公告事項；2、敵貨登記事項；3、執行檢查敵貨之工作情形；4、敵貨鑑別情形；5、執行處分事項；

〔註138〕時事問題研究會：《抗戰中的中國經濟》，中國現代史資料編輯委員會 1957 年版，第 273 頁。

〔註139〕時事問題研究會：《抗戰中的中國經濟》，中國現代史資料編輯委員會 1957 年版，第 299 頁。

〔註140〕《查禁敵貨條例》，《經濟動員》，1938 年第 11 期。

〔註141〕重慶市檔案館編：《抗日戰爭時期國民政府經濟法規》（上冊），檔案出版社，1992 年版，第 101 頁。

〔註142〕《經濟部公報》，1940 年第 3 卷第 1～2 期。

6、處理敵貨所得款項之數目及分配用途情形；7、其他奉令辦理查禁敵貨事項。1939 年 12 月，國民政府行政院甚至要求各省政府將查禁敵貨事宜納入縣長考核範圍，聲稱「現查各地敵貨充斥，尤以沿海及接近敵區地方為甚，本院前為加強禁令效力及防止敵貨流入內地起見，……各省政府於辦理縣長考核時，因即以查禁敵貨事項認為其重要工作成績之一。」〔註 143〕

此外，省政府對縣級政府查禁不力者，不時予以嚴詞訓斥。四川達縣縣政府就因檢查日貨不力而遭到省府訓斥：「查省屬各縣既存仇貨統限二十七年十月底一律肅清，早經本府通令飭遵有案。何以該縣地方於肅清後，尚有仇貨發現。足見地方政府平日忽視政令，稽察不力。惟念該縣縣長到任未久，姑予免議。該縣鄰近戰區，敵貨侵入較易，應特別注意查禁，勿再玩忽」。〔註 144〕1940 年，雲南省政府秘密發佈類似訓令：「查查禁日貨關係經濟國防，執行機關之張弛，即以判敵我國力之消長。關於執行人員包庇縱容營私舞弊之懲罰，在國民政府公布施行之查禁敵貨條例內規定甚嚴，本院為加強禁令效力起見，曾通令嚴切查禁。最近復制定查禁敵貨條例施行辦法公佈通轉施行，各地方主管機關自應恪遵命令，切實辦理，俾收戰時對敵經濟鬥爭之實效。乃近據報告，各地主管執行機關，仍有陽奉陰違執行不力情事，殊屬非是。茲特重申前令認真查禁，各處如再發現敵貨，惟該管執行機關執開是問，定當嚴法責辦，決不姑寬。」〔註 145〕

三、地方官員的消極應付

國民政府組織實施查禁日貨，給予各地方主管機關查禁日貨的權力，但大敵當前，地方政府忙於戰事，人力資源並非十分充足，逼迫權衡輕重，有所取捨，而對於查禁日貨工作，只好聊備一格，徒做點綴。河南各縣紛紛成立由黨政軍機關官員為委員的「查禁仇貨委員會」，但是這些官員均忙於自身本職公務，沒有時間和精力管理日貨查禁事宜，陝縣等地的「查禁仇貨委員會」被指責「毫無工作表現」。〔註 146〕如在浙江，規定應由縣政府組織日貨檢

〔註143〕《以查禁敵貨事項認為縣長考績重要工作成績之一仰知照(人字第 1619 號訓令)》，《廣西省政府公報》，1939 年第 655 期。

〔註144〕《各縣政府呈報查禁敵貨情形》，四川省檔案館，全宗號：民 41，案卷號：2364。

〔註145〕《雲南省政府訓令 (秘建字第 966 號)》，《雲南省政府公報》，1940 年第 12 期。

〔註146〕《敵偽經濟彙報》，第 7 號，1940 年 2 月 10 日。

查隊，負責辦理檢查日貨事宜，並規定檢查隊隊長由縣長派充，隊員由各機關團體派員兼任，「均義務職」，立意甚善，但多未執行，以至於浙江沿海各口岸成爲日貨向內地傾銷的大本營。〔註 147〕

抗戰初期，四川省政府組織成立了四川省肅清仇貨委員會，並下令各縣市政府分設相應的機構，負責肅清當地仇貨，但部分縣市政府對於此舉持消極態度。按照規定，凡屬下列情形的縣市均須設立分會，即 1、交通便利、商業發達之地；2、地處水陸要衝，貨運必經其境；3、商業雖不發達，但與商業繁盛區域鄰近之地。〔註 148〕 不過，雷波、懋功、綿竹等縣或以「地處偏僻，商貿不甚發達，仇貨向少輸入」爲理由，或以設置委員會將對當地商戶造成滋擾爲藉口，呈請省府准其免設或緩設肅清仇貨委員會。對此，四川省政府雖仍宣稱「敵人狡詐，奸商眾多，到處傾銷，無孔不入。不有普遍防止之方，難收澈底肅清之效」，但又答應爲了體恤商艱，應予「變通辦理」，〔註 149〕，同時規定「凡屬偏僻縣份，仇貨向少侵入者，得由當地政府考察實際情況，呈由本府核准，暫緩設置肅清仇貨分會」。〔註 150〕 在此示範效應下，許多縣份陸續呈請免設，「經省府核准者頗多」。對於免設肅清仇貨分會的縣份，省政府只能強調「仍應由該地方政府負責指飭有關機關團體，隨時嚴密稽察，勿使乘機侵入」，〔註 151〕 但查禁機構的缺失，無疑會影響當地肅清仇貨工作的進行。1938 年 10 月，四川省政府撤銷肅清仇貨委員會及各分會，要求各縣市政府接管相關工作，繼續嚴厲查禁仇貨。但命令在各地並未得到嚴格執行，當地政府消極對待檢查，致使「少數奸商因緣牟利，乘機私運私售，遂任敵貨又復充斥市場」。〔註 152〕 次年 11 月，重慶市政府在代市長吳鐵城主持召開肅清敵貨會議，決定組織重慶肅清敵貨委員會，要求當月 14 至 16 日將市內

〔註 147〕 陸國香：《現階段走私問題》，《財政評論》，1940 年第 3 卷第 6 期。

〔註 148〕 《本會關於經費問題呈請省府審核》，四川省檔案館，全宗號：民 64，案卷號：158。

〔註 149〕 《本會規章及省府本會關於肅清仇貨的訓令、指令、呈》，四川省檔案館，全宗號：民 64，案卷號：154。

〔註 150〕 《本會規章及省府本會關於肅清仇貨的訓令、指令、呈》，四川省檔案館，全宗號：民 64，案卷號：154。

〔註 151〕 《本會規章及省府本會關於肅清仇貨的訓令、指令、呈》，四川省檔案館，全宗號：民 64，案卷號：154。

〔註 152〕 《市府、商會頒發各市縣根絕敵貨辦法》，成都市檔案館，全宗號：民 104，案卷號：1515。

存貨登記完畢，檢查鑒定工作 17 至 19 日辦竣〔註153〕，可見重慶日貨問題相當嚴重。四川達縣在 1938 年 10 月底基本肅清仇貨後，由於縣政府疏於檢查，使仇貨在該縣市面上再度出現，「足見地方政府平日忽視政令，稽察不力」。〔註154〕不僅達縣一地，此種情況在其他縣份也大多存在，四川省查禁敵貨委員會曾經指出，「現在歷時逾月，各地方政府已經遵令辦理者固多，而敷衍因循，延未具報者亦復不少」。〔註155〕

四、謀私與走私

雖然國民政府制定了一些相關的監督管理措施，並鼓勵民眾檢舉工作人員在執行查禁仇貨任務時的不法行為。但這些規定和法令往往徒具空文，沒有起到應有的效力，執法人員徇私枉法的情況時有發生。在查禁仇貨過程中，存在著大量的人情交易。相關檢查人員及官員貪污腐化，為私運、販賣仇貨的商人大開方便之門，使得仇貨檢查形同虛設，「敵貨檢查處有時成了敵貨通過處」。〔註156〕

廣西龍州緝私所所長羅東藩經常以權謀私，索要賄賂，壓制緝私工作。1939 年 2 月，奸商農志豐將鎢砂 2.5 噸、銀錠 200 餘市斤、汽油數十桶、機油 10 餘桶、鐵條 500 餘根等重要物資出售資敵，羅東藩竟聽之任之，個中原由，「不難查悉」。〔註157〕安徽省政府在戰時設立貨物檢查機構，但其中不少工作人員將該機構視為中飽私囊、大發橫財的工具。他們利用職權，對普通商販百般刁難，勒索財物，甚至以敵貨為藉口，將商人財物沒收充公。而商人為了減少損失，逼迫忍痛送上「買路錢」。亦有檢查人員與奸商勾結，將淪陷區敵貨偷運入境，並將國統區糧食、棉花和桐油等資敵物品運往敵佔區高

〔註153〕《渝市府昨開會討論，嚴屬肅清敵貨》，《中央日報》，1939 年 11 月 14 日。

〔註154〕《各縣政府呈報查禁敵貨情形》，四川省檔案館，全宗號：民 41，案卷號：2364。

〔註155〕《四川省查禁敵貨委員會組織規程，四川省各縣敵貨檢查處組織通則》，四川省檔案館，全宗號：民 41，案卷號：2338。

〔註156〕《皖南前線的敵貨攻勢》，軍事委員會戰時新聞檢查局編：《走私專輯》（上）（油印本）。轉引自齊春風：《抗戰時期國統區與淪陷區間走私貿易述論》，《民國檔案》，1999 年第 1 期，第 78 頁。

〔註157〕《龍州所長羅東藩對農志豐資運鎢砂等未予堵緝（1939 年 4 月 8 日）》，中國第二歷史檔案館藏檔。轉引自齊春風：《中日經濟戰中的走私活動：1937～1945》，人民出版社，2002 年版，第 280、281 頁。

價出售牟利〔註158〕。成都市商會鍾雲鶴在四川省肅清仇貨委員會中擔任常委
並任鑒定股副主任，據他回憶，四川省肅清仇貨委員會成立後不久，為斷絕
仇貨來源，特派一人到郵局查驗包裹及運來貨物。許多大字號由上海寄來的
仇貨疋頭改牌換面，企圖蒙混過關，如蘇貨業的大字號福太和、永全吉、德
聚永、寶源隆等，就與檢查員聯絡上交情，瞭解到他抽大煙，愛打牌，常輪
流請他吃飯，燒大煙，玩牌，因此他的查驗馬虎。〔註159〕

　　不僅檢查人員徇私枉法，甚至連一些非檢查機關、團體也在查禁仇貨中
插上一腳。為從中謀取私利，他們常常以檢查仇貨為由，隨意查扣商家貨物，
科罰重金。1938 年 10 月，省府頒行《四川省抗戰時期處理仇貨暫行辦法》，
其中規定由各縣市政府負責執行對仇貨的檢查和處理，各縣市區內機關法團
及民眾團體或私人雖有舉發當地仇貨的責任，但不得越權處理。不久，富順
縣同業公會等聯名向省府申訴，稱該縣黨部越權查扣該縣商號物品，查扣仇
貨本應由當地縣政府辦理，而該縣黨部人員卻越俎代庖。〔註160〕事後，省府
下令富順縣政府進行調查，並對被扣物品進行檢查和處理。但對該縣黨部人
員的越權行為，卻沒有進行任何的處分。在查禁仇貨過程中，隨意扣留貨物，
重複檢查、處罰的現象並不鮮見，商家對此苦不堪言。這樣做既加重了商家
的經濟負擔，不利於戰時商業貿易的正常運行。也讓民眾開始懷疑政府查禁
仇貨的目的，不利於查禁仇貨工作的順利進行。

　　由於相關監督管理措施的缺失，加上政府官員及工作人員的貪污腐化，
使得仇貨暗地裏源源不斷地流入國統區。「鴉片充斥，私貨遍地，仇貨比比
皆是」，「大江南北，仇貨充斥」。〔註161〕連蔣介石都承認，「凡是在財政、
金融、交通、經濟各界服務的，一般社會人士，……總以為我們是官僚，是
貪污的」。〔註162〕

〔註158〕周進修：《抗戰時期的安徽貨物檢查機構研究》，《商業文化》，2009 年第 10 期。
〔註159〕鍾雲鶴：《抵制仇貨見聞錄》，成都市檔案館，全宗號：103，案卷號：88，第
　　　　52 頁。
〔註160〕《各縣政府呈報查禁敵貨情形》，四川省檔案館，全宗號：民 41，案卷號：
　　　　2364。
〔註161〕湖南《開明日報》被扣稿件《閩南的走私潮》，軍事委員會戰時新聞檢查局編：
　　　　《走私專輯》（上）（油印本）。轉引自齊春風：《抗戰時期國統區與淪陷區間
　　　　走私貿易述論》，《民國檔案》，1999 年第 1 期。
〔註162〕蔣介石：《抗戰建國中交通財政經濟金融人員之職責》，《湖北省政府公報》，
　　　　第 455 期。

對於經濟絕交運動破壞最大的無疑是軍隊走私問題。抗戰時期，國民黨軍隊廣泛地參與了大後方與淪陷區間的走私活動〔註163〕。在皖南，敵貨檢查機關對軍隊與奸商勾結的「軍商合作」式走私束手無策，〔註164〕。在浙西，對敵封鎖政策成效甚微，「一面資日之物仍不免走漏出境，而一面日偽貨物，亦源源輸入未絕」，因為「主持人員頗多未能盡厥守之處，尤以少數不肖軍人武裝包庇走私」〔註165〕，「亦有雜色隊伍」以購辦軍糧為名進行武裝走私，「地痞藉惡勢力聯合軍隊偷運，甚至船頭上架了機關槍，腰間掛了木殼槍」〔註166〕。湖北老河口係重要走私據點之一，走私商甚至分化為黃陂、孝感與軍人三幫，其中軍人幫則以第29集團軍官兵為多。除自己販運外，還武裝庇護商人走私〔註167〕。戴笠到東南地區視察，認為「東南走私經商的不是黨政機關就是軍隊，而純粹商人走私經商已不容易了。」〔註168〕在華南，走私受到不肖官吏和軍人的包庇「固不足為奇」，甚至華南沿海和淪陷區附近的官吏、游擊隊以至正規軍隊直接從事走私，並且成為「公開的秘密」。第4戰區代司令長官張發奎曾經抨擊說，廣東游擊區很多軍政負責人「包煙庇賭，走私漏稅，貪贓枉法，過著醉生夢死的生活。」〔註169〕

寧夏的走私極為公開，由甘、寧運達包頭的土產，在中方陣地由駐軍分段保護抽稅，每千頭駱駝往返一次抽稅款及保護費40萬元〔註170〕。甘肅河西地區由馬步青所部騎兵第5軍駐紮，該部隊將包庇走私作為收入來源，經阿拉善旗往返包頭和武威的私貨，每日整千駱駝往返不絕。私貨均集中在馬氏軍部所在地新城辦理，每駝貨物上等者納稅200元，次等納100元〔註171〕。

〔註163〕齊春風：《抗戰時期國民黨軍隊的走私活動》，《安徽史學》，2007年第6期。
〔註164〕《皖南經濟戰》（重慶所檢扣稿件），軍事委員會戰時新聞檢查局編：《走私專輯》上，油印本。轉引自齊春風：《抗戰時期國統區與淪陷區間走私貿易述論》，《民國檔案》，1999年第1期。
〔註165〕《厲行制裁浙省經濟走私》，《東南日報》，1940年1月11日。
〔註166〕秦柳云：《淪陷區的農村經濟》，《中國農村》，1941年第7卷第3期。
〔註167〕中統特種經濟調查處：《老河口仇貨充斥》，《經濟情報》，1941年第1874號。
〔註168〕公安部檔案館編注：《在蔣介石身邊八年——侍從室高級幕僚唐縱日記》，群眾出版社，1991年版，第439頁。
〔註169〕徐修齡：《如何杜絕華南的走私》，《國民公論》，1940年第3卷第20期。
〔註170〕《豫陝綏寧走私現狀報告書》（1939年），《檔案史料與研究》，1995年第2期。
〔註171〕《財政部會計處致物資處函件》（1939年11月9日），中國科學院歷史研究所第三所南京史料整理處編：《中國現代政治史資料彙編》第3輯第77冊，1961年。

青海私貨往來出入完全由省主席馬步芳掌握。青海每年由包頭換回的私貨，價值高達 500 萬元之巨，由馬步芳心腹鄺武往返販運，除鄺武外無人能運貨入青〔註172〕。綏遠走私活動亦很活躍。1942 年 7 月，綏遠貿易公司密派自衛軍第 2 路參謀長李聚五與游擊隊部副李俊峰前往河西，託僞方王英與日方交涉通商。經李俊峰與日軍顧問商談，日方允以大後方不禁止皮毛出境爲條件，開放日貨內運〔註173〕。陝北私貨也來自包頭。第 22 軍駐紮榆林有年，軍長高雙成在榆林設有合作社，由該軍軍需薛高庭負責，每年由包頭販運約值 200 萬元的私貨。甚至連排長亦大肆販運，多獲厚利〔註174〕。陝南私貨大部分由河南經潼關入境，走私者多與鐵路及郵政人員勾通，其中軍人及公務員頗多〔註175〕。豫北靈寶到澠池段係隴海路最西一段，駐守靈寶河防的第 104 師某連包庇商人偷運桐油、生漆渡河資敵，商人將油、漆改裝於煤油桶內，每桶交守軍包運費 8 元，渡過一人亦交 8 元。連長蔣正武不僅包私，且時託商人代其運油至淪陷區銷售，所得盈餘除營長抽 3 成外，其餘 7 成由其支配〔註176〕。鄭州至開封爲隴海路東段，由孫桐萱部駐守，走私特別猖獗。1941 年 2 月，孫氏在給蔣介石的報告中信誓旦旦地保證：「一本赤誠，奉行法令，不避嫌忌，不畏流言，嚴督所屬，認眞防緝。」孫部確實處罰過一些走私的軍人，計處死刑 4 人，判處有期徒刑 3 人，記過 1 人，檢束 1 人，撤職 5 人〔註177〕。但受處罰者均爲無背景的軍人，該部軍官走私則安然無恙，「以總司令部軍需人員爲主腦，大量販運私貨，次爲各師各團之軍需人員以及營連長等，或自行運售，或包庇商人，以所得大肆揮霍，消耗於嫖賭煙等非正當娛樂」〔註178〕。孫桐萱包庇親屬走私爲人所詬病。如常耀先係孫氏表侄，任第 3 集團軍第 20 師副官時，包庇鄭州祥泰商號將豬腸 30 件運赴淪陷區銷售，每件收包運過河

〔註172〕《豫陝綏寧走私現狀報告書》（1939 年），《檔案史料與研究》，1995 年第 2 期。

〔註173〕《敵僞經濟彙報》，1942 年第 36 期。

〔註174〕《豫陝綏寧走私現狀報告書》（1939 年），《檔案史料與研究》，1995 年第 2 期。

〔註175〕《敵僞經濟彙報》，1940 年第 16 期。

〔註176〕中國第二歷史檔案館編：《中華民國史檔案資料彙編》第 5 輯第 2 編《財政經濟》（二），江蘇古籍出版社，1997 年版，第 246 頁。

〔註177〕中國第二歷史檔案館編：《中華民國史檔案資料彙編》第 5 輯第 2 編《財政經濟》（四），江蘇古籍出版社，1997 年版，第 724、726～727 頁。

〔註178〕《豫陝綏寧走私現狀報告書》（1939 年），《檔案史料與研究》，1995 年第 2 期。

費 50 元〔註 179〕。後任鄭州警備司令部特務隊長開辦正興泰豬鬃行，派人在鄭州附近各縣鎮大量收買豬鬃，每月購入約在萬元以上，每次以三五十斤零星委託便衣探員偷運赴汴銷售，常氏獲利甚重〔註 180〕。位於豫東皖北的界首是華中重要的走私據點，商販於 1939 年年初始自淪陷區輸入物品，經營規模漸次擴大，每天交易額高達 40 至 60 萬元，各級政府與駐軍設立種種檢查機構，如「安徽省戰時第 15 進出口貨物檢查所第 5 分處」、「皂廟軍警聯合稽查處」、「界首警備司令部」、「船舶管理處」等，徵收名目繁多的捐稅〔註 181〕。

　　據陳誠回憶，滇南「若干部隊對於走私、運煙、聚賭、盜賣軍械等敗壞紀律行為，亦較其他駐地之部隊為多」〔註 182〕。1941 年 7 月，軍統戴笠透露，「近來各地之走私，大都有不肖軍人為其背景，故武裝包私走私之風甚熾。」〔註 183〕1942 年 4 月，四川省政府奉最高當局令，嚴禁各部隊長官利用地位、職權及經濟能力走私經商或包庇放縱，從中漁利〔註 184〕。據中統情報，「戰時各集團軍及戰區軍人包庇走私，各游擊隊販運敵貨，實屬普遍現象」〔註 185〕。

　　對於官方種種法令之實效，時人曾有深刻反思，認為「僅有原則上的規定而無具體的實施辦法」，「當局曾經頒佈了許多法令，但可惜的是，都僅僅屬於原則的規定，而無具體實施的辦法。所謂具體實施，主要的是，這些對策沒有與政治條件相配合。法令頒佈以後，各地是否奉行不遺餘力？事實上，由於有些地方一部分惡化勢力存在，如見利忘義的奸商、不肖軍人、地方土劣販賣仇貨，貪圖厚利，由於政府對運輸統制及緝私組織未臻健全，仇貨之走私，資源之資敵，依然如昔。」〔註 186〕而 1940 年，時論在探討根絕敵貨辦法時仍然指出，敵貨侵入的方式大致有利用郵包寄遞、唆使奸商攜帶、民船民夫偷運、假冒歐美商標、冒稱我國國貨和賄賂不肖官吏等，而之所以仇貨

〔註 179〕中統特種經濟調查處：《鄭州奸商走私仍熾》，《經濟情報》，1939 年第 331 號。

〔註 180〕《中央銀行經濟研究處專門委員孟憲章等呈報戰區走私及日敵重價吸收與傾銷物資情形》，1941 年 7 月 22 日。《敵偽經濟彙報》，1940 年第 14、15 期合刊。

〔註 181〕第一戰區經濟委員會編：《隴海線區走私調查報告》，1941 年 4 月。

〔註 182〕陳誠：《失落的回憶》，臺北《傳記文學》，1989 年第 1 期。

〔註 183〕中國第二歷史檔案館編：《中華民國史檔案資料彙編》第 5 輯第 2 編《財政經濟》（二），江蘇古籍出版社，1997 年版，第 269 頁。

〔註 184〕《成都近聞》，《新華日報》，1942 年 4 月 20 日。

〔註 185〕《敵偽經濟彙報》第 19 期，1941 年 2 月。

〔註 186〕劉耀燊：《中日經濟戰》，新建設出版社，1941 年版，第 96～97 頁。

充斥，原因在於不肖軍人（包括少數正規軍及游擊隊）包庇運輸並設卡收稅；漢奸引誘我民眾偷運；奸商惟利是圖，到處運銷；國產品過少，不能供給需要；運輸困難，國產品不能運售；現有檢查敵貨機構本身不健全、不普遍、不切實，執行任務困難；貨物鑒別困難，敵貨可魚目混雜。〔註187〕

　　近代中國的群眾運動並非單純的民意表達，它不僅是在野政治勢力的工具，其實也經常是執政當局的工具。忽略「民眾愛國運動」背後的黨政力量，無法理解群眾運動的複雜內涵。群眾運動往往成為政府的工具，當政府的利用目的達到，即迅速拋棄群眾利益，此種情形屢見不鮮，甚至成為近代中國政治的一種傳統與特色〔註188〕。政府在如何因應民眾抵貨運動時，既要順應國人的民族情感，又要防止社會秩序因此而失控；既想以此作為抵禦外侮的重要工具，又不能不考量國際關係由此而進一步惡化的問題。凡此種種，不一而足。在野政治勢力的動員，既是抵貨運動勃興的重要組織性力量，也是執政者管控和取締抵貨運動的重要因由。對於抵貨運動中的任何參與力量，倘若簡單地以愛國與賣國的兩分思維模式對其進行評價，或許難免偏頗之弊。無論政府、黨派還是普通民眾，在抵貨運動中均面臨國權與私利的雙重考量。

〔註187〕杜紹文：《怎樣根絕敵貨》，《戰地》，1940 年第 4 期。
〔註188〕馮筱才：《滬案交涉、五卅運動與一九二五年的執政府》，《歷史研究》，2004 年第 1 期。

結　論

　　晚清以降，國力孱弱，而外侮頻仍，在中外經濟聯繫日趨緊密的歷史背景下，國人常以經濟抵制的方式應對民族危機。隨著日本帝國主義侵華步伐的加快，抵制日貨成為中國抵制洋貨運動的主體，前後多達 10 餘次，頻率之高，中外罕見。

　　民族危機是抵貨運動頻繁發生的外部刺激條件，而國家觀念、主權在民等現代民族主義觀念，則係抵貨運動賴以形成的思想資源。同時，報刊等大眾傳媒的廣泛興起、新式通信和交通方式的出現、新式民間社團的形成等，也是抵貨運動勃興不可或缺的條件。囿於國力不振的現實考量，國人屢以經濟抵製作為抵禦外侮的重要手段。

　　近代中國歷次抵制日貨運動的目標，從根本上而言，都是為了反抗日本的對華侵略行為，但每次抵貨運動的具體導因則有所不同，因而運動的初衷亦有較大差異。根據抵貨運動的具體目標，大致可以將其分為事後報復型、外交後盾型、制止軍事侵略型以及經濟戰爭型四大類別。如果將具體目標與最終結果進行對照，即可發現：歷次抵貨運動的效力相當有限。1937 年之前的歷次抵貨運動，或者基本上無助於「事件」的解決，或者不僅未能阻止日本的軍事侵略，反而成為日方擴大侵略的藉口。比較明顯地發揮了一定政治作用的抵貨運動，最多只有 1919 年和 1927 年的兩次。不僅如此，中國頻繁的抵貨運動，甚至被西方輿論和學者視為日本發動全面侵華戰爭的理由之一。或許正是有鑒於此，胡適認為，自二辰丸事件至九一八事件，國人一直試圖用抵制日貨作為手段來抵抗日本的政治侵略，但卻無一真正能夠獲致預

期的結果〔註1〕。而抗戰時期的禁止敵貨運動，效果也不是十分顯著，在中日兩國經濟戰中，中方處於明顯劣勢。因此，如果個案性地審視，每次抵貨運動展開或高潮期間，民族主義極度高漲昂揚，而不論哪一次抵貨運動的最終結果，卻與發動運動的目標總是相距甚遠，並且總是落得「五分鐘熱度之譏」。長時段來看，歷次抵貨運動總是要靠下一次的運動來完成上一次「未竟的志業」，而中日兩國之間的較量，終須在戰場一決高下。

　　國人頻繁抵制日貨，其目標在於政治，經濟抵制只是手段，即所謂經濟促進政治的思路。換言之，因為中日之間存在緊密的經濟聯繫，通過中斷兩國經濟聯繫，從而重創日本經濟，以期促使日方答應中國正義要求，或者放棄對華侵略政策。個案性地考察，抵貨運動大多造成日貨進口減少，日本在華工商業遭遇困境，而倘若延展歷史時段則不難發現，頻繁的抵貨運動並未能夠阻斷中日貿易的發展以及日本在華經濟勢力的擴張。尤為重要的是，抵貨運動絕對沒有象抵貨輿論所預期的那樣，能夠在經濟上「制日死命」。美國學者葛凱強調抵貨運動在中國民族國家建構中的重大意義，認為抵貨運動強化了商品與國籍之間的聯繫，促使「消費文化民族化」，其重要性不在於給中日貿易帶來的短期經濟影響，而在於它在「形成民族主義意識的特殊形態中所起的作用」〔註2〕。但是，正如「國聯調查報告書」的觀察：「經濟絕交，對於中日關係心理上之影響，較諸物質上之影響，更難評斷。」〔註3〕

　　日貨在華無處不在，既是國人頻繁發動抵制日貨運動的必要條件之一，亦為中國民族經濟發展水平低下的反映。此種政治與經濟之間的結構性矛盾，導致抵貨運動面臨的第一重困境，便是替代性國貨嚴重不足。從一定程度上說，近代日本帝國主義對中國侵略愈深，中國經濟對日本的依賴性就愈強。中日之間並非全如抵貨輿論所宣稱的那樣，中國提供日本原料，而日本供應中國消費品。實際上，兩國之間在原料、燃料、金融、技術、機器等諸多方面，均存在深刻的不平等的共生關係。抵制日貨，既可暫時緩解部分民族工商業的競爭壓力，也給諸多行業帶來麻煩；抵制日貨，給普通民眾提供

〔註1〕　胡適：《關於抵制日貨的一個意見》，《旁觀》，1932 年第 6 期。
〔註2〕　〔美〕葛凱：《製造中國：消費文化與民族國家的創建》，黃振萍譯，北京大學出版社，2007 年版，第 165 頁。
〔註3〕　中華民國國難救濟會：《國聯調查團報告書及其批評》，出版地和出版年份不詳，第 111 頁。

了表達民族主義的簡易手段，同時也對國人的生活造成諸多不便，不同程度的出現生活成本上揚。經濟理性與民族主義之間的緊張和博弈，成為歷次抵貨運動的普遍現象。抵貨運動的經濟困境，既決定其僅能有限抵制而無法全面抵制，亦注定其可暫而不可久。

　　抵貨運動的參與力量存在歷時性的變化，而每次抵貨運動中，各大群體的立場和態度亦多有不同，保守與激進互見。各界之間存在較大分歧，這極大地制約著抵貨運動的經濟效力，也決定了抵貨運動難以持久進行。各個群體尤其是學生和商人之間因為抵貨問題而不斷發生衝突，從口角之爭到武力衝突，從罷市風波到炸彈威脅。為了緩和衝突，繼續推進抵貨運動，抵貨積極分子往往被迫妥協，抵貨運動往往只能降低其力度和烈度，激進色彩大為遜色。同時，群體衝突不僅成為日人外交抗議的口實，也是當局管控甚至取締抵貨運動的理由。換言之，群體差異及其衝突，既降低了抵貨運動的經濟效力，也是抵貨運動難以持久進行的原因之一。

　　抵制日貨運動，基本上是民眾自發的行動，即便是全國規模的抵貨運動，亦不可能形成全國範圍整齊劃一的集體行動，最為常見的現象恰恰是各地抵制行動起訖時間不一，抵制力度大小不等。此種地域上的不均衡性，大大弱化了抵貨運動這一經濟武器的政治效力。就近代中國而言，現代意義上的民族國家尚在建構之中，外敵入侵，雖給所有國民帶來了民族恥辱的價值問題和利益衝擊的現實問題，但對不同地域的國人而言，意義則不盡相同。「事件」中心地域的民眾生命財產均遭衝擊，但在武力下或許更難以反抗。如果當地地方政權默許甚至放縱民眾運動，則民眾很可能表現得相當激進。同時，倘若距離「事件」中心較遠，民眾因感受不到「事件」的氛圍和很難受到「事件」的直接刺激，也會變得相對冷漠。在一般民眾眼中，家園——鄉土——國家，無疑是一種正常的序列關係。

　　以洋為尚，顯係近代中國消費的主旋律。此種社會觀念，不僅對居民的消費行為乃至社會經濟變遷均有較大影響，而且也是抵制日貨運動難以逾越的困境之一。抵貨運動試圖通過忽略價格和質量這些通常的評價產品的優先標準，敦促國人將產品國籍作為市場選擇最重要的決定因素，並試圖反覆質疑日貨消費者的愛國精神，以便瓦解舶來品所代表的社會時尚與消費潮流。但在 20 世紀上半葉，中國許多城市的消費者已經十分關注商品的風格。與國貨相比較，日貨不僅在價格和質量方面具有一定優勢，同時，舶來品和「時

尚／現代」觀念之間所具有的強大關聯刺激了對日貨的需求。因此，民族主義與消費主義的博弈交鋒，就成爲抵貨運動的基本面相之一。可以說，前者是抵貨運動賴以勃興的思想性資源，而後者則往往成爲抵制運動經濟效力充分彰顯的觀念性障礙。

中國抵制日貨，希冀動搖日本侵略者的經濟根基，而日本也必定進行「反抵制」。日本朝野上下一致，採用外交、軍事、經濟等諸種手段以資應對，努力消弭中國抵貨運動。在中日國力對比懸殊的博弈交鋒中，日方的強勢應對成爲中國抵貨運動無法跨越的歷史障礙。外交與民意之間存在一種複雜的互構關係，經由長期的軍國主義教育或新聞媒介的操控，日本對外政策業已夯實了民意基礎。「民意」與「國策」之間，存有極其複雜的互動關係，有時甚至相互建構，難以截然兩分。民意難以制約政治，更不可能主宰政治，但政府則可充分利用民眾的民族主義情緒，並因之而加固其政治合法性。因此，國人希冀通過抵制日貨而促進日本民眾反省，反對其政府的侵華政策，從而動搖日本軍國主義的社會基礎，這注定是難以實現的良謨宏願。相反，日本民眾的種種訴求，逐步轉換爲日本政府的強硬立場，並且成爲中國政府限制和取締抵貨運動的強大壓力。

抵貨運動多被定性爲民眾自發的愛國行動，但純粹自發性的集體行動極爲罕見。抵貨行動的發端和勃興，無疑必須借助民族主義這一強大的思想資源，但亦與各種組織不同程度的介入緊密相連。尤爲重要的是，晚清以降各屆政府的社會控制能力雖然強弱有別，但至少可以主導抵貨運動的方向和軌跡。實際上，絕大多數抵貨運動的興衰起伏，與政府態度密切相關。歷屆政府對待抵貨運動的立場雖然不盡相同，但基本上經歷了從默許到打壓的變化過程。政府在如何因應民眾抵貨運動時，既要順應國人的民族情感，又要防止社會秩序因此而失控；既想以此作爲抵禦外侮的重要工具，又不能不考量國際關係由此而進一步惡化的問題；在野政治勢力的動員，既是抵貨運動勃興的重要組織性力量，也是執政者管控和取締抵貨運動的重要因由。凡此種種，不一而足。無論政府、黨派還是普通民眾，在抵貨運動中均面臨國權與私利的雙重考量。對於抵貨運動中的任何參與力量，倘若簡單地以愛國與賣國的兩分思維模式對其進行評價，或許難免偏頗之弊。

總而言之，近代中國抵制日貨運動的政治、經濟效果有限，基本上未有達致促使日本民眾反省、起而反對軍國主義侵略政策的預期目標。近代

中國經濟落後，進口替代指數甚低，而日本是中國最大的進口國（之一），抵制日貨影響企業生產、商業經營與市民生活。學生遊行示威、宣傳演講乃其自身資源的直接使用，而工人罷工和商人罷市或者不賣日貨則是自身資源的轉換性使用，後者參加運動所付成本遠遠大於前者。儘管民族主義訴求一致，但彼此之間不乏矛盾和衝突。不同地域之間激進與保守的分野，不能完全歸結為民族主義情感的強弱，而與距離「事件」中心的遠近、媒介的發達程度、地方黨政和社團的介入程度、抵貨規則的完善程度等因素密切相關。近代民眾因受社會精英的消費示範、廣告訴求、人口流動等因素的影響，形成「崇洋」的消費心態，從而增加「不買日貨」的難度。政府官員和黨派成員對抵貨運動的策略夾雜著民族利益、黨派集團利益以及個人私利的多重考量。他們對運動是鼓動、支持、利用，還是限制、打壓、禁止，往往決定運動的規模大小與興衰起伏。針對中國的抵貨運動，日本政府一般採取政治施壓、軍事威脅與武裝保護、低價傾銷等諸多措施以資應對，前者往往迫使中國當局限制和取締抵貨運動，後者則直接給日貨買賣帶來壓力。

抵制日貨運動是中國民族主義運動史不可忽視的一環，舊中國的特點決定了中國人民反帝反封建的民族運動不斷出於高漲之中，其衰止的原因當然非常複雜。抵制日貨運動屢興屢起，中國人民明知自己是弱國，經濟上比不上日本，但還是要起來抵制，此舉無疑體現出中華民族不屈不撓的反抗精神。但是，經濟抵制顯係近代中國在經濟、政治、外交、軍事等都無法抗衡日本強權之下的次憂選擇，既非單一的救國利器，亦非單一的強國之道。在高度評價抵貨運動所體現出的民族精神的同時，也必須看到：民族情感與經濟理性之間的緊張，在歷次抵貨運動中均有充分展示彰顯。

政治立場與經濟立場之間的歷史性弔詭曾經困擾馬寅初，但迄今國人依然難以破解。茲援引其說，以為結尾：

> 就政治立場言，一切日貨，無論其為傾銷品與非傾銷品，或必需品與非必需品，皆當以國貨替代之，無討論餘地。就經濟立場言，原料品如煤等，工廠、船舶、火車等資為原動力，構成成本中重要項目之一，各業如得乘機利用，使能降低成本，售價亦可減低，愈足予吾人以抵制外貨之力量。否則我不能盡量利用，外國工廠，爭相利用，使彼之原料，更廉於我。平日吾人已難競爭，於此更何能

抵制乎？惟吾人所不可忘者，前年日煤傾銷之最大原因，由於吾人之抵制，決不能得廉價之便宜。既因其廉價，仍盡量利用之，則政治上抵制之作用必失，誠一不可解之謎也。〔註4〕

〔註4〕馬寅初：中國經濟改造・馬寅初全集（8），浙江人民出版社，1999年版，第172頁。

參考文獻

一、建國以前發行的報刊

1. 《晨報》
2. 《大公報》
3. 《申報》
4. 《時事新報》
5. 《華字日報》
6. 《越華報》
7. 《現象報》
8. 《民國日報》
9. 《熱血日報》
10. 《盛京時報》
11. 《晨報副刊》
12. 《京報副刊》
13. 《益世報》
14. 《三民主義月刊》
15. 《南大經濟》
16. 《外交評論》
17. 《外交月報》
18. 《孤軍》
19. 《東方雜誌》
20. 《中央半月刊》

21.《國聞周報》

22.《銀行周報》

23.《中外經濟拔萃》

24.《理論與現實》

25.《國民公論》

26.《中學生》

27.《革命評論》

28.《現代評論》

29.《熱潮》

30.《鬥爭》

31.《錢業月報》

32.《社會與教育》

33.《平等雜誌》

34.《人文月刊》

35.《經濟學季刊》

36.《中央銀行月報》

37.《東北月刊》

38.《時事月報》

39.《國貨研究月刊》

40.《商業月報》

41.《國際貿易導報》

42.《社會月刊》

43.《復興月刊》

44.《紡織時報》

45.《紡織周刊》

46.《工商半月刊》

47.《中行月刊》

48.《銀行月刊》

49.《復旦大學校刊》

50.《海王》

51.《中華國貨月報》

52.《旁觀》

53.《時代公論》

54.《新力》

55.《社會科學研究》

56.《社會科學雜誌》

57.《民眾三日刊》

58.《交易所周刊》

59.《工商新聞》

60.《晨光周刊》

61.《女子月刊》

62.《國貨月刊》

63.《新大聲》

64.《十日談》

65.《讀書月刊》

66.《國貨月報》

67.《教育生活》

68.《國貨半月刊》

69.《湖南省國貨陳列館月刊》

70.《社會半月刊》

71.《國貨月刊》

72.《愛國青年》

73.《申報月刊》

74.《黑潮月刊》

75.《復旦旬刊》

76.《孤軍》

77.《一般》

78.《新東方》

79.《小學生》

80.《無錫童報》

81.《抗日救國》

82.《向導》

83.《四川經濟月刊》

84.《競存月刊》

85.《商學期刊》

86.《戰地》

87.《經濟建設季刊》

88.《中央經濟月刊》

89.《東亞經濟月報》

90.《中央黨務公報》

91.《中外經濟情報》

92.《時代精神》

93.《華北婦女》

94.《現實》

95.《時論分析》

96.《寧波民國日報》

97.《時事類編》

98.《安徽政治》

99.《江西省政府公報》

100.《湖南省政府公報》

101.《寧波商報》

102.《敵偽經濟彙報》

103.《全民抗戰》

104.《浙江省政府公報》

105.《天津市政統計月報》

106.《國民周刊》

107.《經濟動員》

108.《經濟部公報》

109.《廣西省政府公報》

110.《雲南省政府公報》

111.《財政評論》

112.《中央日報》

113.《經濟情報》

114.《中國農村》

二、建國以前出版的書籍

1. 蔡正雅：《中日貿易統計》，中國經濟學社中日貿易研究所，1933 年版。

2. 楊端六：《六十五年來中國國際貿易統計》，國立中央研究院社會科學研究所，1931 年版。

3. 蔡謙：《近二十年來之中日貿易及其主要商品》，商務印書館，1936 年版。

4. 何炳賢：《中國的國際貿易》（上），商務印書館，1947 年版。

5. 新中華雜誌社：《上海的將來》，上海中華書局，1934 年版。

6. 北平反日會編印：《爲什麼要反日？》，1929 年版。

7. 《上海特別市反日會檢察委員會工作一覽》。

8. 國防最高委員會對敵經濟封鎖委員會：《現行有關對敵經濟封鎖法令彙編》，1941 年版。

9. 常奧定：《經濟封鎖與反封鎖》，重慶，1943 年版。

10. 黃詔平：《中國國民黨商民運動的經過》，三民公司，1927 年版。

11. 《經濟救國》，經濟救國研究社特刊，1931 年版，出版地不詳。

12. 金文恢：《抵貨研究》，浙江省立民眾教育館教道部出版，1931 年版。

13. 唐慶增：《唐慶增救國言論集》，上海社會科學書店，1933 年版。

14. 邵德厚：《抵制日貨之考察》，南京中正書局，1933 年版。

15. 社會與教育社：《我們的敵人——日本》，新生命書局，1931 年版。

16. 陳博文：《中日外交史》，上海商務書局，1928 年版。

17. 張仲和：《東洋近世政治史》，文化學社，1934 年版。

18. 洪鈞培：《國民政府外交史》（1），華通書局，1930 年版。

19. 黃遠庸：《黃遠生遺著》（4），商務印書館，1920 年版。

20. 朱其華：《中國社會的經濟結構》，新生命書局，1931 年版。

21. 金一之：《國難》，上海通問編輯社，1931 年版。

22. 金平歐：《對日決爭之認識與策動》，南京拔提書店，1933 年版。

23. 諸青來：《求是齋經濟論集》，中國圖書服務社，出版時間不詳。

24. 革命軍官團政治訓練部革命軍人日刊社：《革命軍人日刊存稿》，軍官團政治訓練部革命軍人日刊出版社，1928 年版。

25. 日本實業之日本社：《日本人之支那問題》，中華書局編輯所譯，中華書局，1919 年版。

26. 徐國楨：《上海的研究》，世界書局，1929 年版。

27. 廣州年鑒編纂委員會：《廣州年鑒卷 10：經濟》，1935 年版。

28. 吳兆名：《日本帝國主義與中國》，商務印書館，1934 年版。

29. 馬寅初：《馬寅初演講集》（3），北京晨報社，1926 年版。

30. 李宗武：《濟南慘案史》，開明書店，1928 年版。

31.〔日〕長野郎：《中國社會組織》，朱家清譯，上海光明書局，1931 年版。

32.〔日〕佐田弘治郎：《暴日侵華排外之自供錄第 7 冊：暴日侵略東北非握到統治權不罷手之表白》（該書原名《吾人終不能發展於滿蒙乎》，陸筱海譯，日本檢討會編輯，1933 年版）。

33.〔美〕韋羅貝（W.W.Willoughby）：《中日糾紛與國聯》，邵挺等譯，商務印書館，1937 年版。

34. Walter Consuelo Langsam：《一九一四年後之世界》，謝元範、翁之達譯，商務印書館，1936 年版。

35. 國民政府軍事委員會政治部編：《領袖十年來抗戰言論集》，1939 年版。

36. 劉耀燊：《中日經濟戰》，新建設出版社，1941 年版。

37. 張肖梅、張一凡：《中外經濟年報》（2），中國國民經濟所，1940 年版。

38. 蔣介石：《抗戰建國中交通財政經濟金融人員之職責》，《湖北省政府公報》第 455 期。

三、建國以後出版的史料

1. 中國社會科學院經濟研究所：《上海市棉布商業》，中華書局，1979 年版。

2. 孫大權、馬大成：《馬寅初全集補編》，上海三聯書店，2007 年版。

3.《北京出版史志》編輯部：《北京出版史志》（4），北京出版社，1994 年版。

4. 朱維錚：《馬相伯文集》，復旦大學出版社，1996 年版。

5. 薛光前：《八年對日抗戰中之國民政府》，臺北商務印書館，1978 年版。

6. 鄭友揆：《中國的對外貿易和工業發展（1840～1949）》，上海社會科學院出版社，1984 年版。

7. 政協西南地區文史資料協作會議：《抗戰時期西南的交通》，雲南人民出版社，1992 年版。

8. 中國科學院上海經濟研究所：《南洋兄弟煙草公司史料》，上海人民出版社，1996 年版。

9. 天津地方志編修委員會辦公室、天津圖書館編：《〈益世報〉天津資料點校彙編》（1），天津社會科學院出版社，1999 年版。

10. 天津地方志編修委員會辦公室、天津圖書館編：《〈益世報〉天津資料點校彙編》（2），天津社會科學院出版社，1999 年版。

11. 上海社會科學院歷史研究所：《五四運動在上海史料選輯》，上海人民出版社，1980 年版。

12. 天津歷史博物館等：《五四運動在天津歷史資料選輯》，天津人民出版社，1979 年版。

13. 湖南省哲學社會科學研究所現代史研究室：《五四時期湖南人民革命鬥爭史料選編》，湖南人民出版社，1979 年版。

14. 全國政協、山東省政協和濟南市政協文史資料委員會合編：《濟南五三慘案親歷記》，中國文史出版社，1987 年版。

15. 中國第二歷史檔案館編：《中華民國史檔案資料彙編：政治：國民黨的民眾運動與工農學商各界的鬥爭》（2），江蘇古籍出版社，1994 年版。

16. 中國第二歷史檔案館：《中華民國史檔案資料彙編第 5 輯第 1 編：外交》（1），江蘇古籍出版社，1994 年版。

17. 天津市檔案館：《天津商會檔案彙編》（1912～1928)》（4），天津人民出版社，1992 年版。

18. 中國第二歷史檔案館：《中華民國史檔案資料彙編第三輯：民眾運動》，江蘇古籍出版社，1991 年版。

19. 中國第二歷史檔案館：《中華民國史檔案資料彙編第五輯第一編：財政經濟》，江蘇古籍出版社，1991 年版。

20. 中國第二歷史檔案館：《中華民國史檔案資料彙編第五輯第一編：政治》（4），江蘇古籍出版社，1994 年版。

21. 中國第二歷史檔案館：《中華民國史檔案資料叢刊：護國運動》，江蘇古籍出版社，1988 年年版。

22. 天津市檔案館：《北洋軍閥天津檔案史料選編》，天津古籍出版社，1990 年版。

23. 蘇州市地方志編纂委員會辦公室：《蘇州史志資料選輯第 1 輯：蘇州五四、五卅運動資料專輯》，1984 年版。

24. 曹汝霖：《一生之回憶》，傳記文學出版社，1966 年版。

25. 沈雲龍：《黃膺白先生年譜長編》（上），聯經出版事業公司，1976 年版。

26. 王韜：《王韜日記》，中華書局，1987 年版。

27. 胡汶本：《五四運動在山東資料選輯》，山東人民出版社，1980 年版。

28. 張影輝：《五四運動在武漢史料選輯》，湖北人民出版社，1981 年版。

29. 山東省政協文史資料委員會：《山東工商經濟史料集萃（第 3 輯)》，山東人民出版社，1989 年版。

30. 中國社會科學院近代史研究所等編：《五四愛國運動檔案資料》，中國社會科學出版社，1980 年版。

31. 中共江蘇省委黨史工作委員會：《五四運動在江蘇》，江蘇古籍出版社，1992 年版。

32. 中國人民政治協商會議全國委員會文史資料委員會編：《五四運動親歷記》，中國文史出版社，1999 年版。

33. 中國社會科學院近代史研究所：《五四運動回憶錄》，中國社會科學出版社，1979 年版。

34. 龐守信：《五四運動在河南》，中州書畫社，1983 年版。

35. 中共重慶市委黨史工作委員會：《五四運動在重慶》，內部資料。

36. 中共天津市委黨史資料征集委員會等編：《五卅運動在天津》，中共黨史資料出版社，1987 年版。

37. 中國社會科學院近代史研究所近代史資料編輯組：《五四愛國運動》（上、下），中國社會科學出版社，1979 年版。

38. 中國社會科學院近代史研究所中華民國史研究室編：《中華民國史資料叢編‧大事記》（5），中華書局，1978 年版。

39. 季嘯風、沈有益：《中華民國史料外編——前日本末次研究所情報資料》（中文部分，第 54 冊），廣西師範大學出版社，1997 年版。

40. 季嘯風、沈有益：《中華民國史料外編——前日本末次研究所情報資料》（中文部分，第 29 冊），廣西師範大學出版社，1997 年版。

41. 陳眞：《中國近代史工業史資料第 4 輯：中國工業的特點、資本、機構和工業中各行業概況》，三聯書店，1961 年版。

42. 彭澤益：《中國近代手工業史資料》（2），中華書局，1962 年版。

43. 「中華民國外交問題研究會」編印：《中日外交史料叢編‧1‧國民政府北伐後中日外交關係》，臺北，1964 年版。

44. 陳存仁：《銀元時代生活史》，上海人民出版社，2000 年版。

45. 上海社會科學院歷史研究所編：《「八一三」抗戰史料選編》，上海人民出版社，1986 年版。

46. 《國民政府軍委會武漢行營關於清查各商店敵貨致漢口市政府密令》，《武漢文史資料》，1998 年第 3 期。

47. 時事問題研究會：《抗戰中的中國經濟》，中國現代史資料編輯委員會，1957 年版。

48. 重慶市檔案館編：《抗日戰爭時期國民政府經濟法規》（上），檔案出版社，1992 年版。

49. 李毓澍、林明德：《中日關係史料——排日問題（1919～1926）》，臺灣中央研究院近代史研究所，1993 年版。

50. 《上海近代社會經濟發展概況（1882～1931）——「海關十年報告」譯編》，徐雪筠等譯編，上海社會科學院出版社，1985 年版。

51. 上海社會科學院歷史研究所編：《五卅運動史料》（1），上海人民出版社，1981 年版。

52. 上海社會科學院歷史研究所編：《五卅運動史料》（2），上海人民出版社，1986 年版。

53. 上海社會科學院歷史研究所編：《五卅運動史料》（3），上海人民出版社，2005 年版。

54. 上海市檔案館：《上海檔案史料叢編：五卅運動》（1），上海人民出版社，1991 年版。

55. 上海市檔案館：《上海檔案史料叢編：五卅運動》（2），上海人民出版社，1991 年版。

56. 中央檔案館：《中共中央文件選集》（1），中共中央黨校出版社，1982 年版。

57. 中央檔案館：《中共中央文件選集》（5），中共中央黨校出版社，1990 年版。

58. 中央檔案館：《中共中央文件選集》（4），中共中央黨校出版社，1989 年版。

59. 中央檔案館：《中共中央文件選集》（8），中共中央黨校出版社，1991 年版。

60. 中央檔案館：《中共中央文件選集》（7），中共中央黨校出版社，1991 年版。

61. 《中共黨史教學參考資料》（1），人民出版社，1979 年版。

62. 胡適：《胡適全集》（28），安徽教育出版社，2003 年版。

63. 惲代英：《惲代英文集》（下），人民出版社，1984 年版。

64. 上海社會科學院歷史研究所編：《「九・一八」──「一・二八」上海軍民抗日運動史料》，上海社會科學出版社，1986 年版。

65. 中共北京市委黨史研究室：《北京地區抗日運動史料彙編》（1），中國文史出版社，1990 年版。

66. 劉明逵：《中國工人階級歷史狀況第 1 卷第 2 冊》，中共中央黨校出版社，1993 年版。

67. 劉明逵：《中國近代工人階級和工人運動》（5），中共中央黨校出版社，2002 年版。

68. 章伯峰、莊建平：《抗日戰爭第 5 卷：國民政府與大後方經濟》，四川人民出版社，1997 年版。

69. 章伯鋒等主編：《抗日戰爭第 1 卷：七七之前》，四川大學出版社，1997 年版。

70. 「中華民國」史事紀要編輯委員會編：《中華民國史事紀要（中華民國十七年一月）》（初稿），臺北，1982 年版。

71. 南開大學馬列主義教研室等編：《華北事變資料選編》，河南人民出版社，1983 年版。

72. 濟南市檔案館編：《毋忘國恥：濟南「五三」慘案檔案文獻選編》，濟南出版社，2003 年版。

73. 天津市檔案館等：《天津商會檔案彙編（1928～1937）》（下），天津人民出版社，1996 年版。

74. 王芸生：《六十年來中國與日本》（5），生活・讀書・新知三聯書店，2005 年版。

75. 王芸生：《六十年來中國與日本》（8），生活・讀書・新知三聯書店，2005 年版。

76. 陳覺：《「九・一八」後國難痛史》（上、下），遼寧教育出版社，1991 年版。

77. 羅家倫：《革命文獻》（22），中央文物供應社，1960 年版。

78. 天津市檔案館：《北洋軍閥天津檔案史料選編》，天津古籍出版社，1990 年版。

79. 章伯鋒、李宗一：《北洋軍閥（1912～1928）》（2），武漢出版社，1990 年版。

80. 中華文化復興運動推動委員會主編：《中國近代現代史論集第二十三編：民初外交》，臺灣商務印書館，1993 年版。

81. 安徽大學蘇聯問題研究所等編譯：《蘇聯〈眞理報〉有關中國革命的文獻資料選編第 2 輯（1927～1937）》，四川省社會科學院出版社，1986 年版。

82. 胡祖德：《上海灘與上海人：滬諺外編》，上海古籍出版社，1989 年版。

83. 吉林市地方志編纂委員會編纂，《吉林市志：文物志》，吉林文史出版社，1994 年版。

84. 王錦厚編：《郭沫若佚文集（1906～1949）》（上），四川大學出版社，1988 年版。

85. 程德培等編：《良友隨筆（1926～1945）》，上海社會科學院出版社，2004 年版。

86. 張競生：《張競生文集》，廣州出版社，1998 年版。

87.《馬寅初全集》（2），浙江人民出版社，1999 年版。

88. 傅德華：《于右任辛亥文集》，復旦大學出版社，1986 年版。

89. 趙靖：《穆藕初文集》，北京大學出版社，1995 年版。

90. 方未選編：《老舍小說集》，中國社會出版社，2004 年版。

91.《中國歌謠集成・上海卷》編輯委員會編，《中國歌謠集成：上海卷》，中國 ISBN 中心，2000 年出版。

92. 廣州市地方志編纂委員會辦公室：《近代廣州口岸經濟社會概況：粵海關報告彙集》，暨南大學出版社，1995 年版。

93. 北海市地方志編纂委員會：《北海史稿匯纂》，方志出版社，2006 年版。

94. 天津海關譯編委員會編譯：《津海關史要覽》，中國海關出版社，2004 年版。

95. 廈門市志編纂委員會：《近代廈門社會經濟概況》，廈門鷺江出版社，1990 年版。

96. 戴一峰：《廈門海關歷史檔案選編（1911～1949）》（1），廈門大學出版社，1997 年版。

97. 中華人民共和國杭州海關譯編：《近代浙江通商口岸經濟社會概況：浙海關、甌海關、杭州關貿易報告集成》，浙江人民出版社，2002 年版。

98. 莫世祥編譯：《近代拱北海關報告彙編（1887～1946）》，澳門基金會，1998 年版。

99. 陸允昌：《蘇州洋關史料（1896～1945）》，南京大學出版社，1991 年版。

100. 青島市檔案館：《帝國主義與膠海關》，檔案出版社，1986 年版。

101. 徐珂：《清稗類鈔》（7），中華書局，1986 年版。

102. 《張元濟日記》（下），商務印書館，1981 年版。

103. 《胡適留學日記》（下），安徽教育出版社，2006 年版。

104. 《馮友蘭選集》，天津人民出版社，1994 年版。

105. 薩孟武：《中年時代》，廣西師範大學出版社，2005 年版。

106. 孫健：《北京經濟史資料》（近代北京商業部分），燕山出版社，1990 年版。

107. 中國社會科學院經濟研究所：《上海民族機器工業》（上），中華書局，1966 年版。

108. 公安部檔案館編注：《在蔣介石身邊八年——侍從室高級幕僚唐縱日記》，群眾出版社，1991 年版。

109. 上海市檔案館：《上海檔案史料叢編：上海抗敵後援會》，檔案出版社，1990 年版。

110. 四川省檔案館編：《川魂：四川抗戰檔案史料選編》，西南交通大學出版社，2005 年版。

四、建國以後出版的論著

1. 〔法〕馬克·布洛赫：《歷史學家的技藝》，張和聲等譯，上海社會科學院出版社，1997 年版。

2. 〔美〕曼瑟爾·奧爾森：《集體行動的邏輯》，陳郁等譯，上海三聯書店，2003 年版。

3.〔美〕加里·S·貝克爾：《人類行爲的經濟分析》，王業宇等譯，上海三聯書店，2003年版。

4.〔法〕波德里亞：《消費社會》，劉成富譯，南京大學出版社，2000年版。

5.〔德〕桑巴特：《奢侈與資本主義》，王燕平等譯，上海人民出版社，2000年版。

6.〔美〕凡勃倫：《有閒階級論》，蔡受百譯，商務印書館，2002年版。

7.〔英〕邁克·費瑟斯通：《消費文化與後現代主義》，劉精明譯，譯林出版社，2000年版。

8.〔德〕馬克斯·韋伯：《經濟與社會》（上），商務印書館，1997年版。

9.〔德〕西美爾：《時尚的哲學》，費勇等譯，北京文化藝術出版社，2001年版。

10.〔英〕埃里克·霍布斯鮑姆：《民族與民族主義》，李金梅譯，上海人民出版社，2000年版。

11.〔英〕厄内斯特·蓋爾納：《民主與民族主義》，韓紅譯，中央編譯出版社，2002年版。

12.〔美〕本尼迪克特·安德森：《想像的共同體：民族主義的起源與散佈》，吳睿人譯，上海人民出版社，2003年版。

13.〔美〕道格拉斯·C·諾思：《經濟史中的結構與變遷》，陳郁等譯，三聯書店，2002年版。

14.〔美〕沃爾特·李普曼：《公眾輿論》，閻克文等譯，上海人民出版社，2002年版。

15.〔英〕埃里克·霍布斯鮑姆：《史學家：歷史神話的終結者》，馬俊亞等譯，上海人民出版社，2003年版。

16.〔英〕傑弗里·巴勒克拉夫：《當代史學主要趨勢》，楊豫譯，上海譯文出版社，1987年版。

17.〔英〕羅德里克·弗拉德：《計量史學方法導論》，王小寬等譯，上海譯文出版社，1997年版。

18.〔德〕馬克斯·韋伯：《民族國家與經濟政策》，甘陽等譯，三聯書店，1997年版。

19.〔英〕安東尼·吉登斯：《民族國家與暴力》，胡宗澤等譯，三聯書店，1998年版。

20.〔美〕里亞·格林菲爾德：《資本主義精神——民族主義與經濟增長》，張京生等譯，上海人民出版社，2004年版。

21.〔美〕周策縱：《五四運動史》，嶽麓書社，1999年版。

22.〔美〕費正清、費維愷:《劍橋中華民國史》(下),中國社會科學出版社,1994 年版。

23.〔美〕柯博文 (Paks Coble):《走向「最後關頭」——中國民族國家建構中的日本因素 (1931〜1937)》,馬駿亞譯,社會科學文獻出版社,2004 年版。

24.〔美〕葛凱:《製造中國:消費文化與民族國家的創建》,黃振萍譯,北京大學出版社,2007 年版。

25.〔美〕高加龍:《中國大企業——煙草工業中的中外競爭》(1890〜1930),樊書華等譯,商務印書館,2001 年版。

26.〔法〕白吉爾:《中國資產階級的黃金時代 (1911〜1937)》,張富強譯,上海人民出版社,1998 年版。

27.〔法〕白吉爾:《上海史:走向現代之路》,王菊、趙念國譯,上海社會科學院出版社,2005 年版。

28.〔日〕日本愛知大學現代中國學會編:《中國 21》(第 3 號),中國社會科學出版社,2005 年版。

29.〔蘇〕愛依杜斯:《日本近代現代簡明史》,謝家譯,生活‧讀書‧新知三聯書店,1958 年版。

30.〔日〕依田憙家:《日本帝國主義和中國 (1868〜1945)》,卞立強等譯,北京大學出版社,1989 年版。

31.〔美〕王冠華:《尋求正義:1905〜1906 年抵制美貨運動》,江蘇人民出版社,2008 年版。

32.〔日〕樋口弘:《日本對華投資》,北京編譯社譯,商務印書館,1959 年版。

33.〔美〕裴宜理:《上海罷工——中國工人政治研究》,劉平譯,江蘇人民出版社,2001 年版。

34.〔美〕易勞逸:《流產的革命:國民黨統治下的中國 (1927〜1937)》,陳謙平等譯,中國青年出版社,1992 年版。

35. 復旦大學歷史系:《近代中國的國家形象與國家認同》,上海古籍出版社,2003 年版。

36. 唐文權:《覺醒與迷霧:中國近代民族主義思潮研究》,上海人民出版,1993 年版。

37. 陶緒:《晚清民族主義思潮》,人民出版社,1995 年版。

38. 羅福惠:《中國民族主義思想論稿》,華中師範大學出版社,1996 年版。

39. 俞辛焞:《辛亥革命時期中日外交史》,天津人民出版社,2000 年版。

40. 俞辛焞:《近代日本外交研究》,天津古籍出版社,2006 年版。

41. 楊永明：《國民黨人與五四運動》，中國社會科學出版社，1990 年版。

42. 馮筱才：《在商言商：政治變局中的江浙商人》，上海社會科學院出版社，2004 年版。

43. 譚抗美：《上海紡織工人運動史》，中共黨史出版社，1991 年版。

44. 黃金麟：《歷史、身體、國家——近代中國的身體形成（1895～1937）》，臺北聯經出版事業公司，2001 年版。

45. 樂炳南：《日本出兵山東與中國排日運動（1927～1929 年）》，臺北國史館，1988 年版。

46. 彭南生：《行會制度的近代命運》，人民出版社，2003 年版。

47. 邵建國：《北伐戰爭時期的中日關係研究》，新華出版社，2006 年版。

48. 李明偉：《清末民初中國城市社會階層研究》，社會科學文獻出版社，2005 年版。

49. 姚全興：《中國現代美育思想書評》，湖北教育出版社，1989 年版。

50. 姜念東：《歷史教訓——「九‧一八」紀實》，吉林人民出版社，1991 年版。

51. 王霖：《萬寶山事件》，吉林人民出版社，1991 年版。

52. 史桂芳：《近代日本人的中國觀與中日關係》，社會科學文獻出版社，2009 年版。

53. 虞和平：《商會與中國早期現代化》，上海人民出版社，1993 年版。

54. 許金生：《近代上海日資工業史（1884～1937）》，學林出版社，2009 年版。

55. 汪敬虞：《中國近代經濟史：1895～1927》（上、中、下），人民出版社，2000 年版。

56. 上海社會科學院經濟研究所：《上海對外貿易（1840～1949）》（下），上海社會科學院出版社，1989 年版。

57. 齊春風：《中日經濟戰中的走私活動（1937～1945）》，人民出版社，2002 年版。

58. 周天度等：《中華民國史》（第 3 編第 2 卷），中華書局，2002 年版。

59. 辛亥革命研究會編：《中國近現代史論集》，汲古書院，1985 年版。

60. 羅志田：《亂世潛流：民族主義與民國政治》，上海古籍出版社，2001 年版。

61. 周石峰：《義利之間：近代商人與民族主義運動》，中國時代經濟出版社，2008 年版。

62. 周斌：《輿論‧運動與外交：20 世紀 20 年代民間外交研究》，學苑出版社，2010 年版。

63. 陳祖恩：《上海日僑社會生活史：1868～1945》，上海辭書出版社，2009年版。

64. 沈慶林：《中國抗戰時期的國際援助》，上海人民出版社，2000年版。

五、建國以後的論文

1. 應俊豪：《抵制日輪與中日衝突——長沙慘案及其善後交涉（1923～1926）》，《臺灣東吳歷史學報》，2008年第19期。

2. 藍旭男：《收回旅大與抵制日貨運動》（1923），《臺灣中央研究院近代史研究所集刊》第15期（上），1986年6月。

3. 林明德：《安奉鐵路改築問題與抵制日貨運動》，《中央研究院近代史研究所集刊》第2期，1971年。

4. 李達嘉：《罪與罰：五四抵制日貨運動中學生對商人的強制行為》，臺北《新史學》，2003年第14卷第2期。

5. 〔韓〕裴京漢：《國民革命時期的反帝問題——濟南慘案後的反日運動與國民政府的對策》，《歷史研究》，2001年第4期。

6. 〔美〕明石陽至：《1908～1928年南洋華僑抗日和抵制日貨運動：關於南洋華僑民族主義的研究》（上），《南洋資料譯叢》，2000年第3期。

7. 〔美〕明石陽至：《1908～1928年南洋華僑抗日和抵制日貨運動：關於南洋華僑民族主義的研究》（下），《南洋資料譯叢》，2000年第4期。

8. 〔美〕王冠華：《愛國運動中的「合理私利」：1905年抵貨運動夭折的原因》，《歷史研究》，1999年第1期。

9. 趙親：《1915年抵制日貨運動》，《復旦》，1959年第8期。

10. 馮筱才：《罷市與抵貨運動中的江浙商人：以五四、五卅為中心》，《近代史研究》，2003年3期。

11. 彭男生：《民族主義與人道主義的交織——1923年上海民間團體的抵制日貨與賑濟日災》，《學術月刊》，2008年第6期。

12. 齊春風：《國民革命時期的反帝問題再探討——國民黨中央與濟案後反日運動關係辨》，《歷史研究》，2007年第5期。

13. 李湘、張仲禮：《1905～1937年中國人民抵貨運動對棉紡織品市場的影響》，《商業研究》，1963年第3期。

14. 李宜群：《近代中國的抵制外國紡織品運動》，《中國近代紡織史研究資料彙編》，1992年第16輯。

15. 周斌：《1928至1929年的反日會》，《近代史研究》，2004年第2期。

16. 張耀民：《1925年上海抵貨運動的得失》，《吉林大學社會科學學報》，1988年第5期。

17. 周青山：《五四「抵貨」運動初探》，《湖北師範學院學報》，1993 年第 2 期。

18. 李學智：《五四運動中天津商人罷市、抵制日貨問題考察》，《近代史研究》，1995 年第 2 期。

19. 王相欽：《抵制洋貨和提倡國貨——中國近代市場上的反帝愛國鬥爭》，《商業研究》，1995 年第 7 期。

20. 張學強：《論全面抗戰時期海外華僑的抵制日貨運動》，《求索》，2006 年第 9 期。

21. 吳志國：《五四抵貨運動中對「奸商」懲罰的行為研究》，《湖北社會科學》，2009 年第 5 期。

22. 孫慧榮：《抗日戰爭時期東南亞華僑的抵制日貨運動》，《華僑華人歷史研究》，1988 年第 2 期。

23. 李崇義：《民國初年漢口對外貿易及抵制洋貨運動述評》，《江漢大學學報》，1988 年第 4 期。

24. 黃振南：《邕城學生查日貨風潮經緯》，《廣西社會主義學院學報》，2005 年第 2 期。

25. 黃明煥：《東南亞華僑與抗日運動》，《湖北社會科學》，2005 年第 10 期。

26. 郭立珍：《抗戰時期華僑抵制日貨運動及其貢獻》，《許昌學院學報》，2005 年第 4 期。

27. 程莉：《榮家企業與歷次抵貨運動》，《池州師專學報》，2000 年第 2 期。

28. 董振平：《五四時期山東抵制日貨運動述論》，《臨沂師範學院學報》，2003 年第 1 期。

29. 萬魯建：《試論濟南慘案與天津的抵制日貨運動》，《社科縱橫》，2010 年第 7 期。

30. 殷麗萍：《五四運動時期廣州人民的抵制日貨運動的特點》，《廣東教育學院學報》，2003 年第 4 期。

31. 李世平：《一九二一年重慶學生抵制日貨的鬥爭——五四運動在四川的一頁》，《四川大學學報》，1960 年第 1 期。

32. 張仲禮：《辛亥革命前後中國人民的抵貨運動》，《社會科學》，1981 年第 5 期。

33. 張仲禮、李湘：《五四時期中國人民抵制外貨運動與民族工業的發展》，《社會科學》，1979 年第 2 期。

34. 楊永明：《五卅運動中的提倡國貨與經濟絕交》，《四川大學學報》，2001 年第 5 期。

35. 印少云：《民初抵制日貨運動與日本的對華政策》，《淮陰師範學院學報》，2010 年第 2 期。

36. 周石峰：《抵制日貨的計量檢視：1931～1934》，《中國經濟史研究》，2009年第1期。

37. 周石峰：《民眾民族主義的雙重面相與歷史難境：以天津商人與抵制日貨為例》，《江蘇社會科學》，2008年第2期。

38. 黃克武：《從〈申報〉醫藥廣告看民初上海的醫療文化與社會生活（1912～1926）》，《臺灣中央研究院近代史研究所集刊》第17期下冊，1988年。

39. 黃立人：《抗日戰爭時期工廠內遷的考察》，《歷史研究》，1994年第4期。

40. 李健民：《五卅慘案後的反英宣傳》，《中央研究院近代史研究所集刊》第10期，1981年7月。

41. 郎維成：《日本的大陸政策和二十一條要求》，《東北師大學報》，1984年第6期。

42. 臧運祜：《中日關於濟案的交涉及其「解決」》，《歷史研究》，2004年第1期。

43. 〔美〕唐納德‧A‧周丹：《「九‧一八」事變後抗日運動中的中國學生》，中國抗日戰爭史學會：《抗日戰爭與中國歷史——「九‧一八」事變60週年國際學術討論會文集》，遼寧人民出版社，1994年版。

44. 齊春風：《抗戰時期大後方與淪陷區間的經濟關係》，《中國經濟史研究》，2008年第4期。

45. 齊春風：《抗戰時期國民政府對淪陷區經濟策略的演變》，《遼寧師範大學學報》，2008年第6期。

46. 馮筱才：《滬案交涉、五卅運動與一九二五年的執政府》，《歷史研究》，2004年第1期。

47. 楊天石：《濟案交涉與蔣介石對日妥協的開端——讀黃郛檔之一》，《近代史研究》，1993年第1期。

48. 黃賢強：《孫中山和革命黨人與1905年的抵制美貨運動》，《中山大學學報論叢》，1995年第5期。

49. 邱捷：《辛亥革命時期的粵商自治會》，《近代史研究》，1982第3期。

50. 朱蔭貴：《1927～1937年的中國輪船航運業》，《中國經濟史研究》，2001年第1期。

51. 丁昶賢：《中國近代機器棉紡工業設備、資本、產量、產值的統計和估量》，中國近代經濟史叢書編委會：《中國近代經濟史研究資料》（6），上海社會科學院出版社，1987年版。

52. 藍長澐：《天津各界五卅反帝鬥爭史料》，《歷史檔案》，1986年第1期。

53. 〔日〕味岡徹：《五四運動中的民眾鬥爭》，國際歷史學會議日本國內委員會編：《戰後日本的中國現代史研究綜述》附錄一，官長為等譯，延邊大學出版社，1988年版。

54. 李玉才：《五四時期安徽青年學生抵制日貨運動》，《安徽史學》，2001 年第 1 期。

55. 韓嘉玲：《濟南慘案後的反日運動：1928 年 5 月至 1929 年 5 月》，臺灣大學歷史系碩士學位論文，1984 年。

56. 劉柏冲：「天津商人與抵制日貨運動（1919～1923），臺北政治大學歷史系碩士論文，2002 年。

57. 羅攀：《抵制日貨運動中的廣州商會：以濟南慘案後的反日運動爲例》，暨南大學中國近現代史碩士論文，2010 年。

58. 李永玲：《1923 年抵制日貨運動考察》，天津師範大學中國近現代史專業碩士學位論文，2007 年。

59. 張華：《1931～1933 年抵制日貨研究》，山東師範大學中國近現代史專業碩士論文，2006 年。

60. 何國蕊：《中國 20 世紀初期的抵制日貨運動及其背景和思想淵源》，上海社會科學院經濟思想史專業碩士論文，2008 年。

61. 李宗超：《近代中國經濟民族主義的理性與非理性——以抵制外貨爲中心》，山東大學中國近現代史專業碩士論文，2008 年。

62. 李洪珍：《政府和民眾之中間地帶：上海反日會個案研究》，上海師範大學中國近現代史專業碩士論文，2004 年。

63. 陳煊：《五四時期的抵制日貨運動研究》，北京工商大學專門史專業碩士論文，2009 年。

64. 周斌：《20 世紀 20 年代民間外交觀念及其實踐活動》，中國社會科學院研究生院中國近現代史專業博士學位論文，2003 年。

65. 白華山：《工商界·市政府·市黨部——上海地方治理中三者關係的綜合考察（1927～1937），復旦大學中國近現代史專業博士學位論文，2003 年。

66. 吳志國：《近代中國抵制洋貨運動研究（1905～1937）》，華中師範大學中國近現代史專業博士學位論文，2009 年。

67. 齊春風：《抗戰時期國統區與淪陷區間走私貿易述論》，《民國檔案》，1999 年第 1 期。

68. 渠占輝：《戰後華北地區日僑的收容與遣返》，《抗日戰爭研究》，2011 年第 3 期。

69. 齊春風：《論抗戰時期日本的對華經濟戰》，《歷史檔案》，2002 年第 3 期。

70. 齊春風：《論抗戰時期國民政府的對日經濟戰》，《歷史檔案》，2004 年第 2 期。

71. 韓永利、方長明：《論抗戰初期英美民眾援華制日運動》，《民國檔案》，2009 年第 1 期。

72. 方長明：《中國抗戰初期美國教士階層的援華運動》,《理論月刊》, 2009年第1期。

73. 方長明、王瑩：《論中國抗戰初期美國民眾抵制日貨與終止對日貿易運動》,《武漢科技大學學報》, 2009年第1期。

74. 王宵飛：《試述美國歷史上的兩次抵制日貨運動》,《東北師大學報》, 2007年第4期。

75. 齊春風：《抗戰時期國民黨軍隊的走私活動》,《安徽史學》, 2007年第6期。

六、外文資料

1. Margaret A.Schaffner.Effect of the Recent Boycott Decisions, The Annals of the American Academy of Political and Social Science, 1910, Vol.36, No.2.

2. the Proposal to Legalize the Secondary Boycott, Harvard Law Review, 1915, Vol.29, No.1.

3. Reginald H.Parsons.The Anti-Japanese Agitation from a Business Man's Standpoint, The Annals of the American Academy of Political and Social Science, 1921, Vol.93, No.1.

4. Robert Newton Lynch.the Development of the Anti-Japanese Movement, The Annals of the American Academy of Political and Social Science, 1921, Vol.93, No.1.

5. the Shanghai Affair and After, Foreign Affairs, 1925, No.1, Vol.4.

6. Dorothy J.Orchard .China's Use of the Boycott as a Political Weapon, the Annals of the American Academy of Political and Social Science, 1930, Vol.152, No.1.

7. Frederick J.Libby.the Case Against Recent Proposals for Use of the Economic Boycott, The Annals of the American Academy of Political and Social Science, 1932, Vol.162, No.1.

8. Memorandum on Embargo or Boycott of Japan, Memorandum〔Institute of Pacific Relations, American Council〕, 1932, Vol.1, No.2.

9. Shepard, Walter James.Boycotts and Peace: A Report by the Committee on Economic Sanctions, American Economic Review, 1932, Vol.22, No.4.

10. John E.Orchard, Economic Consequences of Japan's Asiatic Policy, Foreign Affairs, Vol.12, No.1, 1933.

11. Memorandum on the Chinese Boycott, Memorandum〔Institute of Pacific Relations, American Council〕, 1933, Vol.2, No.5.

12. William W.Lockwood, Jr.Economic Consequences of Japan's Asiatic Policy, Far Eastern Survey, 1937, Vol.6, No.22.

13. Should America Declare a Boycott on the Products of Japan, Congressional Digest, 1938, No.4, Vol.17.

14. Notable Applications of Boycotts, Embargoesand Anctions, Congressional Digest, 1938, Vol.17, No.4.

15. Borchard, Edwin.No Economic Boycott, Nation, 1932, Vol.134, No.3481.

16. Proposed Boycott against Japan（The Congressional Digest: Topic for April）, Congressional Digest, 1938, Vol.17, No.4.

17. Problems Involved in a Private Boycott Against Japan, Congressional Digest, 1938, vol.17, No.4.

18. Kingsley Martin .Public Opinion: British Opinion and the Proposed Boycott of Japan, political Quarterly, 1938, Vol.9, No.1.

19. M.S.F.The Anti-Japanese Boycott in the United States, 1938, Far Eastern Survey, 1939, Vol.7, No.24.

20. Jack Shepherd .Australian Government Breaks Boycott on Pig Iron for Japan, Far Eastern Survey, 1939, Vol.8, No.10.

21. Daniel J.Meissner, The Business of Survival: Competition and Cooperation in the Shanghai Flour Milling Industry, Enterprise Soc, 2005.

22. C.F.Remer.A Study of Chinese Boycotts: With Special Reference to their Economic Effectiveness, Ch'eng-wen Publishing Company, Taipei, Taiwan, 1966.

23. Chung Lu Cee.A Study of the 1925～26 Canton-Hong-Kong-Strike-Boycott, University of Hong-Kong, Faculty of Arts Department of History, 1996.

24. Brett Sheehan.Boycotts and Bombs: the Failure of Economic Sanctions in the Sino-Japanese Conflict, Tianjin China, 1928 ～ 1932, Management & Organization History, Vol 5（2）.

25. Jeffery N.Wasserstrom.Student Protests in Twentieth-Century China: The View from Shanghai.

26. JefferyN.Wasserstrom.Chinese Students and Anti-Japanese Protests, Past and Present, World Policy Journal, 2005, Vol.22, NO.2.

27. Shih-Diing Liu, China's popular nationalism on the internet.Report on the 2005 anti-Japan network struggles, Inter-Asia Cultural Studies, Volume7, Number1, 2006.

28. Chinese call to boycott Japan, All-Round Country, Section: World.

29. Stalker.Nancy.Suicide, Boycott and Embracing Tagore: the Japanese Popular Response to the 1924 US Immigration Exclusion Law, Japanese Studies, 2006, Vol.26, Issue 2.

30. Shibata, Harumi Goto .Japan, China and the Growth of the Asian International Economy, 1850～1949, Oxford University Press, USA, June 2, 2005.

31. Fraser, David Embrey.Smoking out the Enemy the National Goods Movement and the Advertising of Nationalism in China, 1880～1937, University of California, Berkeley, ph.D.1999.

32. Anti-Foreign Boycotts in China, Tokyo, May, 1932，亞洲歷史資料中心檔案（Jacar）B02030454000。

33. 菊池貴晴：《中國民族運動の基本構造──對外ボイコット運動の研究》，東京汲古書院，1974 年版。

34. 上海日本商工會議所：《滿洲事變後的對日經濟絕交運動》，昭和 6 年版。

35. 《滿洲事變／排日、排貨關係》（1），亞洲歷史資料中心檔案（Jacar）B02030454000。

36. 橫竹平太郎：《中支一般／2 長江一帶二於ケル日貨排斥ノ眞相卜其ノ影響程度》，濟南事件／排日及排貨關係（6），亞洲歷史資料中心檔案（Jacar）B02030054500。

37. 濟南事件／排日及排貨關係（1～15），亞洲歷史資料中心檔案（Jacar）。

38. 濟南事件／排日及排貨關係／陳情及請願，亞洲歷史資料中心檔案（Jacar）。

39. 濟南事件／排日及排貨關係／事故二關スル交涉關係，亞洲歷史資料中心檔案（Jacar）。

40. 濟南事件／排日及排貨關係／居留民救濟關係，亞洲歷史資料中心檔案（Jacar）。

41. 濟南事件／排日及排貨關係／貿易上ノ影響調查關係，亞洲歷史資料中心檔案（Jacar）。

42. 排日貨圖る支那側經濟界打擊並關係地在留邦商の狀況，亞洲歷史資料中心檔案（Jacar）C01003888300。

43. 各國二於ケル排日、排貨關係雜纂／中國ノ部 1～9，亞洲歷史資料中心檔案（Jacar）。

44. 滿州事變（支那兵ノ滿鐵柳條溝爆破二因ル日、支軍衝突關係）／排日、排貨關係，亞洲歷史資料中心檔案（Jacar）。

45. 滿州事變（支那兵ノ滿鐵柳條溝爆破二因ル日、支軍衝突關係）／排日、排貨關係／各紙不敬記事揭載關係，亞洲歷史資料中心檔案（Jacar）。

46. 滿州事變（支那兵ノ滿鐵柳條溝爆破二因ル日、支軍衝突關係）／排日、排貨關係／排日暴行關係（1～3），亞洲歷史資料中心檔案（Jacar）。

47. 萬寶山農場事件／排日關係（1～6），亞洲歷史資料中心檔案（Jacar）。

48. 「天津に於ける排日貨運」送付の件，亞洲歷史資料中心檔案（Jacar）C03022640200。

49. 青島民政部政況報告並雜報（1～2），亞洲歷史資料中心檔案（Jacar）。

50. 福州居留民より日貨排斥に關する件，亞洲歷史資料中心檔案（Jacar）C05022771000。

51. 福州排日貨運動に關する情報の件，亞洲歷史資料中心檔案（Jacar）C05022764700。

52. 福州日貨排斥兵に關する情報の件，亞洲歷史資料中心檔案（Jacar）C05022764200。

53. 〔日〕長野朗：《日支共存之路》，日本阪上書院，1937 年版。

54. 〔日〕長野朗：《再看支那》，日本大都書房，1937 年版。

55. 〔日〕長野朗：《民族與國家》，日本阪上書院，1941 年版。

56. 〔日〕白井勝美：《1931～1933 年福州市抵制日貨運動實錄》，《中國における排日ボイコット——一九三一～三三年福州の場合——》，細谷千博：《太平洋・アジア圈の國際經濟紛爭史——1922～1945》，東京大學出版會，1983 年版。

57. Jack Shepherd .Australian Government Breaks Boycott on Pig Iron for Japan, Far Eastern Survey, 1939, Vol.8, No.10, p.117～118.

58. Yuko Itatsu.Japan's Hollywood Boycott Movement of 1924, Historical Journal of Film, Radio and Television Vol.28, No.3, August 2008, pp.353～369.Stalker.Nancy.Suicide, Boycott and Embracing Tagore: the Japanese Popular Response to the 1924 US Immigration Exclusion Law, Japanese Studies, 2006, Vol.26, Issue2, p.153～170.